改訂版

Creativity
Management

クリエイティビティ・マネジメント

創造性とは何か：
定義・測定・機能とビジネスへの架橋

開本　浩矢 [著]
和多田　理恵

東京　白桃書房　神田

改訂版によせて

　本書の初版が出版されてはや12年の歳月が流れた。本書では，初版刊行後に発表された実証研究を中心に重要な研究を追加する形で改訂を行った。改訂を行う上で，本書の構成はおおよそ維持しつつ，その後の研究蓄積を丁寧に拾っていくアプローチをとった。

　本書の構成を大きく変えないことで，初版の読者にとっては，どの領域の研究蓄積が深まってきたのかがより明確になる一方で，やや物足りなさを感じさせるという両側面がある。初版からの改訂にあたり，筆者は前者を重視し，初版発行後の創造性研究の進展や蓄積が理解しやすいように努めたつもりである。

　後者のデメリットについては，創造性とポジティブ組織行動（特に心理的資本）に関する記述やチーム・集団の創造性に関する記述を追加することで対応しようと努めた。2000年代以降アメリカ心理学会を中心にポジティブ心理学と呼ばれる研究動向が発展した。そこでは人の持つポテンシャルを十全に発揮させるメカニズムを中心に活発な議論が起こり，その後組織行動論にも大きな影響を及ぼすことになった。ポジティブ心理学をベースにポジティブ組織行動が生まれ，その中心的な概念のひとつが心理的資本である。創造性に与える心理的資本の影響は今後も引き続き注目すべきポイントとして，本書では新たに取り上げた。

　初版では創造性を主に個人レベルの変数として議論してきた。改訂版では個人の創造性の重要性を前提としつつも，チームの創造性に議論の幅を拡げた。近年，チームメンバー一人一人の創造性発揮が活発であったとしても，チームの創造性には必ずしもつながらないことが指摘されるようになってきた。個人とチームという分析レベルの相違を克服することは，創造性を組織イノベーションへとつなげていくための重要なマイルストーンだと考えている。個人・チーム・組織へと創造性発揮の連鎖がスムースにつながることで，企業競争力を生み出すイノベーションが結実することが，初版およびこの改

i

訂版を通底する筆者の願いでもある。

　また，本書では特に経営学や経営実践の立場から創造性を研究・実践応用する上でのグランドデザインを理解してほしいという意図で記述することに努めた。創造性研究は多岐にわたり，創造性を測定する尺度だけでも数多くのものが提案され，実証研究で採用されてきた。また経営学だけでなく，教育学，心理学，最近は生理学などの多様な分野から様々な観点で研究されてきた。それゆえ，創造性研究をマネジメントに応用するために，研究蓄積を整理・分類することは有益だと考えた。

　特に我が国における創造性研究は，教育学分野を中心に研究され，経営実践，ビジネスフィールドでの応用という観点からの研究は手薄であったといえる。現時点では，経営学分野でもイノベーションと並び，創造性に関する実証研究も増加しているが，必ずしもそれらが経営学や経営実践の中で創造性を俯瞰的にとらえているわけではない。したがって，それぞれの研究成果を創造性研究の中でどのように位置づけるかを考える上で，本書が参考になるのではないかと考えている。創造性は多様な側面を持つ概念であるゆえ，多様なアプローチがあってしかるべきである。多様なアプローチが可能であるからこそ，それぞれのアプローチの立ち位置を相対化することは創造性を理解するために有益だと考えたのである。

　もはや言い古された感のある VUCA（変動性・不安定性・複雑性・曖昧性）の時代となり，解決すべき課題を明確にすることすら困難になってきた。こうした環境下で課題を解決するために従来のアプローチを援用したり，複数の選択肢から正解を導き出したりするような手法は適切とはいえない。

　背景にある多様な状況や多くの利害関係者のニーズを踏まえると共に，従来のアプローチとは異なる視点から，課題の定義に取り組む必要がある。新たな視点を取ることでこれまで見えてこなかった新奇な解決手法やビジネスモデルに到達する可能性が高まる。創造性とは新奇で有用なアイデアを考え出す人の本質的な知的能力に基づき，発揮されるものである。VUCA の時代だからこそ，創造性という極めて人間的な営みが求められているといえる。

改訂版によせて

これまでも創造性の有用さは繰り返し指摘されてきたが，2020年以降は新たな段階に到達しているのではないだろうか。その原因こそ，OpenAI 社の ChatGPT に代表される様々な AI の登場である。AI が人の能力を超えるとされるシンギュラリティ（技術的特異点）がいつ訪れるのかには議論の余地があるが，そう遠くない未来であるという予想（たとえば，2045年説がレイ・カーツワイル著『シンギュラリティは近い―人類が生命を超越するとき』（NHK 出版，2016年））が多い。

そうした未来がいつ来たとしても，AI が深層学習による知的能力の獲得というシステムである限り，本書で探究する創造性の重要性は決して色あせないと筆者は考えている。学習するデータから人の気づかないようなパターンを見つけることに AI がいくら優れていても，あり得ないような組み合わせを思い付く異遠連想とそうした組み合わせの持つ有用性を判断する知的能力は，現時点では人の持つ稀有なものだと考えられる。深層学習による高度な知的能力を有する自然言語 AI の登場は改めて人の知的能力の深さともいえる創造性の存在意義をあぶりだしたともいえるだろう。

初版出版後に数多くの実証研究が行われたが，実証しようとする意識が強いあまり，創造性研究という大きなドメインの中での当該研究の位置づけがあいまいになったり，創造性がイノベーションやウェルビーイングといった人にとっても望ましいポジティビティにつながるような俯瞰的な研究意識，リサーチクエスチョンが少なくなったりしたように感じられる。精緻な仮説構築と定量データによる厳密な検証というスタイルそのものは社会科学研究としてオーソドックスではあるものの，経営実践につながる研究として十分なものといえるだろうか。むしろ，学術雑誌という閉じられた世界に留まることにつながりはしないか危惧される。本来創造性は外界へ開かれたものであるはずなのに，その研究が実践に対して閉じていては本末転倒になってしまう。

一研究者の立場からいえば，学術雑誌に採択してもらうことが研究者や大学の KPI（重要業績評価指標）となっている事実から，精緻であるがクローズされた研究分析が増えることは仕方ない側面もある。しかしグランド

デザインを持った大きな研究が手法や測定の厳密さと引き換えになったとすれば残念なことでもある。

　創造性とは人の知的能力の中でもきわめて人間的かつ無限な可能性に開かれたもので，AIなどの人工物では代替できないものである。こうした創造性の特性を踏まえて研究することの意義を再認識することが創造性研究の原点回帰につながるのではないだろうか。この改訂版がそうした要請に一定程度応えられるものとなれば幸いである。

　最後になったが，改訂版の出版になんとかたどり着くことができたのは，白桃書房の皆様のおかげである。当初改訂版の出版は考えていなかった筆者たちに改訂のチャンスを提示してくれた大矢栄一郎氏，そして編集担当の金子歓子氏には感謝を申し上げたい。特に金子氏には改訂作業の初期から関わっていただいた。改訂原稿を丁寧に読み込み，数多くの有益なフィードバックをいただいた。改訂版が初版よりも改善されているとすれば，金子氏の貢献の賜物だと感謝している。

2024年5月30日

著　者

まえがき

　巷では，まことしやかに囁かれることであるが，日本人には創造性がない，日本発の発明，商品，ビジネスモデルがない，日本人は真似るのが好きだ……など，日本人の独創性や創造性に関するコメントは，散々である。

　果たして，日本人には，本当に創造性がなく，日本製の商品にはオリジナリティがないのだろうか。こうした偏見に疑問を投げかけるきっかけになればというのが本書執筆の狙いのひとつでもあり，「日本製」批判への挑戦でもある。

　たとえば，iPod にはじまり，iPhone や iPad で快進撃を続け，昨今株式の時価総額でマイクロソフトを追い抜いたアップルを例にとってみよう。確かに，S. ジョブスの卓越した経営手腕によって，1980年代から1990年代にかけてまさに死に体だったアップルが不死鳥のごとくよみがえった。その最大の要因は，iPod という携帯音楽プレーヤーのヒットによるものであることは論を俟たない。当時，電磁的に音楽を録音し，楽しむ，すべての音楽を持ち歩くというスタイルの商品はなく，その点ではアップルに独創性があったことに異論はない。しかし，そもそも，音楽を携帯するという発想自体は，ウォークマンを世に出したソニーにルーツがあるし，音楽を記録するシリコンディスクについても東芝が開発したともいわれている。

　アップルに追い越され，やや影が薄くなったマイクロソフトの開発したWindows という OS も確かに大ヒットしたし，マイクロソフトの開発した製品によって，ビル・ゲイツの創造性の高さも否定しない。しかし，一方では，Windows は，アップルの MacOS の二番煎じだと常にいわれていたし，パソコンというハードウェアを発明したのは，マイクロソフトでも，ビル・ゲイツでもない。

　エジソンがフィラメント電球を発明して100年以上が経過した現在，次世代電球としてにわかに注目を集めているのが，発光ダイオード（LED）電球である。LED 電球の技術的革新は，日本人である中村修二氏が日亜化学

v

工業時代に発見した青色 LED が源流である。かのエジソンが作り上げたフィラメント電球の時代に終わりを告げたのは，日本人の発明した LED である。

　このほかにも，多少古くなるが，飛行機の発明もライト兄弟が世界的に知られているが，同時期に日本人による開発も進行していたとされる。カラーテレビの受像機についても，日本人が先鞭をつけた。その後，このテレビ受像器は，開発の中心となった高柳健次郎氏にちなみ，高柳式テレビジョンと称されるようにもなった。高柳式テレビジョンは，その後，米国 IEEE が選定する産業界に多大なインパクトを与えた技術開発を表彰するマイルストーン賞を受賞している。

　マイルストーン賞の受賞リストには，テレビのほかに，日本発の技術として，東海道新幹線，VHS ビデオテープ，自動改札機，太陽電池の実用化など14件も含まれている事実もある。

　このように冷静に産業史を振り返ると，決して日本人の創造性が低かったとは考えられない。むしろ，様々な分野や産業において，日本人の貢献は目を見張るものがある。では，いったいなぜ，日本人は創造性がないとか，日本製の製品は，品質はよいのに，オリジナリティがないなどと揶揄されるのだろうか。

　筆者が考える原因のひとつは，日本社会の創造性や独創性に対する一種の「冷たさ」である。日本社会が，稲作文化で，ムラ社会であるかどうかは，筆者のような経営学を生業とする研究者には判断が付きかねるが，少なくとも日本の企業社会では，同質性や均質性が重視され，それが企業組織の一体感を醸成していたことは否定できない。

　こうした文化のもとでは，個々人が創造性を発揮すること，つまり，周りの人とは違った行動や思考をすることは，敬遠されるべき事象となる。創造的な行動が生み出すものは，新奇性や有用性ではなく，むしろエラーであると認識されがちなのである。エラーであれば，賞賛の対象ではなく，修正の対象でしかない。つまり，他人と違った言動は，あっという間に周りから非難され，周りに同化を強いられるか，阻害される運命にある。

　このような日本企業におけるメンタリティを想定すれば，創造性を発揮し

たヒーローをあまり声高に称えないことは至極当然の結果である。たとえ，商業的に大成功を収めた独創的な製品であっても，その開発者はあまり表に出てこないし，それが日本人の創造性に関するおかしな偏見を助長しているのかもしれない。加えて，創造性の高い人は，周りからは理解されにくい偏屈な人としてとらえられがちだ。また，彼らの成果物も従来の価値観からは逸脱したものになりがちだ。

　しかしながら，今一度，創造性の重要性を再認識する必要があるのだろう。いまさら繰り返すまでもないことだが，現代の企業競争においては，製品，サービス，ビジネスモデルの革新性が競争力の源泉である。そして，その革新性を生み出す知的能力こそ，本書でとりあげる創造性なのである。個人の創造性なくしては，革新的なアイデアは生み出されず，イノベーションも実現しないだろう。

　したがって，これからの日本では，創造性の発揮や促進を社会全体でサポートすることや創造性を阻害しない環境を構築する必要がある。そのためには，創造性の正体とはなにか，創造性の高い人はどんな人なのだろうかといった基本的な認識を深める必要があるのである。本書が，こうした創造性に対する理解を深めることに，少しでもお役に立てれば，筆者としては望外の喜びである。

　最後になったが，本書をまとめるにあたり，先輩や同僚から数多くのコメントをいただいた。特に神戸大学の金井壽宏先生，平野光俊先生，髙橋潔先生には貴重な示唆や助言を数多くいただいた。金井壽宏先生は，著者両名にとって，学問上の師であり，メンターとして，暖かく見守っていただいたことを感謝している。また，兵庫県立大学からは出版助成という形でバックアップをいただいた。さらに，本書の出版にあたり，白桃書房の平千枝子氏，矢澤聡子氏には一方ならぬご尽力を賜った。特に矢澤氏には本書の推敲段階で数多くの指摘や助言をいただき，本書が曲がりなりにも読者にとって読みやすいものとなっているなら，ひとえに氏のサポートあってこそだと感謝している。

2011年11月30日

著　者

目　次

改訂版によせて
まえがき

序　章　本書の目的と構成 ·· 1

　1　なぜ創造性が求められるのか ·· 1

　2　本書のねらい ··· 2

　3　本書の構成 ·· 3

第1章　創造性の定義と測定 ·· 5

　1　古典的研究 ·· 5

　2　創造性と知恵，知性との相違 ·· 9

　3　創造性と知能との相違 ·· 14

　4　創造性のシステムモデル ··· 18

　5　創造性の思考プロセス ·· 20

　6　自己実現としての創造性 ··· 23

　7　創造性の分類 ··· 25

　8　我が国における創造性のとらえ方 ··· 26

　9　創造性の測定 ··· 27

　　9-1　人物に焦点をあてた創造性の測定　　28

　　9-2　成果物に焦点をあてた創造性の測定　　30

　10　創造性と業績の関係 ·· 35

第2章　パーソナリティアプローチ ·· 39

　1　創造性の高い人のパーソナリティ特性 ·· 39

2　創造性の高い建築家の特性 ……………………………… 42

3　CPS 尺度 …………………………………………………… 45

4　KAI 尺度 …………………………………………………… 46

5　創造性態度尺度 …………………………………………… 51

6　APS 尺度 …………………………………………………… 57

7　C Scale 尺度 ……………………………………………… 59

第3章　思考能力アプローチ ……………………………… 65

1　知能構造モデル …………………………………………… 66

　1-1　情報のコンテンツ　66

　1-2　情報の所産　68

　1-3　情報の操作　69

　1-4　情報と知能構造モデル　77

2　創造的思考の促進要因／阻害要因 ……………………… 79

3　拡散的思考能力の4因子説と TTCT …………………… 85

4　TTCT の妥当性 …………………………………………… 87

　4-1　TTCT の因子構成　87

　4-2　TTCT と知能との関係　90

　4-3　TTCT と創造性との関係　90

　4-4　TTCT の測定とその修正　94

5　創造性コンピテンシー …………………………………… 97

第4章　認知アプローチ …………………………………… 103

1　創造性とモチベーション ………………………………… 103

2　モチベーションの持つ媒介および調整効果 …………… 109

3　モチベーションと創造性の媒介要因：
　創造的自己効力感と創造性発揮意志 …………………… 111

4　創造性とその他の認知要因 ……………………………… 116

目　次

　　4-1　創造性と創造的役割意識　116

　　4-2　創造性と業績期待　117

　　4-3　創造性と感情　118

　　4-4　創造性と希望や幸福　121

　　4-5　創造性と職務不満足　123

　　4-6　創造性と目標志向　125

　　4-7　創造性と心理的資本　128

第5章　社会環境アプローチ　133

　1　創造性とKEYS尺度　134

　　1-1　Amabileによる創造性の構成要素モデル　134

　　1-2　KEYS尺度の開発　141

　2　KEYS尺度の基礎研究　147

　3　その他の尺度　150

第6章　複合的アプローチ　161

　1　創造性の投資理論　162

　2　相互作用モデル　167

　3　統合モデル　170

　4　我が国における複合モデル　173

終　章　創造性研究の課題と展望　179

　1　創造性研究のまとめ　179

　2　創造性に関する先行研究の限界と本書の立場　192

　3　本書における創造性の分析モデル　198

　4　今後の研究課題　203

　5　実践的含意：創造性を発揮できる組織づくりに向けて　207

参考文献
索　　引

COLUMN 1　革命的クリエイティビティVS"扱える"クリエイティビティ　　38
COLUMN 2　クリエイティブな人材を採用・育成する　　63
COLUMN 3　創造性と知性の両利き活用　　102
COLUMN 4　創造性のポテンシャルを顕在化させる　　131
COLUMN 5　一人一人の創造性をチームの創造性へつなげる　　159
COLUMN 6　ポジティブ心理学と創造性　　177

序 章

本書の目的と構成

◇ 1　なぜ創造性が求められるのか

　現在，目覚しく発展する ASEAN 諸国やインドなどのアジア諸国に比べ，天然資源が乏しく，かつ，人口減が現実となっている我が国において，企業が激しい競争環境の中で最後まで生き残るためには，どのような人的資源（人材）が必要とされているだろうか。

　これまでの研究により，企業において活躍を期待される人材は，専門分野の知識や協調性だけではなく，創造性を併せ持った人材であると指摘されている（村山，2006）。なぜなら，創造性は環境変化の激しい状況下で，組織，メンバー，利害関係者いずれにとっても重要で，価値ある成果を生み出す源泉としてますます注目されているからである（George & Zhou, 2001, 2002）。

　たとえば，創造性とビジネスにおける業績は高い相関を示しているという研究結果（野村，1967）もあり，創造性と業績の相関は，知能指数（IQ: Intelligence Quotient）と業績の相関を上回っていることも明らかになっている。一方，創造性を発揮するには，ある程度の IQ が必要だとする研究（Guilford, 1977）もこれまでに蓄積されている。したがって，創造性と IQ の両方が高い人材，特に創造性の高い人材こそが，ビジネスにおける中核的な人材として，高い業績をあげると期待できるのである。

　つまり，現在の日本企業に必要な人材は，革新的ビジネスモデルを生み出したり，問題そのものを定義し解決したりすることのできる創造的人材であ

1

るといえるだろう。豊富な知識を持ち論理的思考のできる人材と，創造的な人材の両方が企業には必要であるが，現代の日本企業には，前者の人材は数多く存在するものの，いわゆる創造的な人材が少ないことが課題である。

特に，日本的経営を標榜してきた大企業では，横並び志向が強く，リスクや変化を回避する傾向の強い人材が相対的に多いと考えられるため，上述の課題はより重要となるであろう。すなわち，独創的で新しいアイデアに付加価値の源泉がある市場環境と現代の日本企業の人材構成との間には，大きなギャップが生じているといわざるをえない。

このような状況の中で，日本企業は，創造的人材を確保するために，希少な創造的人材を労働市場において調達したり，社内育成に努力したりしているのが現状である。今後も，人材一人一人の創造性に対する「市場価値」は高くなる傾向にあるだろうし，彼（女）らの創造性を高めることが人材育成上の重要な課題となるだろう。換言すれば，創造的人材の確保と育成に成功した企業は，厳しい企業競争に勝ち残ることができるのである。

◆ 2　本書のねらい

前述のとおり，創造的人材の確保と育成が企業の重要課題となっているにもかかわらず，ビジネスにおける創造的人材に関する研究は依然として未成熟な段階を抜け出してはいない。特に，我が国においてはビジネスにおける創造性の高い人的資源の特徴に関しては，十分な研究蓄積がないのが現状である。

そこで，本書では，科学的で信頼性の高い創造性の諸研究を概観し，ビジネスにおける創造的人材の確保や育成の基礎となる理論的研究を行う。本書を通じて，ビジネスにおける創造性の本質を明らかにしたい。ただし，本書における創造性は，あくまでもビジネスにおける創造性であり，いわゆる天才論で指摘されるような世紀の大発見や大発明を意味するものではない。日常的に発揮される創造性であることをご理解いただきたい。

したがって，本書では，誰もが潜在的に保有している創造性を顕在化させ，創造性を発揮できるような能力開発を行うための基礎的理論を提示したいと

考えている。こうした課題にこたえることは，日本企業における創造的人材の確保や育成を通じた日本企業の競争力向上，および，日本経済のさらなる発展に資する学術的貢献を行うことにつながると考えるからである。

◇ 3 本書の構成

　本書は，本章を含む全8章から構成され，これまでに蓄積されてきた創造性に関する研究について，文献資料に基づく理論的考察を交えながら，丁寧に解説している。国内外の既存研究を振り返ることによって，創造性研究のこれまでの理論的帰結やその限界を明らかにすることが可能となる。

　第1章では，創造性の定義に関する研究に焦点をあてており，第2章以降は，これまでの創造性研究をアプローチごとに整理した先行研究レビューから構成されている。具体的には，第2章では，パーソナリティに着目した研究アプローチ，第3章では思考能力に着目した研究アプローチ，第4章では認知に着目した研究アプローチ，第5章では環境に着目した研究アプローチ，第6章では複数の着眼点を複合的に扱ったアプローチを取りあげ，それぞれに関する先行研究をまとめると同時に，先行研究の限界について詳述している。終章では，先行研究の詳細なレビューを踏まえ検討した創造性研究のまとめとしての本書の分析モデルと，今後の展望を提示して，本書の締めくくりとする。

第1章

創造性の
定義と測定

　本章では，創造性研究の基礎となった諸研究を概観していきたい。まず，19世紀以前の古典的な研究を取りあげ，創造性研究の成り立ちからひもとくと共に，現代の創造性研究でも取りあげられる研究課題がその時点ですでに提示されていたことを確認する。そして，その後の研究蓄積から，創造性をどのように定義すべきか，知性や知恵といった類似した知的能力と創造性との相違はなにか，創造性発揮のプロセスとはどのようなものなのか，創造性は業績を向上させるのかといった創造性研究の基礎的な課題に関する先行研究を詳細にみていく。従来の創造性研究において，「創造性」そのものがどのように取り扱われてきたかを再確認すると共に，創造性の測定がこれまでどのように行われてきたかという技術的ではあるが，非常に重要な研究課題についても振り返ることにする。

◆ 1　古典的研究

　創造性に関する研究は，非常に長い歴史を有している。たとえば，Sternberg（1999）によると，キリスト教以前の創造性の視点は，現在，私たちが創造性と認識しているものを人間性そのものとしてとらえることからはじまったとされている。そこでは，高い創造性を発揮している人を天才としてとらえている。また，天才が創造性を発揮できるのは，彼（女）らが神秘的加護と運命を持っている存在であるからだと考えていたようである。し

たがって，天才による創造性の発揮とは神秘的なことであり，神の啓示や運命と強く結びつけられて考えられていた。その後，西洋におけるキリスト教の布教に伴って，宗教と創造性の関連はより強固になっていくのである。

　一方，コペルニクス，ガリレオ，ニュートンらによる自然科学分野における発見は，前述の宗教的パラダイムの崩壊をもたらすことになった。彼（女）らの偉大な発見は，物理法則が人間の存在といかに関係し貢献しているかという認識を社会にもたらした。すなわち，神の存在や神秘的な理解を否定することによって，宗教と創造性との結びつきに大きな転換をもたらしたのである。

　さらに，18世紀になると，理性や個人主義に関する重大な知的アプローチが，西洋的な思想を形作ることとなった。合理主義的啓蒙運動は知的哲学となり，非科学的源泉から生じる不当な権威を知的に攻撃した。こうした啓蒙運動が限界的なレベルに達する一方で，制度化された哲学・方法論としての自然科学が形成されたのである。科学への関心の高まりによって，1615年に「研究者（researcher）」という用語がはじめて英語に出現し，1639年には，「研究（research）」という用語も英語に登場することになった。こうした知的革命の間，特に，1500年から1700年にかけて，創造性に関する概念はほとんど変化しなかったが，自然科学を中心とした研究そのものに対する概念は変化していった。

　18世紀を通じて行われてきた創造性に関する議論では，以下の4つの基本的な創造性の特性が指摘されており，創造性に関する現時点の研究の出発点となっている。第1に，天才は，超自然であり，自然という存在からは分離されるという点である。第2に，天才は，例外的であるが，創造性そのものは，すべての人に可能性があるという点である。第3に，天才の持っている才能は，他のものとは区別されるという点，第4にそれらの可能性や作用はそのときの政治的な環境に依存する，という点である。

　このような時代背景のもと，Darwin（1859）は，進化論の中で，適応，多様性が自然淘汰に重要であることを指摘し，創造性の経験的法則を示唆している。つまり，生物の進化にとって，環境変化に対する適応や多様性が重要であり，個体が環境変化の中で生き残っていくためには，なんらかの創造

性の発揮や作用が必要であると考えたのである。また，Galton（1869）はさらに進んで，適応力や多様性を持つ個体は遺伝的に決まっており，こうした「優れた」遺伝子を持った個体をみつけることが社会にとって望ましいとまで議論を広げている。

19世紀になると，創造性の研究はより詳細に，かつ，具体的に発展することになる。Becker（1995）は，19世紀の創造性研究を概観し，19世紀の研究は実験データに基づく科学的な分析ではなかったが，20世紀の定量的な研究分析と同様な問題に対して関心が向けられ，20世紀における創造性研究の基礎となっていると述べている。具体的には，19世紀における創造性研究は，創造性とは何か，どのような環境が創造性を促進するのか，創造的人物の特性は何か，意識的な努力によって創造性を高めることができるのか，という基本的な4つの問題を取り扱っていると指摘している。

第1の問題である創造性の定義に関し，Bethune（1837）によると，天才は，アイデアを結びつける，想像する，判断する，迅速に知覚する，忍耐，記憶，美や調和に対するセンスといった認知的能力を持っているとされる。こうした認知的能力が創造性の要素であるというのである。また，Binet & Henri（1896）によると，知的障がいを持つ児童を診断するBinetらの初期の尺度には，現在でいうところの拡散的思考能力を測定するツールが含まれていた。この点を踏まえて，Barron & Harrington（1981）は，現代の創造性テストの基礎は，Binetらの尺度であると結論づけている。さらに，Ribot（1900）は，創造性を3要素に分解できると主張している。3要素とは，知性，感情，無意識である。知性は，要素に分解し，分析し，評価する能力を意味している。感情は，関連させ，新しい組み合わせを生み出す能力である。無意識は，インスピレーションを発現させるために必須である。インキュベーションの間，無意識が作用し，インスピレーションが突如生まれるのである。ここでのインキュベーションとは，無意識下において問題解決が進展するプロセスである。

第2に，どのような環境が創造性を促進するのかという点に関して，Ribot（1900）は，創造性は，本能ではなく，誰もが持っている欲求，し好，願望といった創造につながるなんらかのものによって引き起こされるが，ご

く限られた人間だけが，創造性を生み出す稀な環境の組み合わせを経験することができると主張している。つまり，創造性の発揮には，社会環境要因が重要な役割を果たしており，本人の能力やパーソナリティといった要因は社会環境要因に比べると副次的な存在であるというのである。

　同様に，Simonton（1984）の歴史的分析では，天才による創造性の発揮と時代背景の関係が解明されている。この研究では，遺伝的要素によって創造性の潜在レベルは規定されるのであるが，顕在化にあたっては，個人の生きている環境，より広くとらえれば時代，時代精神といったマクロ環境が重要な役割を果たすと主張されている。

　第3に，創造的人物の特性について，Dabrowski（1938）は，創造性の高い人は，活発なイマジネーション，同定，連想，推論に関する高い能力を持っており，客観的テスト，実験，判断の留保を伴う真実への強い探求心を持っていると主張する。こうした特性は，創造性の発揮にかかわらず，自然科学における研究者の特性と類似しており，創造性研究が初期において，科学の発展と軌を一にしていたことを彷彿とさせるものである。また，Galton（1883）によると，科学界のリーダーは，非常にエネルギッシュで，卓越性に対し生来的に貪欲である。いわゆる内発的モチベーションが高いとしている。同様に，Lombroso（1891）によると，天才と呼ばれる人は，他人よりも活発で，ねばり強く，物事に敏感であり，記憶力も高く，知的な思考の組み合わせも豊かであると指摘している。Jevons（1877）は，天才を本質的に創造的であると定義し，思考や行動の決まりきった型からの離脱という点から，創造性の有無を測定できると指摘している。こうした考え方は，その後，Guilfordらに受け継がれていくこととなる。

　第4に，意識的に創造性を高めることができるのかという点であるが，Bethune（1837）によると，天才は，先天的な存在であるが，才能の開発は無限であり，そのためには高いレベルの職務や学習が必要であると指摘している。つまり，創造性は，遺伝的要素だけで規定されるのではなく，本人の努力や訓練といった後天的要素によって，高められる可能性があることを示唆している。

　一方，MacKinnon（1962）は，「自我と自己の概念の歴史は長く，混乱し

第1章　創造性の定義と測定

ているが，今日では，心理学において使用されている意味においては一般的な合意がある。自我は，現実性の評価や意思決定という機能を統制しており，パーソナリティのサブシステムを統合する。一方，それは，創造的行為として自身を表現することを可能にし，個人の潜在能力を発展させ，表現することを通じて，環境を変化させ，自己の実現に貢献する」と述べ，自我の重要性とその相違が，創造性の発揮における差異を生み出す源泉であることを示唆しているのである。

　以上，創造性に関する古典的研究を概観してきたが，科学や研究の哲学的，方法論的な展開と共に，創造性研究がはじまり，その歴史は，想像以上に長いものであることが分かるだろう。

◇ 2　創造性と知恵，知性との相違

　創造性と類似した概念に，知恵や知性がある。本節ではまず，創造性を定義した上で，両者の違いを検討する。

　Sternberg（2003）は，創造性の研究者としてよりも，知恵（wisdom）の研究者として著名である。しかし，彼の研究を概観すると，知恵の研究と同時に，近接した概念である知性（intelligence）や創造性に関しても多くの研究成果をあげていることが分かる。そこで，本節では，Sternbergが創造性をどのように定義し，創造性の研究アプローチを歴史的にどのように分類しているか，さらに，創造性と知恵や知性との相違に着目することによって，Sternbergの研究における創造性の特徴を明らかにしていきたい。

　まず，彼は，創造性を，新奇であり，高い品質を持ち，タスクに適合した成果物を生み出すことのできる能力であると定義している。新奇であるという要件は，これまでも繰り返し指摘されてきており，この点においての異論は少ないと思われる。ただし，なにをもって新奇とするかについては明確ではない。たとえば，Guilfordらの尺度[1]においては，統計的に出現確率が少ないことを独創性ととらえており，こうした解釈に異論はないだろう。ただし，あるアイデアが世の中にすでに存在していたとしても，ある個人の中では「新しい」場合，新奇であるとしても，後述する創造性とその分類でも言

9

及するように，ノーベル賞級の発見やイノベーションにおける創造性とは区別することが適切である。

　高い品質を持つという点とタスクに適合した成果物という点は，共にビジネスを意識した創造性の定義であると考えられる。自然科学の発見においては，真理の追究という点から創造性の発揮が求められるため，品質の高さや適合性といった点から判断されることは相対的に少ないと思われる。こうした定義より，Sternbergによる創造性へのアプローチが，ビジネスと密接に関わっていることが示唆されよう。このような品質の高さやタスク適合性を有用性と表現することは先行研究でも一般的である（George, 2008; Weisberg, 2015）。

　したがって，ビジネスにおける創造性は，製品，サービス，プロセス，および，手段において，新奇で有用なアイデアを生み出すことであると定義できる（Amabile, 1996; Oldham & Cummings, 1996; Shalley, 1991; Zhou, 1998; Litchfield, 2008）のである。この定義は，ビジネスにおける創造的問題解決，創造的戦略，プロセスにおける創造的変化を包含している。本書でも，創造性の定義として，新奇性と有用性を採用することが適切であると考え，以降では，この定義にしたがい，創造性をとらえることにする。

　さてSternbergは，創造性研究を以下の8つのアプローチに分類している。神秘的アプローチでは，創造性は，科学的分析を受けつけない，とらえどころのない特質であると示唆している。天才は，生まれながらの天才であり，その才能は神から授かったものであるという考え方に典型的に見られるアプローチである。

　実用的アプローチは，創造性の活用とその促進に焦点をあてている。創造性の学術的な定義や測定よりも，現実の社会活動における創造性の発揮とその開発に主たる関心があるため，創造性開発の技法や訓練についての知見が蓄積されている。

　心理動学アプローチは，創造性の基底にある前意識に焦点をあてている。前意識とは，意識的でも，無意識でもない状態であり，たとえば，アルキメデスが入浴中にアイデアをひらめいたような場合が，まさに前意識の状態にあるといえる。つまり，前意識とは，ある問題に対し，意識的に解決策を講

じる状態ではなく，かといって，まったくその問題から意識を遠ざけるわけでもない状態である。

心理測定アプローチは，創造性の測定に関心がある。典型例であるGuilford や Torrance らの研究では，創造性を思考能力としてとらえ，その構成因子を定量的に測定する尺度の開発が目指されたのである。その結果，個人ごとの創造性のレベルに相違があるという前提の下，創造性尺度によって，個人の創造性が測定されるのである。

認知アプローチは，情報処理のプロセスや心理的描写に焦点をあてている。たとえば，コンピュータによる情報処理によって，人間の思考プロセスをシミュレーションし，創造性の発揮プロセスを明らかにしようとするものである。

社会的パーソナリティアプローチは，創造性に影響を与えるモチベーションや他者の役割を取り扱っている。たとえば，Amabile の研究において，内発的モチベーションの高さが，創造性の発揮に重要な影響を与えることが指摘される。さらに，内発的モチベーションの高さは，社会的環境要因によって規定されると指摘されている。社会的環境要因としてどのような変数を取りあげるかは研究者によって異なるが，職務特性，人間関係，リーダーシップなどが取りあげられることが多い。

進化的アプローチでは，創造性とは，個人が環境変化の中で生き残るために適応することであるとし，ダーウィンにはじまる進化論にヒントを得ている。環境変化に対する適応力，柔軟性こそが，創造性の源泉であることを指摘している。

複合的アプローチは，上記の様々なアプローチを統合するものであり，Sternberg の研究もこのアプローチに属している。

また，Sternberg（1990）は，創造性と知恵や知性との相違や共通性を，暗黙理論（人々の暗黙の理解）と明示理論（研究者が提示する理論）という2つのアプローチを用いて説明している。暗黙理論は，人々の潜在意識の中にある理論であり，人々が潜在的に持っているイメージや概念をとらえることである。つまり人々が知恵，知性，創造性をどのようにとらえているかを示すものである。たとえば，創造的な人を問われて思い浮かぶイメージがそ

れである。明示理論は，こうした暗黙理論をベースに研究者が演繹的に生み出したものである。

Sternberg（1990）は，知恵，知性，創造性を以下に述べる6つの背景要因によって特徴づけ，知恵と知性にはかなりの共通性がみられるが，創造性との共通性は少ないと主張している。こうした主張は，Getzels & Jackson（1962）が唱える創造性の独立性や，創造性がIQなどで測定される知性とは別個の概念であることと同様の意味を持っている。

Sternberg（1990）は，知恵，知性，創造性の異同を明らかにするため，「知恵がある」，「知性がある」，「創造性がある」というそれぞれの側面について，芸術，ビジネス，人文などの専門家（各分野で計200人以上）に理想的な行動をリストアップしてもらい，それぞれの概念に関する暗黙理論を明らかにすることを試みている。その行動リスト（100個以上の具体的行動）を，リストアップした専門家とは別の専門家に順位づけしてもらう。この順位づけのパターンこそが，暗黙理論であるというのである。このパターンを対比させると，知恵と知性の相関がもっとも高く（r=.42～.78），順位づけのパターンが似通っていることが明らかになった。

一方，知恵と創造性の相関はもっとも低く（r=-.24～.48），パターンが似通っていないことが示された。特に，ビジネスパーソンは，知恵と創造性を異なるものととらえる傾向が強かった。なぜなら，ビジネスパーソン（特に，管理職）は，創造的人物を組織とは合わない，組織を運営するのに向かない人だととらえる傾向にあるからである。

また，行動リストを因子分析することによって，知恵，知性，創造性の違いを明確にしている。具体的には，行動リストから40項目を選抜し，40人の大学生に望ましい順に並べ替えてもらった。その結果，創造性の因子として，「凝り固まらない」，「統合と知性」，「美意識」，「意思決定と柔軟性」，「洞察力」，「達成意欲」，「知識欲」，「直観」が抽出されている。

こうして得られた因子を知恵や知性の因子と比較すると，知恵と知性の因子パターンは似通っていたが，創造性は，知恵や知性とは異なっていると結論づけられた。

さらに，Sternbergは，それぞれの概念がどのような要因で規定されてい

るかについて，以下の6つの要因を用いて説明している。

①知識

　創造性に富んだ人は，知識を作り出し，既存の知識の適用範囲を超えようとする。既存の知識が監獄のような制約とすれば，知恵に富んだ人は監獄を理解してその範囲を知ろうとし，知性に富んだ人は，監獄でのベストな生活を模索し，創造性に富んだ人は監獄から逃げようと模索する。

②認知プロセス

　創造性に富んだ人は，ルーティン化を避けるが，知恵に富んだ人とは異なり，それを理解することに関心はない。むしろ，ルーティン化を別の新しい枠組みでとらえ，それを超えようと模索する。知性に富んだ人は，ルーティン化することを模索し，その結果，作業効率が高くなる。

③思考スタイル

　思考スタイルには，立案型，評価型，順守型の3種類がある。創造的な人は，他人から指図されることを嫌い，自ら意思決定したいと考え，立案型を好む。

④パーソナリティ

　曖昧さへの耐性と障害への対処という2点からパーソナリティを分類している。創造性に富んだ人は，曖昧さが心地よいとは思っていないが，それに対する耐性は高い。なぜなら，曖昧さは，なにかを生み出すプロセスにおいて避け難く，創造性の発揮につながると期待しているからである。また，創造性に富んだ人は，障害を避けたり理解したりせず，問題を再定義することによって障害そのものを消しさってしまう。

⑤モチベーション

　創造性に富んだ人は，新しい現象を理解したいとか，既存の現象を別の形で理解したいという欲求を持っている。一方で，知恵に富んだ人はより深く，知性に富んだ人はより広く，理解したいと思っている。

⑥環境

　ある人を，知恵に富んだ人であるとか，知性に富んだ人であるとか，創造性に富んだ人であると判断することは，時代や場所といった環境によっ

て影響をうけるものである。したがって，ある人が普遍的に創造性に富んだり，知恵に富んだりということはない。

　以上のように，Sternberg は，創造性を科学や芸術という範疇でのみとらえるのではなく，ビジネスにおける創造性という観点からとらえ，新奇性だけでなく有用性の重要性を指摘した。加えて，近接した概念である知性や知恵と創造性との相違を明示し，創造性を規定する要因を概念的に提示しているのである。

◇ 3　創造性と知能との相違

　ここでは，創造性と知能（IQ テストで測定される知性）との相違に関し，Getzels & Jackson（1962）の研究を中心にこれまでの研究を振り返る。
　Getzels & Jackson（1962）は，創造性に関する従来の研究において，Terman（1926）の天才児に関する研究以来，大きな進展がないこと，高IQ 児童は必ずしも高い創造性を持っていないこと，高創造性児童は必ずしも高い IQ を持っていないこと，IQ テストの結果と創造性テストの結果は，低相関である（無相関でもない）ことを確認している。したがって，IQ テストで測定される知能と創造性は異なった次元を意味しており，IQ テストでは創造性の高さを測定できないのではないかと考えたのである。
　このような仮説のもとで，彼（女）らは，まず，高い IQ と高い創造性を示す若年者の能力特性を明らかにしようと実験を繰り返した。その際，2 種類の思考プロセスが存在すると仮定した。一方は，「日常の思考」，「収束的思考」（Guilford, 1977），「防衛的」（Rogers, 1954），「安全の欲求」（Maslow, 1964）などの用語で表される，知的統一性を表すものであり，もう一方は，「新奇の思考」，「拡散的思考」（Guilford, 1977），「開放性」（Rogers, 1954），「成長の欲求」（Maslow, 1964）などの用語で表される知的進取性を表すものである。
　さらに，彼（女）らは，後者の知的進取性を創造性ととらえ，創造性を測定するための尺度として，以下の 5 つの尺度を採用している。

①語彙連想テスト

　　特定の言葉から連想する言葉の数とカテゴリーの数を測定する。

②用途テスト

　　煉瓦やペーパークリップなどの使用方法を被験者に考え出してもらうことで測定する。

③隠された形を想像するテスト

　　複雑な形やパターンから，隠されている幾何学的な形を被験者に探してもらい，その結果を測定する。

④物語の作成

　　被験者は，結末を取り除いた4つの物語を読み，道徳的・ユーモラス・悲劇という3つのパターンで，物語の結末を作成することが求められる。エンディングの数，適切さ，独創性で評価する。

⑤問題作成テスト

　　被験者は，多くの数値が含まれる文章を読み，できるだけ多くの数学的問題を作成することを要求される。問題の数，適切さ，複雑さ，独創性で評価する。

　以上の5つの尺度で測定された創造性の高さとIQとの相関は，男子児童（n=292）においては，r=.13〜.25となり，女子児童（n=241）においては，r=.12〜.39であり，低い相関しか示さなかった。

　また，IQの高い児童と創造性の高い児童の成績を比較すると，どちらも平均より有意に高いにもかかわらず，IQテストのスコアでは，両者に23ポイントいう大きな差が見られた。

　Torrance（1962）の行った同様の研究でも，IQと創造性の相関は，r=.16〜.32と低く，高いIQを示す児童と高い創造性を示す児童の成績は，同様に高くなっている。高いIQを示す児童の成績が良いことは容易に想像ができるが，IQが相対的に低いが創造性が高い児童の成績が同様のレベルにあることは一見すると奇異にみえる。その理由として，後者の児童のモチベーションの高さを仮定して，さらなる分析が行われた。その結果，高いIQの児童と高い創造性の児童は，どちらも達成欲求は同じレベルであったため，

後者の成績の高さは，達成欲求の強さから生まれるモチベーションでは説明できないという結論に達した。

　また，彼（女）らの研究では，IQ の高い児童は，教員から望ましい生徒であると認識される傾向にある一方，創造性の高い児童は，相対的に好まれない傾向にあることが指摘されている。なぜなら，IQ の高い児童は，教員の価値観と重なる成功イメージを持っており，そのように振る舞うことから，教員から肯定的な評価を受ける傾向にあるからである。

　一方，創造性の高い児童が持つ成功イメージは，教員の価値観とは一致しない傾向にある。具体的には，創造性の高い児童では，キャリア志向を尋ねた際に回答する職種に多様性がみられただけでなく，その内容も非伝統的な職種（冒険家など）が多い。IQ の高い児童の回答は，仕事の種類も少なく，職種も伝統的な専門職である医者や弁護士などが多くなっている。

　このような創造性の高い児童の傾向は，物語の創作テストにおいて，題材にこだわらないテーマ，予想できない結末，ユーモア，統一感のなさ，遊びといった要素を，頻繁に取りあげることにも現れている。同様の傾向が，描画テストにおいてもみうけられる。創造性の高い児童は，与えられた題材にこだわらない，ユーモアを含む，積極的かつ攻撃的なイマジネーションを示した。

　その他にも，IQ の高い児童は，収束的思考をより好み，創造性の高い児童は，拡散的思考をより好む傾向にあることや，IQ の高い児童は，安全欲求を，創造性の高い児童は，成長欲求を好む傾向にあるといった相違もみられる。加えて，創造性の高い児童は，新しい，他と似ていないものを作り出すことを好み，従来の方法にこだわらない，リスクを取ることや不安定を楽しむことができるといった特性も持っていた。これは，Rogers（1954）が指摘する創造性の高いパーソナリティ特性である，経験への開放性，評価の内部性（他者評価ではなく，自己評価）を好むことや，要素や概念に楽しく接することと類似しているといえよう。一方，IQ の高い児童は，正しい答えを得るための決まった手法や，社会に受け入れられる解決を好み，リスクや不安定よりも既知で確立された安定を志向する。

　さらに，Getzels & Jackson（1962）は，児童の IQ や創造性と家庭環境，

特に両親に関する変数を取りあげた分析を行い，その結果，以下のような相違点を指摘している。

①創造性の高い児童の両親も IQ の高い児童の両親も，同様なキャリア志向を示している。

②IQ の高い児童の両親は，創造性の高い児童の両親よりも，高学歴傾向であり，特に母親は高学歴である。

③IQ の高い児童の父親は，教育・研究職の割合が高く，IQ の高い児童の母親は，専業主婦である割合が高く，子供と接する時間が多い傾向にある。

④IQ の高い児童の両親の年齢差は，創造性の高い児童の両親の年齢差よりも大きい。

⑤IQ の高い児童の母親は，子供の頃の思い出として，経済的な困難さを取りあげる割合が高い。

⑥IQ の高い児童の家庭では，より多くの雑誌を購読している。

⑦IQ の高い児童の母親は，子供への不満に言及することが多い。

⑧IQ の高い児童の母親は，学校に対する不満をより多く持つ傾向にある。

⑨IQ の高い児童の母親は，自分の子供に対する教育により満足している。

⑩IQ の高い児童の母親は，自分の子供の友人にはきちんとした家庭でしつけられた子供を好む傾向にある。

以上のように，Getzels & Jackson（1962）は，IQ テストと創造性テストのスコアに相関がないこと，学業成績をコントロールしても，創造性の高い児童では IQ スコアが有意に低いこと，IQ の高い児童と創造性の高い児童ではパーソナリティや価値観だけでなく，家庭環境においてもかなりの相違がみられることを指摘している。その結論として，IQ と創造性が異なる知的能力を測定する概念であることを導き出している。

　こうした研究は，1980年代においても行われ，創造性は，知性の単なる延長線上にあり，弁別可能な能力ではないといった反論もなされたが，Kim（2008）による17研究（5,544人）のメタ分析から IQ と創造性との相関が有

意であるものの低い（r=.167）ことが明らかになり，創造性を知性の延長上にとらえる見方が否定された。現代の創造性研究においては，そういった見方は，もはや主流ではなくなっている（Runco, 2004; Cho et al., 2010）。

◇ 4　創造性のシステムモデル

　Csikszentmihalyi（1996）は，詳細なインタビュー調査を実施することによって，創造的人物とはどのような人なのか，創造性発揮のプロセスはどのようなものなのか，どのような条件が創造性を促進／阻害するのかといった点を明らかにしている。

　インタビュー調査は，1990年から1995年にかけて，91人を対象にビデオテープへの録画を用いた方法で行われた。調査対象者は，ある専門領域（ドメイン）において貢献をした人で，調査当時においてもなんらかの領域で活躍し，60歳以上である（一部例外を含む）という条件に合致した人である。つまり，Csikszentmihalyi（1996）の研究は，活躍しつづけている高い創造性を持つ人々の履歴に注目して，創造性を分析しようとしている。Csikszentmihalyi は，インタビュー調査を分析し，創造性が，ある種の精神的活動や洞察で，個人の内面での精神活動だけで生起するものであるという通説とは異なっていることを主張している。なぜなら，創造性を新奇性と有用性でとらえるとすれば，新奇性では，なにか基準となるものとの比較が必要であり，有用性は，他者からの評価が必要であるからである。したがって，創造性は，ある特定の個人の内面的精神活動だけで完結しないと指摘している。

　では，一体どのようなプロセスで創造性は完結するのであろうか。この問いに対し，Csikszentmihalyi（1996）は，次の3つの主要な要素の相互作用として創造性は存在するという，システムモデルを提唱している。

　第1の要素は，「ドメイン」と呼ばれるものであり，たとえば，数学や幾何学などがそうである。ドメインは，シンボリックな規則と手続きによって構成されるものであり，文化や社会に共有されるシンボリック知識でもある。

　第2の要素は，「場」と呼ばれるものであり，特定のドメインのゲート

キーパーとして活躍している人たちが，その役割を果たしている。彼（女）らが，アイデアや成果物が新奇であるかどうかを判断する。たとえば，教師，キュレーター，批評家，コレクターなどである。

第3の要素は，「個人」である。ある個人がドメインの中で，新しいアイデアや成果物を産みだし，それが「場」によって認められてはじめて，創造的であると判断される。

こうした3つの要素の相互作用として創造性をとらえると，創造性は，既存のドメインを変化させたり，新しいドメインへと転換させたりするあらゆる行為，アイデア，成果物であるとも理解できる。新奇性，有用性といった特性も，ある特定のドメインの中で，場がそのように判断する限りにおいて，新奇であり，有用であるのであり，必然的にドメインに変化を与えるものとなる。

創造性を3要素でとらえるこのモデルから導かれるもっとも重要なインプリケーションは，特定の状況で生まれる創造性は，個人の内面的精神活動によってのみ規定されるのではなく，新しいアイデアなどが，特定のドメインや場といかに適合し，評価され，普及していくかによって規定されるということである。

たとえば，紀元前5世紀のギリシャや15世紀のフィレンツェがそうであったように，人間が生存することを超えて，思考したり，学習したり，実験したりする経済的な余裕があるところに創造性は生まれる。こうした余裕が，特定のドメインへの関心を集め，そのドメインにおいて創造性を生み出すからである。

また，こうした状況では，様々な文化が交わり，知識や信仰の交換や混合が起こる。その結果，アイデアの新しい組み合わせが生まれるのである。つまり，個人の内部要因ばかりではなく，場やドメインの発展段階といった外部要因が創造性の重要な規定要因となる。個人の内面だけを見ても，創造性発揮の真の姿はとらえられないとも考えられる。

以上のように，Csikszentmihalyi（1996）によると，創造性は，多くの要素のシナジーの結果であり，個人の内面だけから生まれるものではないとされる。さらに，創造性は，一瞬のひらめきによる結果ではなく，何年にもわ

たる苦難の末に生まれるものであるとも指摘している。このように，彼は，創造性に関する通説に対し複数の反証を提示しているのである。

◇ 5　創造性の思考プロセス

創造性を思考プロセスからとらえた初期の代表的研究は，Wallas（1926）による「準備」，「あたため」，「解明・霊感」，「検証」の4段階説であると考えられている（高橋，2002）。

準備とは，創造しようという欲求が生まれ，そのための準備が行われる段階である。解決すべき問題に対して，様々な側面から検討される。検討にあたっては，多大なエネルギーが必要であり，苦しい期間でもある。また，問題解決のための専門的知識やスキルを獲得することもこの期間にあたる。

あたためとは，意識的にアイデアを捻出するのではなく，自然に考えがまとまり，問題に対する解決策がみつかるという段階である。鶏が卵を抱いて，卵が孵るのを待っている状態にたとえられるため，あたためと呼ばれている。問題に対して論理的思考を働かせるのではなく，いったん思考を停止し，無意識の力に任せる状態である。休息や瞑想のように意識をいったん解放することによるリラックスした状態をいう。小休止などによって意識的にあたためのプロセスを取ることが創造性を高めることは実験によって明らかになっている（Penaloza & Calvillo, 2012；Gallate et al., 2012）。

解明・霊感とは，なんらかのきっかけで，突然ひらめく段階である。ひらめきは，入眠時や入浴時といったタイミングや，緊張から解放された瞬間に生まれることも多い。ただし，こうしたひらめきには，ある程度の専門的知識やスキルが必要である。専門的知識やスキルがなければ，ひらめきを生み出すきっかけを見逃すことになり，ひらめきが生まれないからである。

検証とは，浮かんだアイデアを評価し，必要があれば修正する期間である。生み出されたアイデアを具体化するためには，論理的思考による検証や，作品や発明といった目に見える形で成果を作り上げる必要がある。アイデアを生み出すことと，それを実現することは別であるが，後者が検証という段階である。

第1章　創造性の定義と測定

　また，Bailey（1978）は，従来の問題解決アプローチをまとめた結果，そ
こには共通点が多くあることを発見し，「問題調査」，「目標明確化」，「手段
決定」，「解答最適化」，「製作と実証」，「他者の説得」という6段階の問題解
決プロセスを提示するに至っている。問題調査の段階では，ニーズや基本的
問題についての探索が行われる。問題そのものに解決する価値があるかも含
めて検討される。目標明確化は，問題解決のための制約条件を決定し，受容
できる解決策を構成する要素を明らかにすることである。手段決定は，アイ
デアの提案，評価，修正といった解決策の組み合わせを展開することである。
解答最適化とは，解決策を検討し，ニーズとのマッチングを図ることである。
製作と実証とは，モデルの構築やテストによって，解決策の変更や改善を図
ることである。他者の説得とは，解決策の実施に向けて誰を説得すべきか戦
略を練り，コミュニケーションを図ることである。

　こうしたプロセスを様々な問題解決に適用することで，多様な創造性が生
まれるわけである。さらに，Bailey は，こうした問題解決アプローチの訓
練を行うことによって，創造性を向上させることができると主張している。
ただし，Bailey の関心がエンジニアにあったため，提示された問題解決プ
ロセスの適用範囲は自ずと限定されてしまうことに留意が必要である。つま
り，ビジネスにおける問題解決にそのまま適用できるわけではない。

　ここまで述べた創造性の思考プロセスに関する先行研究は，個人の思考プ
ロセスに焦点をあてていたが，Osborn（1953）は，集団における創造性の
思考プロセスに焦点をあて，「方針決定」，「準備」，「分析」，「仮説」，「あた
ため」，「総合」，「検証」という7段階説を提示している。

　彼の死後，共同研究者であった Parnes（1985）が7段階を改良し，「事実
発見」，「問題発見」，「アイデア発見」，「解決発見」，「受け入れ発見」の5段
階に整理した。さらに，5段階説ではプロセスのはじまりが曖昧であること
から，「目的発見」という段階が最初に加わり，最終的に，6段階説として
定着することとなった（Miller, Vehar & Firestie, 2004; 弓野，2005）。

　また，高橋（2002）は，Osborn らの思考プロセスを参考にし，「問題設
定」，「問題把握」，「課題設定」，「課題解決」，「総合評価」，「解決行動」とい
う6ステップを提示している。問題設定とは，問題そのものがなにかを明確

21

にするステップである。問題を明確にすることが問題解決の最初のステップとされる。問題把握とは，問題に関わりのあるあらゆる事実を洗い出し，徹底的に分析するステップである。問題の真の原因をはっきりとらえることがこのステップである。課題設定とは，問題点をどういう方向で解決するか，解決すべき課題を決定するステップである。そして，次の課題解決につなげていく。課題解決は，課題を解決するための解決目標を探し，解決目標ごとに考えられるだけのアイデアを出し尽くし，それらを具体化するステップである。総合評価は，課題解決ステップで出されたアイデアを検討評価するステップである。具体的に実施可能性を評価することになる。解決行動とは，解決策を実行に移すステップである。実行なくしては，絵に描いた餅にとどまってしまう。

　その他に，Basadur, Graen & Green（1982）は，連続的で循環的な創造性の思考プロセスを提唱している。このプロセスは，Creative Problem Solving（CPS: 創造的問題解決）と呼ばれ，「問題発見」，「問題定義」，「問題解決」，「解決策の実行」という4つのステップが提示されている。さらに，このプロセスモデルに基づき，特定の個人の持つ創造的問題解決プロセスのスタイルとして，「創出家」，「概念家」，「最適家」，「実行家」の4つのスタイルを提示している。

　それぞれのスタイルは，4つのステップのうち，どれが得意でどれには消極的であるといった特性から分類される。たとえば，創出家は，直接的な体験から知識を獲得するという学習が好きであり，アイデアの生成にその知識を活用するタイプである。したがって，このタイプは，多様な情報を吸収し，多様な選択肢を生み出すことに長けている。概念家は，知識を活用してアイデアを生成することが好きなタイプである。その知識は体験に基づくものではなく，抽象的な思考によって獲得されたものである。創出家は，問題発見に適しており，概念家は，問題の構造化に適したスタイルである。最適家は，知識を評価に活用するという特性を持っており，問題を定義し，発見するという問題解決の初期のプロセスよりも，解決策を見つける中期以降の問題解決プロセスに適している。実行家は，問題解決の最後のプロセスである解決策の実行に適したスタイルである。人は，それぞれ，こういったスタイルを

併せ持っており，その割合を示すものとして創造的問題解決プロフィールと呼ばれる尺度も彼らによって示されている。

　問題解決というテーマは，主に，創造性研究の初期段階で取りあげられてきたが，近年，再び注目を集めているようである。Jett & George（2003）によると，問題解決にあたり，インキュベーションの時間をとることが有益であり，インキュベーションがひらめきを生み出しているとされている。こうした創造性発揮に関し，無意識的思考は拡散的に機能し，意識的思考は収束的に機能する（Dijksterhuis & Nordgren, 2006）と考えることもできる。意識的な思考プロセスでは，人間は多様な見方をとれず，決まり切った前提で物事を考えてしまい，結果的に独創的なアイデアを生み出すことができない。ところが，いったん問題から離れて休憩をとることで，創造性発揮の障害となっていた固定観念などが取り払われる。こうした心理的変化がインキュベーションにおいて起こり，その結果，ひらめきや洞察が生まれると考えられる。Dijksterhuis & Nordgren（2006）の研究では，困難な課題においては，無意識的思考が機能するような状況が，意識的思考だけで長時間考え続けるよりも望ましい結果を生み出すことが，実験調査によって確認されている。さらに，ルーティンワークは，創造性を阻害するのではなく，認知能力を節約させ，その節約が無意識的思考を促すことによって，創造性に資すると結論づける研究もある（Ohly, Sonnentag & Pluntke, 2006）。

　以上の先行研究をまとめると，創造性の思考プロセスは，「問題発見」，「問題解決」，「検証」という3要素を含む3つ，または，それ以上のプロセスから構成されること，それぞれのプロセスは直線的に進んでいくことが共通して指摘されている。また，思考プロセスのスタイルが個々人によって相違しており，各ステップの得手・不得手が異なることも指摘されている。さらに，創造性を促進するために，精神的なリラックスを生み出す休憩やルーティンワークの効用についても言及されている。

◆ 6　自己実現としての創造性

Maslow（1964）は，偉大な芸術家や科学者のように天才型の特別な才能

を持った人の創造性と，誰もが普遍的に持っている一般的創造性とを区別している。彼は，前者の創造性については，結局のところ理解できないものであると考え，後者の創造性に焦点をあて，自己実現との関連から創造性を把握しようとする。

　たとえば，1人の主婦がすばらしい料理の腕をふるったり，限られた収入から家計を維持したり，室内を整理整頓したりといった場面で，独創的で，新奇な着想が生まれたり，工夫がなされたりすることである。同様に，ボランティア組織を結成したリーダーや，患者を治すために新しい治療法を試みる精神科医も，日常的に創造性を発揮している。このように考えると，文学，芸術，科学といった創造的成果に限定されない，より広義の創造性をとらえることができる。その結果，「特別才能の創造性と，より直接的にパーソナリティからできてくるものであり，また，日常生活の中で広く姿を現し，しかも，単に偉大で誰の目にも明らかな所産だけでなく，その他の多くの方法，たとえば，教える場合がそうだが，いわば一種のユーモアの雰囲気でなにかを創造的に行おうとする傾向の中で現れてくるところの自己実現の創造性とを区別する必要性がある（Maslow, 1964, 邦訳 1972, 161頁）」というのである。

　こうした自己実現の創造性を発揮する人の特性として，紋切り型の思考とは無縁の「経験に対する解放性」，「自発的な表現力」，「対立するものを統合する能力」，「自分自身の衝動の受け入れ（自己受容）」が指摘されている。

　経験に対する解放性とは，新鮮なもの，具体的なもの，表意的なものを見る力を持ち，概念や抽象，期待，信念，画一的思考ではなく，ありのままの世界をとらえることを意味している。環境からの情報をありのままとらえ，恣意的な理解や解釈をしないことだといえる。自発的な表現力とは，子供の持つ無邪気で制限されることのない表現力であり，即興的に歌，詩，踊りや遊びを作り出すような能力を意味している。対立するものの統合とは，安易に二分するのではなく，対立する概念を併せ持ち，相対立するものとして一方を排除せず，両者を融合することである。自己受容は，自分自身の内面，衝動，感情，思想を恐れず，内面を自ら承認し，受け入れることである。その結果，他人からの嘲笑や批判を恐れる必要もなくなり，他人から自己を守

第1章　創造性の定義と測定

るための労力を必要としないため，より創造的になれるのである。こうした特性は，人間が生来備えているものであり，自己実現の創造性を促進するが，文化や習慣に染まることによって，徐々に失われていく。つまり，子供のような純真な心を失うのと同時に，自己実現の創造性を発揮する潜在的可能性をも失ってしまうのである。

　以上のように，自己実現の創造性は，大胆さ，勇気，自由，自発性，明敏，統合，自己受容といった特性と強く結びつき，このようなパーソナリティ特性が自己実現の創造性を促進するというのが Maslow の主張である。

◇ 7　創造性の分類

　Maslow は創造性を天才の創造性と一般の創造性と区分し，一般の創造性に焦点をあて自己実現との関係を考察している。Maslow の二分法に代わり，現在では Amabile（2017）が主張するように，創造性を連続的に変化するものととらえることが主流となっている。

　その代表が Four C モデル（Beghetto & Kaufman, 2007; Kaufman & Beghetto, 2009）である。彼（彼女）らは創造性を連続体ととらえ，精緻な分類を行うことを主張する。具体的には，創造性を 4 つのレベルに分類する。すなわち，mini-c, little-c, Pro-C, そして Big-C である。mini-c は学習過程に特有の創造性である。ある分野の学習者が訓練などの過程でこれまで知らなかったことを知り，スキルや知識を蓄積していく中での発見や気づきである。すなわち個人内での創造性を意味するといえる。

　little-c は，いわゆる日常的な創造性であり，生活や仕事における様々な課題や問題を解決しようとする中で観察される創意工夫などが該当する。

　後述する Big-C を除けば，多くの創造性は little-c の範疇に入ってしまうことを避けるため，両者の中間レベルとして Pro-C の区分が定義される。Pro-C とはあらゆる領域での専門レベルの創造性を意味する。Pro という名称が示すとおり，その分野の専門家たちが生み出すアイデアや工夫である。これまでの実証研究の多くは Pro-C に分類される創造性を研究対象として取り上げている（奥，2020）とされる。

25

最後に，Big-C は顕著な創造性である。社会的にインパクトがあり，広く認知された創造性を意味する。新しい分野を創造するようなユニークな成果が含まれ，天才の創造性と呼ばれるものと同義である。たとえば，アインシュタインの相対性理論の発見やエジソンの白熱電球の発明といった歴史的にも記憶されるような創造性である。

　このようなグラデーションを含んだ創造性の定義を行うことで，これまで関心の低かった Big-C 以外の一般の創造性（日常的創造性）への注目が増すことが期待できる。一般的創造性は，それ自体が個人の潜在能力や可能性に関する思考を高めるため，個々のアイデンティティを探求し，能力を開発し，評価し，創意工夫を高めるよう導く（Richards, 2007, 2010）とされ，先に述べた Maslow の指摘する自己実現にもつながる創造性だといえる。

　一方で，一般的創造性は，十分に開発されていないため，職場や家庭で十分に評価されていない（Amabile, 2017）。今後の創造性研究にあたっては創造性のグラデーションの存在を前提にしつつ，研究対象としてどの区分の創造性を対象としているかを明確にしていくことが議論の混乱を避けるために必要である。

　また，古典的な研究以来，Big-C，天才の創造性への注目に偏る傾向にあった創造性研究を一般的創造性にも焦点をあてる方向へと舵を切らせることで，創造性をより包括的に理解することができるようになるだろう（Ilha Villanova & Pina e Cunha, 2021）。

◇ 8　我が国における創造性のとらえ方

　我が国における創造性研究は，1960年代以降に散見される。たとえば，恩田（1971）は，ある目的達成，または，新しい場面の問題解決に適したアイデアを生み出し，あるいは，新しい社会的，文化的（個人的規準を含む）に価値あるものを作り出す能力，および，それを基礎づけるパーソナリティ特性として創造性を定義している。

　また，高橋（2002）は，従来の研究蓄積や日本創造学会におけるアンケート調査から，人が問題に対して異質な情報群を組み合わせ，統合しながら解

決し，社会あるいは個人レベルで，新しい価値を生むことが創造性であると定義している。

恩田や高橋の定義より，我が国における創造性のとらえ方は，「新しさ」，「問題解決」，「価値」という3要素が含まれていると考えられる。新しさとは，独創性のことであり，他者とは異なる観点から物事をとらえることができることを意味している。問題解決とは，問題の存在が前提であり，なんらかの不満や不便が，創造性の発揮のきっかけとなることを意味している。価値は，創造的成果がなんらかの形で社会や個人に便益をもたらすものであることを意味している。

さらに，和多田（2007）は，組織全体のパフォーマンスと結びつけて創造性をとらえるという観点から，ビジネスにおける創造性に焦点をあてた定性的研究を行っている。我が国において活躍する経営者に創造性を発揮したエピソードを具体的に語ってもらうことにより，経営者の視点から，ビジネスにおいて有用だと認識される創造性がどのようなものかを確認している。また，ビジネスにおける創造性の重要性を確認するだけでなく，創造性を発揮したエピソードの中で活かされた個人特性などについて，経営者の認識を分析している。定性的分析の結果，創造性の定義は，新奇性と有用性という2点に集約できると結論づけられている。

以上の研究から，我が国における創造性の定義も，新奇性と有用性という2点に集約されると考えてよさそうである。すなわち，欧米における主要な先行研究から得られた結論とも合致しているのである。

◇ 9　創造性の測定

創造性に関する研究は，多く見受けられるものの，創造性そのものをどのように評価し，測定するかについて，明確に提示した研究は少ない。たとえば，Guilfordらも創造性の尺度開発を精力的に行ったが，創造性を規定する能力要因を提示することにとどまっており，創造性そのものの測定には取り組んでいない。そこで，本節では，創造性の測定に関する研究を中心に取りあげていく。

創造性の測定には，大きく分けて２つのアプローチがある。ひとつは，創造的な人物に注目し，彼（女）らのパーソナリティ特性や生い立ちを分析することによって，創造性の高さを定義しようとするものである。もうひとつは，創造性の高い人の生み出した成果物に焦点をあて，創造性の高さを定義しようとするものである。成果物が新奇性を持っているか，有用性を持っているかといった点から創造性の高さを測定するのである。以下，順にみていこう。

9-1　人物に焦点をあてた創造性の測定

人物に焦点をあてた測定方法として，以下の３種類があるとされる。

Ⓐパーソナリティテスト

　GoughらのCPS尺度[2]やKirtonのKAI尺度[3]といったACL法（Adjective Check List：複数の形容詞によって，創造性の高い人物の個人特性を明らかにする方法）による測定尺度など。

Ⓑバイオグラフィティ

　生い立ちによる創造性の高い人物の特定。

Ⓒ行動アセスメントテスト

　Torranceの思考能力テスト（TTCT）や創造的行動尺度など。

上記の中で，Ⓒの行動アセスメントテストに属するTTCTが，もっとも一般的な創造性テストとされ，「流暢性」，「柔軟性」，「綿密性」，「独創性」の４次元によって，創造性を測定しようとするものである。詳しくは第３章の思考能力アプローチにおいて解説するが，TTCTでは，非言語刺激に対する非言語反応，非言語刺激による言語反応，言語刺激による言語反応という３カテゴリーの反応結果によって，創造性を測定している。ただし，こうした思考能力とそれに基づく反応に焦点をあてた測定は，信頼性の不安定さ，創造性の一要素と考えられる拡散的思考能力のみを測定するにすぎないという測定領域の狭さ，そして，現実への応用可能性の低さが，問題点として指摘されている。

第1章　創造性の定義と測定

　そこで，近年の創造性研究においては，創造性発揮に関わる具体的行動を
リストアップし，それに照らして創造性を測定する方法が採用されている。
たとえば，Taggar（2002）の研究では，参加者に対して，創造性とは，新
奇性と有用性であると教示した後，3つの質問項目によって創造的行動を測
定している。これら3つの質問項目は，Evans（1991）の定義に従って作成
された。具体的には，「新しい関係性を発見している」，「新しい観点から対
象を見ている」，「古いコンセプトを用いて，新しい組み合わせを生み出して
いる」であり，それぞれの質問項目に対して，リッカート5点尺度による同
僚間評価を行っている。
　また，Zhou & George（2001）は，職務不満足，組織コミットメント，組
織的支援などと創造性との関係を実証分析する際に，下記の13項目を採用し
ている。

　①目標達成のために，新しいやり方を提案する。
　②業績を改善するような，新しく，実用的なアイデアを思いつく。
　③新しい技術，プロセス，技法，または，製品を探索する。
　④品質を向上させ，新しいやり方を提案する。
　⑤創造的アイデアのよい源泉である。
　⑥リスクをとることを恐れない。
　⑦他人にアイデアを売り込んだり，支持したりする。
　⑧機会が与えられれば，仕事において創造性を発揮する。
　⑨新しいアイデアを実現するための計画やスケジューリングを行う。
　⑩しばしば，新しく革新的なアイデアを持っている。
　⑪問題に対して，独創的な解決方法を思いつく。
　⑫しばしば，問題に対して新しいアプローチを持っている。
　⑬職務を遂行する新しいやり方を提案する。

　13項目のうち，3項目はScott & Bruce（1994）から採用され，残りの10
項目はZhou & Georgeによって新たに作成されている。13項目に対して，
回答者の行動をよく知る上司が，回答者の行動を踏まえて，5点尺度で評定

29

する。なお，これら13項目からなる創造的行動を測定する尺度はその後の実証分析で頻繁に利用されている。

さらに，Farmer, Tierney & Kung-McIntyre（2003）では，従業員の創造性を直属の上司が，以下の４つの質問に対して，６点満点で回答することによって測定している。

①新しいアイデアや方法を真っ先に試している。
②問題解決のための新しいアイデアややり方を探している。
③その領域に関する革新的なアイデアを考え出している。
④創造性のよいお手本である。

これら４項目の信頼性係数は，$a = .92$となっている。こうした創造的行動を質問項目に照射し，回答者をよく知る上司らによって評定することは，成果物の評定に比べ，低コストな上に信頼性が高い方法といえるだろう。また，こうした手法では，新しいアイデアを考えること，試すこと，新しいやり方やアプローチを採用していることなどが，共通して質問項目に含まれていることが分かる。

すなわち，創造的行動を評価する観点は，ある程度収束していると考えられる。また，内的整合性も，十分に確保されていると予想される。ただし，成果物と異なり，あくまでも創造性の発揮や，それにつながると考えられる行動を評価しており，評価結果の妥当性には留意すべきである。

9-2　成果物に焦点をあてた創造性の測定

次に，成果物に焦点をあてた創造性の測定方法であるが，成果物の新奇性や有用性は，客観的かつ信頼性の高い評価が比較的可能であるとされている。しかし，成果物が新奇であるかどうかを評価できるのは，その分野の専門家でなければ難しい。有用性に関しても，同様に専門家による評価が欠かせない。すなわち，成果物に焦点をあてた創造性の測定においては，まず，創造性の定義を行い，測定には，専門家の存在が不可欠であり，通常の研究では使い勝手がよいとはいえない。

第1章　創造性の定義と測定

　一方，Amabile は，創造性とは，適切な観察者によって創造的だと判断される成果物や反応のことであると定義し，こうした定義を一致（コンセンサス）定義と呼んでいる。つまり，Amabile は，創造性に対して客観的な定義や測定を行うことは困難であるため，多くの人が，新奇で，有用であると認識することが重要であると結論づけているのである。Amabile は，一致定義に基づく創造性の評価は，以下の5つの条件を満たして行われるべきであると主張している。

　①評価者は，その領域の経験者であること。ただし，経験者であることとは，プロフェッショナルという意味ではなく，ある程度の経験があるというレベルでよい。経験者が評価することで，主観的な評価結果の一致度が高まることが期待されるからである。
　②評価は，独立して行われること。
　③評価は，創造性以外の技術的側面や美的側面についても行われること。
　④評価は，間隔尺度を用いた相対評価によって行われること。
　⑤評価は，ランダムな順序で，ランダムな評価項目について行われること。

　上記の条件を満たす評価方法が，Amabile の指摘する一致評価（CAT: Consensual Assessment Technique）であり，これを用いて，様々な分野の創造性の測定が定量的に行われている。また，いわゆる素人ではないが，ある程度専門知識を持った準専門家（セミプロフェッショナル）による創造性の評価がコストや実現可能性を考えると適切だとされる（Kaufman & Baer, 2012）。
　たとえば，児童の芸術分野（コラージュ等）における創造性測定では，評価者間の一致度は，r=.77と十分に満足できるレベルであった。因子分析の結果，創造性と技術的卓越性は，明確に分離され，相互に独立していることが統計的に示されている。外的基準妥当性については，他の客観的評価との相関係数は統計的に有意で，やや高い数値（r=.37～.64）を示している。成人の芸術分野における創造性についても，児童のそれと同様に，評価者間の一致度は，r=.79と高く，技術的卓越性との独立性も確認されている。

31

また，言語分野（作詩，作話）における創造性測定では，評価者間の一致度は，r=.90と非常に高く，因子分析の結果，創造性が，「記述スタイル」，「表現技法」という2因子とは独立していることも示されている。

　Amabile は，以上の定量分析の結果をまとめ，①コラージュ，作詞，作話については，一致評価の信頼性は高い，②主観的評価は，評価者の負担が大きいため，評価者の人数を増やすことも有益である，③評価者の専門知識のレベルは，評価結果に大きな影響を与えない（ただし，その分野に関する経験や知識は必要），④創造性は，技術的卓越性とは別の次元である，⑤創造性の高い人のパーソナリティ特性とも高い相関を示すことから，芸術分野や言語分野以外でもこの手法は適切である，という5つの結論を示している。

　さらに，Zhou & Oldham（2001）は，一致評価を修正した方法を採用している。彼（女）らの評価方法では，まず，2人の評価者によって，成果物の新奇性と有用性が別々に評価された。その後，新奇性と有用性それぞれの評点を平均し，両者の積を算出する。こうして算出された合成得点によって創造性を測定している。ただし，だれが評価をするかに留意する必要がある。熟練者の評価が初心者より低くなる（Kaufman, Baer & Cole, 2009）ことや熟練者の評価は素人に比べてばらつきが大きくなること（Haller, Courvoisier & Cropley., 2011）が明らかになっている。Hong & Lee（2015）らは評価者の文化の違いによる評価結果への影響を指摘する。

　また，Carson, Peterson & Higgins（2005）は，成果物による創造性の評価でありながら，他者評定ではなく，自己評定を用いたユニークな測定方法を展開している。Hocevar & Bachelor（1989）によれば，創造性を測定する手法として，自己評定尺度がもっとも容易に抗弁できる方法であるとされる。こうした立場より，Carson et al.（2005）は，回答者が，チェックリストに基づき自己評定を行うことで，創造性の高さを測定している。このチェックリストを Creative Achievement Questionnaire（以下，CAQ）と命名した。CAQ の作成にあたり，彼（女）らは，次のような5つの前提をおいた。

　①創造的成果は，それぞれの領域ごとに評価される。

第1章　創造性の定義と測定

②創造的成果は，知識やスキルの発露や獲得を意味する。
③創造的成果は，専門家からの評価が妥当で現実的である。
④より広く評価されることは，より高い創造性を意味する。
⑤より高い創造性は，より少数の個人に与えられる。

　先行研究より，芸術と科学の分野から9つの専門分野が選択され，料理分野は，芸術分野のひとつとして加えられた。それぞれの専門分野について，先行研究から指標となる具体的エピソードが抽出され，2人の専門家によって達成度の高い順に並べ替えられた。そして，昇順に，0点から7点までの得点が割りあてられた。さらに，音楽での4点と発明での4点が同じような出現率になるよう調整された。最終的に，10の専門分野（美術，音楽，ダンス，建築，著述，コメディ，発明，科学的発見，映画，料理）に関連する96項目のチェックリストが作成された。たとえば，発明分野は，図表1-1の8段階のチェックリストによって評価される。
　CAQの実施にあたり，まず，回答者本人が創造性を発揮できそうな専門分野を選択し，その専門分野に対応するチェックリストにチェックを入れる。チェックリストの各項目には，それぞれ0点から7点までの得点が割りあてられており，回答者は，あてはまる項目にチェックする。また，いくつかの

図表1-1　CAQ：発明分野チェックリスト

> 1．私は，この領域において，目立った才能を持っていない。
> 2．私は，いつもありふれた物の新しい使い方を見つけている。
> 3．私は，発明の概要を描き，その設計段階における欠陥について検討したことがある。
> 4．私は，オリジナルのコンピュータソフトウェアを作ったことがある。
> 5．私は，自身がデザインした発明の試作品を作ったことがある。
> 6．私は，知人に自身が発明したものを売ったことがある。
> 7．私は，自身の発明に関する特許を取得したことがある。＊（○回）
> 8．私は，メーカーに自身の発明を売却したことがある。＊（○回）

出所：Carson et al.（2005）より筆者作成

項目にはアスタリスクがついており，あてはまる場合には，その頻度（回数）を記入してもらう。専門領域ごとに，得点を集計し，専門領域の創造性得点とする。この際，複数の専門領域を持つ回答者は，トータルの創造性得点を集計する。

大学院生53人のデータから，再テスト法による信頼係数は，r=.81と高かった。また，96項目のα係数は，.96と非常に高かった。Hocevar & Bachelor（1989）によれば，尺度として研究に耐えうる内的整合性は，α=.70以上であるとされるが，本研究の結果はそれを十分に上回っている。また，39人の大学院生を対象に，コラージュの創造性の高さをプロの画家5人が評定し，その評定とCAQ得点との相関を検証することで，CAQの外的基準妥当性を確認した。その結果，相関係数は，r=.59となり，妥当性が確認された。

加えて，CAQの併存的妥当性を検証するため，CPS尺度，開放性（ビッグ・ファイブの一次元），拡散的思考能力（TTCTによる測定）との相関を検証したところ，CAQは有意に他の創造性尺度と相関していた。IQとの相関は，184人の学生データを元に，r=.14となった。弱い相関であり，CAQとIQとの弁別妥当性は確認できたといえる。

以上のように，Carson et al.（2005）は，Amabileとは異なるアプローチを用いて，成果物による創造性の測定を試みている。CAQとして結実した彼（女）らの測定尺度は，信頼性や妥当性という点において評価できる。特筆に値するのは，その利用しやすさである。ただし，測定可能な分野が芸術や科学といった範囲に限定される点で，Amabileの提唱する一致評価には劣ってしまう。また，尺度の信頼性や妥当性の判定に用いられたデータは，すべて学生によるものである。したがって，ビジネスにおける創造性という観点からは，今後の改良や追試が必要である。

上述のような評定以外に，よりシンプルに創造的成果物を評価する手法がある。たとえば，Oldham & Cummings（1996）は，創造性を測定する際に，社内での特許公開数や会社での改善提案の数を採用している。こうした手法は，適切な職種を対象にした場合，有用な評価手法といえるが，あらゆる職種で採用できるわけではない。たとえば，特許数は，研究開発部門の従業員

第1章　創造性の定義と測定

において有効であり，改善提案数は，製造部門の従業員にとって有効といえるが，その他の職種では妥当性が低い指標となるのである。一方，こうした定量的な指標によって，創造性を評価することは，他の手法と比較して，理論的に頑健で，客観性が高い方法であるという利点もある。

　以上，創造性の測定方法には，「人物」と「成果物」という2種類の測定対象が存在することが分かる。ただし，ビジネスという環境を考慮すれば，創造的成果物は事前に予測できないため，評価基準を明示することが困難である。よって，成果物による測定は現実的ではないだろう。学術的研究においても，測定のしやすさや低コストという理由から人に焦点をあて，その中でも特に行動を測定するアプローチが現時点では最も適切であると考えられる。

◇　10　創造性と業績の関係

　本書では，創造性がビジネスにおいて，重要な役割を果たすという前提に立っている。ところが，創造性の高さとビジネスにおける機能，すなわち業績の高さとの相関を実証分析した研究は，現実には少ない。そのような中で，我が国においては，まず，野村（1967）の研究があげられる。野村は，事務系20人と技術系27人の従業員を対象に，IQテスト，創造性テスト（TTCT），業績評価を行い，それぞれの相関係数を算出している。創造性は，「流暢性」，「柔軟性」，「独創性」，「具体性（綿密性)」という4次元によって別々に測定され，加えて，4次元を合計した創造性総点も算出され，分析に用いられている。

　結果をみると，事務系従業員において，5％水準で業績評価と相関している変数は，独創性，具体性，および，創造性総点であった。技術系従業員では，具体性のみであった。一方，知能との相関は，統計的に有意ではなかった（図表1-2）。

　つまり，創造性テストで測定される創造性の高さは，企業における業績の高さと正の相関を持っていることが明らかになったといえる。創造性の高い

35

図表1-2　企業での業績と知能・創造性の高さ

	人数	知能	流暢性	柔軟性	独創性	具体性	創造性総点
事務系の業績	20	-.01	.39	.41	.67**	.50*	.64**
技術系の業績	27	-.19	.26	.18	.33	.40*	.34

出所：野村（1967）342頁　　　　　　　　　　　　　　　　　　　　　*p<.05 **p<.01

従業員ほど，実社会での活躍が期待できるということである。この点を踏まえると，創造性テストの有用性が高いことが理解できるだろう。

　同様に，ほとんどの創造性研究が，創造性をビジネスにおいて有益なものであると指摘している（Runco, 2004）にもかかわらず，野村の研究以降，ビジネスにおける創造性の実証研究は，我が国ではほとんどみあたらない。過去50年以上もの間，創造性研究は経営学やビジネスフィールドからは隔絶していたといわざるを得ないのが，我が国の現状である。

　そこで，和多田（2010）は，インターネット広告業大手企業Ａ社の営業部門や制作部門の従業員に対し，定量的調査を実施している。この研究では，Ａ社による調査協力のもと，通常の学術調査であれば入手困難な人事考課データと上司により綿密に評定された創造性との関係性を確認するため定量的分析が行われた。その結果，創造性の高さは人事考課で測定される業績を向上させることが示された。

　こうした調査に基づき，企業業績を向上させるには，創造性のコントロールが有益であると結論づけられている。つまり，ビジネスにおいて業績を高めるためには，創造性を向上させることが有効な手段であることが示されたのである。

　一方で，他国においては，どのような状況であろうか。創造性の規定要因とその結果変数を共に分析した数少ない実証研究のひとつに，Gong, Huang & Farh（2009）がある。彼（女）らは，台湾の保険会社に所属する178人の保険外交員を対象に，創造性と業績との関係を分析している。その際，創造性は，上司評定によって測定されている。用いられた尺度は，先行研究（Oldham & Cumming, 1996）をベースに独自に開発した4項目を加えた7項目から構築されたものである。また，業績には，上司による主観的評価に

第1章　創造性の定義と測定

加え，四半期ベースの営業成績という客観的指標も採用している。分析の結果，Gong et al.（2009）は，「創造性は，上司評定の業績（β =.84），および，四半期ベースの営業成績（β =.55）を共に高める」と結論づけている。

　さらに，Gong et al.（2009）は，創造性と業績の関係を直接的に分析した研究は少ない上に，学生を対象にしたものに限定されている点も指摘している。同様に，Zhou & Shalley（2003）も，アメリカにおける創造性研究においては，創造性を規定する要因を探求することに焦点があてられてきた一方で，創造性がもたらす成果について焦点があてられることが少ないと指摘している。

　以上のように先行研究を振り返ると，我が国を含め，世界的にみても創造性とビジネスにおける業績との関係を実証する研究蓄積は，いまだに十分ではないと判断できるだろう。

【注】

1　本章第9節や第3章で詳述する。
2　CPS 尺度の詳しい内容については，第2章で解説する。
3　KAI 尺度の詳しい内容については，第2章で解説する。

COLUMN 1　革命的クリエイティビティVS "扱える" クリエイティビティ

　創造性あるいはクリエイティビティという言葉を聞いて多くの人はどのような人や出来事を思い浮かべるだろうか。多くの場合，たとえば発明王と呼ばれたトーマス・エジソンや古くはレオナルド・ダ・ヴィンチといった天才的な人物をイメージしたり，産業革命のきっかけとなったといわれる蒸気機関の発明やデジタル情報革命をもたらした iPhone といった世の中に革命的なインパクトを持つような新製品を思い浮かべたりするだろう。

　こうした偉大な創造性の発揮はもちろん重要であるが，本書でも指摘したように創造性はこうした革新的なクリエイティビティに留まらない。創造性はよく分からないとか，そもそもコントロールできないと考える人の多くは，革新的なクリエイティビティをイメージしているように考えられる。たとえば，採用面接で将来のエジソンやダ・ヴィンチを選抜しようとすればどのような採用基準で誰を選抜してよいかは判断が難しいし，iPhone を生み出したスティーブ・ジョブズは Apple 社を一度追い出され，その後復帰して活躍している。革新的なクリエイティビティを組織的にコントロールできないし，計画的に生み出すことは非常に難しいといえる。

　そうであれば，一般的な組織や人にとって，コントロールできる，「扱えるクリエイティビティ」に焦点をあてることがクリエイティビティ・マネジメントでは重要となる。社内人材による創造性の発揮を促そうとする場合，いきなり革命的なビジネスモデルや新製品の企画を期待しているとすれば，それは博打のようなものである。幸運が重なればうまくいくこともあるかもしれないが，マネジメントできているかといえばそうとはいえないだろう。

　本書で議論している創造性はもっと身近で日常的なものである。日常的な学習や体験の積み重ねの中での新たな気付きや発見に始まり，これまで慣れ親しんだ手法や視点を少し変えてみる，試してみるといったビジネス上の工夫，製造現場で行われる TQC 活動で生まれる改善提案といった，誰にとってもなじみのある出来事に宿る創造性こそ，組織や人にとってコントロールできるクリエイティビティだといえる。

　革命的なクリエイティビティだけでなく，扱えるクリエイティビティにも焦点をあてることで，創造性は誰にでも関わる概念となる。全ての人のあらゆる活動に創造性を発揮する機会があるからこそ，創造性を学ぶこと，それを応用することが，一人一人の知的能力のよりよい発揮につながることとなる。それは最終的には企業組織の競争力にもつながっていくだろうし，なにより一人一人の潜在能力の発揮とウェルビーイングにつながるだろう。

第2章

パーソナリティ
アプローチ

　本章では，創造性研究のうち，パーソナリティアプローチと呼ばれる一連
の研究を概観していきたい。パーソナリティアプローチは，現代の創造性研
究の中では，もっとも研究蓄積が厚いといってよいだろう。当初は芸術家や
建築家といった特定の職業人を研究対象とすることで，創造的パーソナリ
ティの特徴を探究することが活発に行われたが，それでは得られた知見の一
般化が難しくなる。そのため，特定の職業に限定されない一般的な場面での
創造性発揮を活発に行う人物のパーソナリティの探索が行われるようになっ
た。その知見から，多くの創造的パーソナリティを測定する尺度が開発され
るに至ったのである。

　本章では，こうした研究蓄積を可能な限り，時系列とパーソナリティの測
定という2つの観点に焦点をあてて紹介していく。時系列に沿った形での紹
介を行うことで，これまでの創造性研究におけるパーソナリティアプローチ
の展開がより明確になると考えた。また，パーソナリティの測定に焦点をあ
てることは，どのようなパーソナリティ特性を持つ人物が高い創造性を持つ
と判断されるのか，その基準を明確にすることであり，経営実践に応用可能
な，創造性の高い人物を見極めるツールを提示することにつながるのである。

◆ 1　創造性の高い人のパーソナリティ特性

　Barron（1955）は，独創的な人とそうでない人では，パーソナリティ特

性にどのような相違がみられるのかについて定量的に分析している。調査対象者は，100人の軍人である。彼（女）らのうち，独創性の高い人に共通してみられるパーソナリティ特性を明らかにすることを試みている。

　Barron（1955）による創造性の定義は，独創性と適用可能性である。ここでの独創性とは，反応の出現頻度の低さである。つまり，稀にしかみられないような反応であれば，独創性が高いと判断するのである。適用可能性とは，たとえ独創性が高くても実現可能性が低ければ，アイデアとして有意義ではないために設けられた基準である。両者の基準に合致したものだけが，創造性として，認められることとなる。こうした創造性の定義は，本書の定義とも合致している。

　具体的には，以下に示す8つの尺度によって独創性を測定しているが，最初の3つ（①～③）は，Guilfordらの研究から援用している。残りのうち2つ（④，⑤）は，投影テストとしてよく用いられるロールシャッハテストと課題統覚検査（TAT）からの援用である。さらに，文字を並べ替えるアナグラムテスト（⑥），Barronによるオリジナルテストである文字再配置テスト（⑦）とインクブロットテスト（インクのシミで作った模様）（⑧）が援用されている。

　①用途テスト
　　ありふれたものの使い道をできるだけ多くあげることで，流暢性を測定し，得点を算出している。
　②結果テスト
　　ある変化が起こったときに，どのような結果になるかを答えてもらうテストである。できるだけ多くの結果を考えてもらうが，その内容が凝っていて，変わったものであるほど高い得点とする。
　③題名づけテスト
　　被験者にストーリーが提示され，できるだけ多くの題名をつけるテストである。0点から5点で採点され，2点以上の得点を得た題名の数をカウントすることで，得点を算出する。

④ロールシャッハテスト

　インクのシミのような図をみせ，独創的な回答をカウントすることで得点を算出する。

⑤TAT

　2人の独立した評価者が，回答の独創性を評価することによって得点を算出する。

⑥アナグラムテスト

　回答が正しく，かつ，2人以上同じ回答をする人がいない場合に，その回答には独創性のポイントが1ポイント与えられる。

⑦文字再配置テスト

　被験者は名詞などを含むランダムに選択された50の単語をできるだけ多く用いてストーリーを作るように指示される。出来上がったストーリーを9段階で評価し，得点を算出する。

⑧インクブロットテスト

　10個のインクのシミをみせられ，それぞれにひとつの回答（何にみえるか）が求められる。その内容が滅多にみられないようなものなら，高い得点を与える。

　測定された8つの創造性尺度は，相互におおむね有意に正の相関を有していることが明らかになった。ただし，インクブロットテストとロールシャッハテストは，他の6つの尺度との相関が相対的に低く，この2つの尺度を除くと，残りの6尺度間の相関係数は5％レベルで有意な正の値となった。一方，心理学の専門家に，調査対象者の独創性を3日間の観察によって評価してもらった結果，8つの尺度の総合得点との相関は有意で，r=.55と高いものであった。したがって，8つのテストの外的基準妥当性は高く，これらによって調査対象者の独創性を測定することは適切であると判断できる。また，3日間の観察という時間やコストのかかる方法での評価の代わりに，ここで取りあげた8つの尺度を利用できることが示唆される。

　これらの尺度を用いて，Barron（1955）は，創造性の高いグループとそうでないグループを分類している。具体的には，8つの尺度の総合得点で，

平均より1S.D.（標準偏差）得点が高い人と，8つの尺度のうち最低1つの
尺度で平均より2S.D. 得点が高い人を創造性の高いグループと定義してい
る。この分類基準では，15人が創造性の高いグループに特定された。比較対
象として，独創性得点の下位15人で，8つの尺度のうち1つ以上で平均より
2S.D. 得点が低い人が創造性の低いグループに特定された。このように分
類した2つのグループ間で，いくつかのパーソナリティ特性に相違がみられ
るかを検証している。

　仮説1「Barron-Welsh Art Scale の複雑で非対称な図形の選好得点が高
い人は，独創性の総合得点も高い」に対して，両グループの平均値を t 検定
した結果，有意な得点差がみられた。創造性の高いグループは，そうでない
グループよりも複雑さへの志向が強いといえる。仮説2「独創的な人は，複
雑な心理構造を持っている」に対しては，同様に両グループを比較すると有
意な差がみられた。仮説3「独創的な人は，自律的に判断を行う」に対して
も，有意な差がみられた。仮説4「独創的な人は，自信があり，遠慮がなく，
支配的である」に対しては，5つの下位次元のうち，3つは有意な差がみら
れた。つまり，部分的な仮説の支持にとどまった。仮説5「独創的な人は，
衝動の抑制を拒絶する傾向にある」に対しては，5つの下位次元のうち，4
つで有意な差がみられ，仮説はおおむね支持された。

　以上のように，12の下位次元で有意な差がみられ，5つの仮説はおおむね
支持された。したがって，「判断の独立性」，「複雑なパーソナリティ」，「複
雑性への選好」，「遠慮がなく支配性が強い」，「衝動の抑圧への拒否」といっ
たパーソナリティ特性が，独創性の高さに関係していることが明らかになっ
た。また，3日間に及ぶ観察から独創性を評価した結果と，総合得点（合計
8尺度）が相関していることから，この研究で採用された創造性測定尺度の
妥当性も確認できたといえよう。

◇ 2　創造性の高い建築家の特性

　MacKinnon（1962）は，全米から創造的な建築家を選抜し，インタ
ビューやアンケートなどの調査を行い，彼（女）らのパーソナリティ特性や

家庭環境の共通点を発見した。彼の創造性の定義は，新奇性，適応可能性，継続性であり，これまで紹介してきた研究とは，継続性という点で相違がみられる。これは，建築家を創造性の研究対象に選択することによって，必然的に生じる条件であると考えられる。建築物における創造性を考える際，中長期的に存在し得ないアイデアであれば，その価値を認めることは難しいからである。

MacKinnon（1962）の研究における調査対象者は，プロの建築家5人に，もっとも創造的な建築家として列挙された64人である。そのうち，調査に協力してくれた40人からデータ収集が行われ，創造性の高い建築家の特性が，以下のとおり指摘されている。

①肯定的な自己評価

自分自身に対して高い評価をする傾向がある。創意に富む，独立した，個性の強い，熱狂的である，決断力のある，勤勉であるといったパーソナリティ特性を有している。

②女性性

高い創造性を持つものは，MMPI（Minnesota Multiphasic Personality Inventory）における Mf（Masuculinity-femininity）得点が低い傾向にあり，創造性と Mf 得点には負の相関（r=-.49）があった。創造性の高い人は，感情や感覚がオープンであり，自意識も強く，興味の幅も広い。こうした特性は，アメリカ文化では女性的だと判断されがちである。

③複雑さや非対称性への傾倒

創造性と概念的複雑性の相関は，r=.48と高い。カラーボードを使った実験の結果，創造性の高い人は，より多くの色を使ってモザイクを作ることが指摘された。また，複雑さを不安だと認識しない傾向もみられた。

④MBTI（Myers-Briggs Type Indicator）におけるパーソナリティ尺度

MBTI における知覚−判断次元の知覚型と創造性との相関は，r=.41と高い。さらに，別の次元として，感覚−直観次元があるが，創造性の高い人には直観型の割合が非常に高い（通常は25％であるが，彼（女）らでは90％以上）。

⑤細部にこだわらない性格

　創造性の高い人は，物事の細部よりも，その意味に関心を持つ。柔軟性があり，言語能力も高く，他者とのコミュニケーションに関心があり，知的好奇心も強い。

⑥論理や審美への高い価値観

　創造性の高い人は，論理性や審美性を重視する。論理と美は矛盾するが，創造性の高い人は，両者の対立に寛容であり，両者の融合を目指す傾向にある。

⑦連想の非日常性

　創造性の高い人の発想は，通常考えられないとっぴなものになりがちであり，異遠連想（Remote Association Thinking）と呼ばれる発想が活発である。

　また，MacKinnon（1962）は，創造性を育む家庭環境として以下の要因を指摘している。

①両親の子供に対する絶大な尊重・信頼。
②両親の子供に対する自立期待。
③両親と子供との適度な距離感（愛情べったりでもなく，無関心でもない関係）。
④規律や戒律（善悪の判断基準や倫理観の養成）。
⑤引越し（創造性の高い家庭は，引っ越しが頻繁で，それが経験・視野の幅を広げる）。
⑥遺伝的特性（早期の芸術に対する関心や両親の芸術的能力の高さ）。

　以上のように，MacKinnon（1962）は，様々なパーソナリティ尺度と創造性の関係や創造性を促進する家庭環境について多くの指摘をしているが，その内容は多岐に渡り，十分に整理・分類されているとはいい難い。また，MacKinnon（1962）の研究対象は建築家であり，自然科学やビジネスにおける創造性を直接には取りあげていない点に留意する必要がある。

◇ 3 CPS 尺度

Gough（1979）は，高い創造性を発揮する人とそうでない人とのパーソナリティ特性が異なるという仮定に立ち，どのような相違がみられるのかを分析した。その結果，図表 2 - 1 に掲げる30個のチェックリストによって，創造性の高さを判断することができると主張している。このチェックリストをCreative Personality Scale（CPS 尺度：創造的パーソナリティ尺度）と命名し，専門家が評価した創造性得点と CPS 得点の相関が，統計的に有意であると指摘している。

チェックリストは，創造性の高い人のパーソナリティ特性を表す18個の形容詞と，創造性が低い人を表す12個の形容詞の合計30個の形容詞群から構成されている。CPS 得点は，高創造性のパーソナリティ特性にあてはまる場

図表 2 - 1　CPS 尺度チェックリスト

高創造性	1．有能な	低創造性	16．魅力的な
	2．利口な		17．お高くとまっている
	3．確信している		18．しきたりにこだわらない
	4．自己中心的な		19．用心深い
	5．ユーモアのある		20．平凡な
	6．形式張らない		21．保守的な
	7．個人主義の		22．伝統的な
	8．洞察に満ちた		23．不満な
	9．知的な		24．正直な
	10．興味の対象が広い		25．興味の対象が狭い
	11．創意に富む		26．礼儀正しい
	12．独創的な		27．誠実な
	13．思慮深い・内省的な		28．従順な
	14．工夫に富む		29．まやかしの[1]
	15．自信のある		30．疑い深い

出所：Gough（1979）より筆者作成

合には＋1を，低創造性のそれには－1を与え，30項目の合計得点によって算出される。CPS 尺度が単一次元であること（Zampetakis, 2010）や性別による偏りがないこと（Charyton, Basham & Elliott, 2008）も確認されており，CPS 尺度の信頼性は一定程度担保されている。

　次に，CPS 尺度を用いた実証分析として，Oldham & Cummings（1996）を取りあげてみよう。この研究では，171人の製造業従業員を対象に，CPS 尺度で測定される創造的パーソナリティ，複雑で挑戦的な職務，支持的かつ非統制的な監督スタイルという創造的な成果に影響を与える3要因を分析することを目的としている。創造的成果は，上司評定の創造性，社内での特許公開数（過去2年），提案が採用されたかどうか，という3変数で測定されている。職務内容については，Hackman & Oldham による MPS（Motivating Potencial Score）尺度によって測定されている。

　その結果，CPS 尺度，複雑な仕事（高い MPS 得点），非統制的な監督，支持的監督という4要素が，統合的に従業員の創造性に強く影響することが明らかになった。つまり，これら4つの要素は，各々が創造性に単独で影響を与えるというよりも，複合して作用する方がその影響力が大きいということである。

　また，CPS 尺度と創造的成果の関係だけをみてみると，創造的成果のうち，特許公開数とは単独で有意な正の相関関係があることが明らかになった。特許という特定の結果変数においては，CPS 得点の高い人ほど，創造性が高いと判断できそうである。

◇ 4　KAI 尺度

　創造性に関する研究は，イノベーターの特性に焦点をあてるべき（Rogers, 1954）という考えから，Kirton（1976）は，文献レビュー，観察，および，インタビューに基づき，個人の問題解決に対する態度特性をイノベーターとアダプターという2種類のタイプに分類することを提唱している。また，こうした態度特性を測定する尺度を作成し，様々なプロフィールを持つ532人のデータより，尺度の妥当性や信頼性を検証している。この尺度は，

Kirton Adaption-Innovation Inventory（KAI尺度）と命名され，イノベーターとアダプターは，この尺度の両極端として定義されている。

　Kirton の定義によると，アダプターは，物事を改善することに長けた人を意味し，イノベーターは，物事を他者とは異なる方法で対処することに長けた人を意味している。KAI尺度は，「独創性」，「効率性」，「ルール・グループ調和性」という3つの下位次元から構成され，それぞれ図表2-2の質問項目によって測定される。3つの下位次元のうち，独創性が高い人ほど，

図表2-2　KAI尺度質問項目

独創性	①独創的なアイデアを持っている。 ②アイデアをどんどん生み出す。 ③刺激的である。 ④同時に複数の新しいアイデアに取り組む。 ⑤行き詰まると，常に何かを考えようとする。 ⑥改善するよりすぐに創造しようとする。 ⑦古い問題に新しい視点を持ち込んでいる。 ⑧他者とは異なった方法で物事に対処するリスクを冒している。 ⑨決まり切ったやり方を即座に変えることが好きである。 ⑩同時に複数の問題に取り組むのが好きである。 ⑪グループのメンバーと敵対してでも，反対の立場をとる。 ⑫頻繁な変化という刺激を必要としている。 ⑬ゆっくりと変化が起きるのが好きである（逆転尺度）
効率性	①細心の注意を払っている。 ②労を惜しまず，細部まで習熟する。 ③几帳面で，計画性がある。 ④細かい作業を楽しんでいる。 ⑤コツコツ働く人である。 ⑥首尾一貫している。 ⑦自分のコントロールの及ぶ範囲では，厳格な命令を下す。
ルール・グループ調和性	①システムに容易にとけ込む。 ②調和する。 ③仕事上のチームとはすぐに合意する。 ④ルールを曲げたり，破ろうとしたことはない。 ⑤適切な権限なしに行動したことはない。 ⑥権限を行使するときは慎重である。 ⑦正確な指示をされることが好きである。 ⑧予測可能性が高いことが好きである。 ⑨ボートを揺らすような同僚は嫌いである。 ⑩首尾一貫したボスや仕事のやり方が好きである。 ⑪あらかじめ決まったやり方からはずれないように働いている。 ⑫明らかに必要と分かるまで，アイデアを隠している。

出所：Kirton（1976）

イノベーターとしての特性を表している。一方，効率性とルール・グループ
調和性の高い人ほど，アダプターとしての特性を表しているとされる。

　なお，独創性とは独自のアイデアをより多く出そうとする態度を測定する
尺度，効率性とは正確さや信頼性を追求すること，ルール・グループ調和性
とは権威や規則との調和を重視することを意味し，いわゆる官僚組織に調和
的なパーソナリティ特性を示す次元ともいえる。

　KAI尺度の信頼性であるが，再テスト法により，相関係数はr=.82と非常
に高い数値が示されている。また，3つの下位次元間の相関係数は，r=.36
〜.47と中程度の相関を示している。したがって，下位次元間の独立性とい
う点ではさらなる検証が必要であると考えられる。

　次に，KAI尺度を使った実証研究を概観し，その妥当性について検討し
てみよう。Rosenfeld（1992）は，研究所に属する研究者のうち，アイデア
をより多く出した研究者が，KAI尺度におけるイノベーター得点が高いこ
とを検証している。調査は，1981年以前にイノベーションオフィス（Kodak
社）にアイデアメモを提出した経験のある個人（137人）を対象に行われた。
また，調査対象者は，研究職，技術職，アイデアメモ提出経験のあるマネ
ジャー，提出経験のないマネジャー（対照群）の4グループに分類され，比
較検証された。その結果，3つ以上のアイデアを提出した研究者やマネ
ジャーのKAI得点[2]の平均は，124点となり，全くアイデアを出したことの
ないマネジャーの103点よりもかなり高いことが分かった。また，3つ以上
のアイデアを出した技術職の得点も122点と高くなっている。したがって，
アイデアをたくさん出すという点で，創造性の高い人は，イノベーターとし
ての側面をより強く持つことが明らかになった。

　さらに，Puccio, Talbot & Joniak（2000）は，KAI尺度で測定したパーソ
ナリティ特性と仕事の特性とのマッチングが創造性の発揮に影響することを
検証している。こうした分析パラダイムは，P（Personality）-E（Environment）
fitモデルと呼ばれ，その基礎は，パーソナリティと社会環境要因との相互
作用によって，個人の行動が規定されるという相互主義理論にある。この考
え方は，古くはLewin（1936）やMurray（1938）らによっても提唱されて
いる。

第2章　パーソナリティアプローチ

　相互主義理論において，パーソナリティは，志向を指しており，環境は，タスクからもたらされるものや仕事を遂行する上で必要となるものとされている。両者に関する認識が一致しているほど，創造性が高まるというのが，Puccio et al.（2000）の仮説である。この仮説を検証するため，彼（女）らは，140人のイギリス人労働者を対象に，アンケート調査を行っている。回答者の所属は，研究，開発，人事と様々であった。回答者の平均年齢は33.7歳，平均勤続年数は7.2年であった。パーソナリティと仕事の特性の測定には，KAI尺度が修正され，用いられている。

　KAI尺度には，32項目があるが，それぞれに対して，①現在の仕事環境，②現実の自分自身，③理想の自分自身という3つの側面から回答を求めている。つまり，①は，仕事環境から考えて，どのような志向が求められているかを測定しているのに対し，②は，回答者自身が，回答時点においてどのような志向を持っているかを測定している。③は，回答者が，理想としてどのような志向を持っているかについて，回答を求めている。以上の測定によって，KAI Adjustment Scale（KAIAS）が定義されている。Puccio et al.（2000）の仮説では，①が仕事の特性であり，③がパーソナリティを測定する尺度となる。

　創造性の測定では，14項目からなる評価尺度が採用された。たとえば，「私は，いつも新奇で，非日常的なアイデアを提示している」，「他人は，私の仕事が価値を持ち，重要であると認識している」といった設問に対して，回答者が自己評定を行っている。

　重回帰分析の結果，仕事の環境において，どのような志向が求められているかという変数がイノベーター的であればあるほど，創造的成果は高まる傾向にあることが示された。

　つまり，創造性を促進するためには，創造性の発揮を必要とする職場環境を用意する必要があるということである。一方，回答者が自分自身のあるべき姿としての志向がイノベーター的であればあるほど，創造的成果が低くなる傾向にあった。また，両者の交互作用効果としては，両者が共にイノベーター的であるほど，創造的成果が高まることが部分的に示された。つまり，環境とパーソナリティの一致が創造的成果にポジティブに作用するというこ

とである。

　したがって，この結果をみる限り，P-E fit モデルの妥当性が統計的に示されたと解釈できる。ただし，創造的成果の評定を主観的に行うことについては，若干の注意が必要である。たとえば，回答者自身がよりイノベーターでありたいという志向を持っているとすれば，自身の創造的成果物に対して低めの評価をすることが十分に考えられるからである。

　このほかにも，KAI 尺度の妥当性を支持する実証研究がある。たとえば，Houz et al.（2003）は，62人の新人教師に対して，Kirton（1976）の KAI 尺度，Briggs & Myers（1976）の MBTI，Khatena & Torrance（1976）の What-Kind-of-Person-Are-You チェックリスト（WKOPAY）を実施し，MBTI および WKOPAY 尺度と KAI 尺度の相関を確認した。なお，WKOPAY は，50項目からなる尺度であり，数多くの先行研究から創造性に関連するとされるパーソナリティ特性を記述する項目を整理する中で，開発されている。下位次元として，「権威の受容」，「訓練されたイマジネーション」，「自信」，「知的好奇心」，「他者への意識」という５つが想定されている。これら５つの下位次元の総合得点である WKOPAY は，TTCT と相関を持つことも確認され，Houz et al.（2003）の研究では，創造性を測定する尺度として採用されている。

　まず，KAI 尺度で測定された志向スタイルと MBTI の直観得点の間には正の相関があった。これは，五感や自らの経験のみで物事を考えるのではなく，直感的に思考するのが好きな人ほど，イノベーター的な志向スタイルを持っていることを示唆している。一方，MBTI の判断的態度の強い人は，アダプター的な志向スタイルを持つ傾向にあることも示唆された。さらに，MBTI の思考得点とイノベーター的な志向スタイルには，負の相関がみられた。つまり，物事を細部まで考え，よりよいアイデアを生み出そうという志向の強い人は，イノベーター的な思考スタイルにはならないという傾向が示唆された。

　また，KAI 尺度と WKOPAY 尺度には，有意な正の相関関係が見られた。イノベーター的な思考スタイルを持つ人ほど，権威の受容が低く，他者への意識やイマジネーションが活発だと認識しており，創造性が高いと結論づけ

られている。同様な関係は Lee & Kim（2010）でも再確認されている。その他にも KAI 尺度の得点が高いほど創造的問題解決やひらめきが活発になることも指摘されている（Cunningham & MacGregor, 2014）。

　以上のように，KAI 尺度による志向スタイルの測定は，おおむね仮説どおりの結果となっているといえるだろう。その後 KAI を類似した A-E インベントリ（Martinsen & Diseth, 2011）のような尺度も開発されている。たとえば，「私は問題解決にあたり，新しい原則を作り出すことが好きだ」といった質問項目に対して高い得点を示す者を探究者（E:explorers）とし，低い得点を示す者を学習者（A:assimilators）と定義する。KAI のアダプターが学習者，イノベーターが探究者と想定できる。一定の妥当性が確認されているものの，KAI と比較すると実証研究は少なく今後の研究蓄積が待たれる。

◆ 5　創造性態度尺度

　創造性を発揮するためには，アイデアをたくさん出すだけではなく，あわせてアイデアの評価や判断をしないことが重要であると指摘される。たとえば，Osborn（1953），MacKinnon（1977），Guilford（1967）らは，時間の許す限り，アイデアに対する評価は控えるべきであると主張している。これは，判断の留保と呼ばれ，ブレイン・ストーミングでも活用されている。

　また，Basadur et al.（1982）によると，創造性の発揮は，「アイデアの創出と評価」という 2 つのステップから構成されている。前者は，なんら評価や判断をせずに，ひたすらアイデアを生み出すことから拡散的思考と関わりが深い。後者は，生み出されたアイデアを論理的，収束的思考で判断することである。彼（女）らは，2 つのステップが多重的に，連続的に，繰り返されることによって，創造性の発揮が行われるが，アイデア創出とその評価は別のプロセスであり，創造性を発揮するためには，まず，アイデアをたくさん出すことが重要だと指摘している。たくさんのアイデアを出すには，判断の留保を担保すること，すなわち，早期にアイデアの善し悪しを評価したり，判断したりしないことが必要となるのである。したがって，創造的な人ほど，

次々とアイデアを出すだけでなく，アイデアを出すプロセスではアイデアの評価や判断をしない傾向にあることが予想される。

　このような仮説を検証するために，Basadur & Finkbeiner（1985）は，創造性の発揮に資する態度を測定する尺度の抽出を試みている。彼（女）らは，これまでの研究から，「アイデア創出が好きである」，「アイデアを早い段階で批判的に評価しない」，「新しいアイデアを大切にする」，「創造的思考は，一風変わっていると信じている」という4次元が，創造性の発揮に資する態度であると考え，因子分析による4次元の抽出と信頼性の検証を行っている。

　まず，調査1では，ある民間企業に勤務する様々な部署のミドルマネジャー36人を対象に，従来から提示されている「アイデア創出が好きである」という次元を測定するために，加えるべき項目を列挙してもらった。その結果，アイデア創出に資する態度として，101項目が追加され，オリジナルの2項目を含む合計103項目が用意された。これら103項目について，ミドルマネジャーや専門家186人を対象にアンケート調査を行い，各項目に対して，「強く支持する」〜「全く支持しない」というリッカート5点尺度で回答を求めた。回答結果を因子分析したところ，想定した4因子が確認された。

　調査2では，調査1で抽出された4因子のうち，第1因子と第2因子を取りあげて，両因子の再確認を行っている。民間企業，病院などの組織のマネジャー238人を対象に，14項目からなるアンケート調査を実施した。

　アイデア創出が好きであるという因子には，以下の6項目が用意された。

①職場ではすべてのアイデアが共有されるべきだと思う。なぜなら，おかしいと思えるアイデアが，どのタイミングで最良のものになるのかを知ることができないからである。
②1つの新しいアイデアは，古いアイデア10個分の価値がある。
③いつでもどこでもアイデアが出てくるものだ。
④私は，他人のばかげたアイデアを聞くのが好きである。なぜなら，ばかげたアイデアが，しばしば最善の解決策に導いてくれるからである。
⑤いかにばかげたアイデアであっても，等しく時間を割き，予見を持たず

第2章　パーソナリティアプローチ

聞くべきだと思う。

⑥新しいアイデアを生み出すもっとも良い方法は，他人のアイデアを聞き，それに付け足したり，加えたりすることである。

　また，アイデアを早い段階で批判的に評価しないという因子には，以下の8項目が用意された。

①他人に話す前に，自分のアイデアを事前評価すべきである（逆転尺度）。

②ばかげたアイデアは，捨ててしまうべきである（逆転尺度）。

③アイデアを生み出す際には，量よりも質が大事である（逆転尺度）。

④価値あるアイデアを出すには，集団での議論が重要である（逆転尺度）。

⑤見当違いのアイデアに多くの時間が費やされることがある（逆転尺度）。

⑥質の高いアイデアのみが展開されるべきなので，アイデア生成にあたって評価することは必要である（逆転尺度）。

⑦アイデア生成にあたっては，見当違いのアイデアをみつけ，取り除く必要がある（逆転尺度）。

⑧言葉にする前に，アイデアが実現可能であるかどうかを判断すべきだと思う（逆転尺度）。

　因子分析の結果，事前に想定していた次元どおりに各項目は負荷しており，信頼性係数も十分に高いものであった。さらに，妥当性を検証するため，回答者をよく知る第三者2人にそれぞれの次元について回答者の創造性高低を評価してもらい，2人の第三者が共に高いと評定した場合，高いグループに分類し，両者が一致しない場合には不明のグループに，両者が低い場合には，低いグループに分類した。そして，高いグループと低いグループにおいて，2つの次元で統計的に有意な相違がみられるか検証した。

　その結果，「アイデア創出が好きである」という下位次元には，統計的に有意な相違があり，第三者から創造性が高いとされる回答者ほど，この下位次元の得点も高いことが示された。したがって，「アイデア創出が好きである」という因子については，外的基準妥当性があると判断できる。

以上のように，Basadur & Finkbeiner（1985）は，創造性の発揮を促進する態度を4つの下位次元を因子分析によって抽出するだけでなく，それらのうち，2つの信頼性が十分に高いものであることを明らかにした。特に，「アイデア創出が好きである」という因子については，第三者評定による妥当性が示され，創造性に資する態度を測定する尺度として十分に信頼できるものである。

　また，Basadur, Wakabayashi & Graen（1990）は，創造的な態度として，「積極的拡散態度」と「早期収束回避態度」が，アイデア創出にポジティブな影響を与えると主張している。ここでの積極的拡散態度とは，拡散的思考を促進する態度であり，早期収束回避態度とは，収束的思考を抑止する態度を意味する。積極的拡散態度や早期収束回避態度がより強い人ほど，拡散的思考が促進され，かつ，収束的思考が抑止されるため，アイデアの創出が促進されると予想される。

　このような仮説を検証するため，Runco & Basadur（1993）は，創造性に資する態度と創造性の発揮に関して，次のような定量分析を行っている。

　調査対象者は，消費財の製造販売を主として行っている多国籍企業に勤務する管理職35人である。彼（女）らの職務は，財務，製造，管理，人事など多岐に渡っている。アイデア創出を測定するため，調査対象者に対してなじみがあり，かつ，仕事に関する重要な問題に対する解決策を，2分間でできるだけ数多く考えだしてもらった。2分間で考え出されたアイデアの数によって，アイデア創出の量的得点を算出した。同時に，他者が考え出さなかったアイデアの数によって，アイデア創出の質的得点を算出した。

　一方，アイデア創出に関する態度については，「アイデア創出が好きである」という積極的拡散態度と，「アイデアを早い段階で批判的に評価しない」という早期収束回避態度の2つのタイプを取りあげている。これらは，Basadur & Finkbeiner（1985）にならい，14項目から構成される尺度によって測定された。

　アイデア創出とアイデア創出に関する態度の相関分析を行った結果，アイデア創出の質的スコア（独創性）は，早期収束回避態度と相関しており（r=.41），さらに，量的スコア（流暢性）も，同様に正の相関（r=.40）を示

第2章　パーソナリティアプローチ

した。したがって，早期収束回避態度というアイデア創出に関する態度が，アイデア創出を促進することが明らかになったといえる。

　さらに，Basadur & Hausdorf（1996）は，Runco & Basadur（1993）の検証したアイデア創出に関する態度変数に加え，「新しいアイデアに価値を認める」，「創造的思考は，一風変わっていると信じている」という２つの下位次元の信頼性や妥当性を検証している。ひとつ目の調査対象者は，経営学部の学部生389人であり，もうひとつの調査対象者は，様々な業種のミドル，または，ロワーマネジャー218人である。アンケートでは，「新しいアイデアに価値を認める」，「創造的思考は，一風変わっていると信じている」という２つの下位次元に対し，それぞれ12個の質問項目が設定されている。質問項目は，リッカート５点尺度で測定された。因子分析の結果，想定した２因子ではなく３因子が抽出され，それぞれ，「新しいアイデアに価値を認める」，「創造的思考は，一風変わっていると信じている」，「忙しくてアイデアを出す暇がない」と命名された。

　「新しいアイデアに価値を認める」という下位次元を構成する質問項目は以下のとおりである。

①アイデアは意思決定の基礎でそのように扱われるべきである。

②新しいアイデアは，ほとんど役に立たない（逆転尺度）。

③組織では，シニアマネジャーは，アイデアに基づいた行動を示すことによって，アイデアを奨励すべきである。

④問題解決の別のやり方をみつけるという挑戦を本当に楽しんでいる。

⑤新しいアイデアをみつけると興奮する。

⑥誰でも創造的なアイデアを次から次へと思いつく。

⑦上司のアイデアは，より広い視点から物事をみているので，いつでも最善のものである（逆転尺度）。

⑧常軌を逸したアイデアは，なにかを生み出すものだ。

⑨他人のアイデアを聞くのは時間の無駄である（逆転尺度）。

⑩ビジネスにおいて，新製品の開発や製品の改善は，大事である。新しいアイデアは変化を促進する。したがって，新しいアイデアは，ビジネス

に重要である。

⑪賢くて，知識豊富な人だけが良いアイデアを生み出す（逆転尺度）。

「創造的思考は，一風変わっていると信じている」という下位次元を構成する質問項目は以下のとおりである。

①創造的な人は，一般的に変わった性格である。
②創造的な人は，変わったライフスタイルを持っている。
③創造的な人は，組織になじめない。

「忙しくてアイデアを出す暇がない」という下位次元を構成する質問項目は，以下とおりである。

①忙しくて，アイデアを考える暇がない。目の前の仕事をこなすことでいっぱいいっぱいである。
②自分には，やるべき仕事がいっぱいなのに，なぜ，みんなは，いつもアイデアについて語っているのだろうか。
③アイデアは，主要なプロジェクトに影響を与える場合にのみ重要である。
④だれもがアイデアを生み出せば，だれも仕事を終えることなどできない。

上記3つの下位次元の信頼性係数は，a =.53～.76となっており，非常に高いとはいえないが，許容範囲である。また，下位次元間には，理論的に想定される方向での相関がみられた。

たとえば，「新しいアイデアを大切にする」と「忙しすぎてアイデアが出ない」（r=-.50）や「創造的思考は，一風変わっていると信じている」（r=-.10）とは，負の相関係数が算出されている。つまり，新しいアイデアに価値を認め，それを大切にする態度を持つ人ほど，創造的な人に対し否定的な印象を持たず，日常業務が忙しくて新しいアイデアなんて出せないなどと考えないのであろう。創造的な人に対して否定的に接する人や，忙しすぎてアイデアが出せないというような態度の人は，アイデアを生み出すことを

重視していない。したがって，創造性の発揮についても大きな期待はできないだろう。ただし，このような結論を補強する意味でも，3つの下位次元の構造については，今後の実証分析によって，外的基準妥当性の検証が必要である。たとえば，上司や顧客などの第三者評価による創造的成果と，抽出された3つの下位次元の相関を検証することが必要である[3]。

　以上のように，創造性態度尺度については，妥当性，信頼性ともに一定の水準をクリアしている。また，妥当性の検証にあたっては，ビジネスにおける創造性を想定した創造性に関する外的基準を採用していることも適切であると判断できる。ただし，Basadur の提示する4次元構造については，今後のさらなる追試と検証が必要である。

◇ 6　APS 尺度

　Glynn & Webster（1992）は，職場における Adult Playfullness Scale（APS 尺度：遊び心尺度）の開発とその妥当性を定量的に検証している。彼（女）らが開発した APS 尺度とは，パーソナリティ特性のひとつであり，楽しさを増すために，生真面目でない，面白いやり方で物事に取り組む心理的傾向を測定するものとして定義される。APS 尺度得点の高い個人は，内発的に動機づけられ，自身の目標へ向かうプロセスを好み，目標の意味を対象や行動に求める傾向にある。外部のルールからは独立し，コミットメントや職務関与の度合いも強い。このように APS 尺度を定義すると，これまでの研究蓄積には，職場における遊び心に関する尺度はなかった（Glynn & Webster, 1992）とされる。

　一方，APS 尺度と創造性の関係については，Csikszentmihalyi（1975）が指摘するように，正の相関が予想される。両者の相関には，APS 尺度による内発的モチベーションの向上，職務関与の向上が潜在的に想定されていると考えられるが，そのメカニズムに関する詳しい言及はみられない。この点については，さらなる理論研究が必要である。また，Glynn & Webster は，APS 尺度と創造性との相違について，創造性には，有用性という特性が含まれるが，遊びにはその必要性がない点を指摘している。したがって，両者

の関係を定量的に分析することに学術的な意味があるというのである。

　調査対象は，5つのサンプル群より構成され，合計300人以上である。5つのサンプル群のうち，3つは実験室実験であり，残りはアンケート調査によってデータが収集されている。APS尺度の具体的な質問項目は，図表2-3に掲げる32組の形容詞で構成され，リッカート7点尺度を用いた自己評定により測定される。

　この32項目に対する得点を合計することで，APS尺度の得点が算出された。回答結果を因子分析したところ，APS尺度は，5つの下位次元に分類されることが明らかになり，それぞれ，「自発性」，「自己顕示性」，「快楽性」，「想像性」，「滑稽性」と命名されている。また，APS尺度とCPS尺度には，有意な正の相関関係があり，APS尺度が創造性と相関していることが間接的に示されている。つまり，APS得点の高い者ほど，創造性が高いと予測できるだろう。

図表2-3　APS尺度質問項目

1．冒険好きな － 目的のある	17．ふざけている － 真剣な
2．活発な － 受動的な	18．積極的な － 受身的な
3．元気のいい － 沈着な	19．衝動的な － 入念な
4．静かな － 揺れ動いている	20．速い － 遅い
5．聡明な － 愚鈍な	21．開かれた － 内にこもった
6．屈託のない － 注意深い	22．ばかげた － 分別のある
7．子供っぽい － 成熟した	23．創造的な － 創造的でない
8．気楽な － 厳格な	24．自発的な － 指示された
9．激しやすい － 穏やかな	25．奇抜な － 実用的な
10．自己顕示的な － 自制的な	26．感情的な － 理知的な
11．自由な精神の － 統制のとれた	27．想像的な － 想像的でない
12．幸福な － 悲しい	28．意外性に欠ける － 意外性のある
13．空虚な － 満たされた	29．楽しんでいる － 退屈な
14．とるに足らない － 生産的な	30．まじめな － ふざけた
15．くつろいだ － 緊張した	31．刺激的な － 覇気がない
16．明るい － 暗い	32．競争的な － 協力的な

出所：Glynn & Webster（1992）より筆者作成

第2章　パーソナリティアプローチ

◇ 7　C Scale 尺度

　Nassif & Quevillon（2008）によれば，創造性とは，独創的，または，連想的な考えを生み出すような個人の資質，または，通常結びつかないような要素同士を有益な形で結びつける潜在的能力として定義されている。彼（女）らは，これまでの研究を俯瞰し，創造性が，パーソナリティ，ロールシャッハテスト，16PF 人格検査，MMPI-2 などと関連していることがおおむね支持されるとしている。このような背景から，彼（女）らは，MMPI-2 から Creativity Scale（C scale：創造性尺度）を導出し，C scale の信頼性の検証を試みている。

　調査対象者は，2つの大学に所属する，192人の心理学の講義に参加している大学生である。創造性の測定は，Hocevar（1979d）による Creative Behavior Inventory（CBI 尺度）を採用した。CBI 尺度は，TTCT と比較すると，実施コストが低いこと，創造性をより広くとらえることができる点で優れている。一方，自己評定である点が批判されることもある。測定された CBI 得点の上位3分の1（69人）は高創造性グループ，下位3分の1（58人）は低創造性グループとされ，残り65人は分析から除外された。

　そして，高創造性グループと低創造性グループにおける MMPI-2 得点の平均値を t 検定することで，創造性と関連のありそうな MMPI-2 の項目を選抜した。1％水準で検定したところ，28項目が抽出された。これらの項目に加え，5％水準で選抜されるが1％水準では除外された項目のうち，3項目は理論的に関連が深いため採用されたため，合計31項目となった。信頼性係数は，a = .65であり，十分満足できるものであった。

　図表2-4に掲げる C scale を用いて，CBI 尺度による創造性の高さを予測（創造性の高低でグループ分けすること）したところ，あてはまりのよさは充分高い（88.9％）ものであった。

　以上のように，Nassif & Quevillon（2008）は，MMPI-2 の中から創造性に資するパーソナリティ尺度を抽出し，C scale として再構築している。また，31項目からなる C Scale の信頼性や妥当性は，十分に高いことが明らか

59

図表2-4　C Scale 質問表

1.	私は，時々，無性に家から出たくなる。
2.	私は，歌手になりたい。
3.	私は，数日おきに悪夢を見る。
4.	私は，とても社交的である。
5.	私は，数日おきに，または，より頻繁に胃の不快感に悩まされる。
6.	私は，詩が好きだ。
7.	私は，花屋さんになりたい。
8.	私は，いつも人生は価値あるものだと感じている。
9.	私は，看護師になりたい。
10.	私は，花を集めたり，観葉植物を育てたりするのが好きだ。
11.	私は，料理をするのが好きだ。
12.	私は，かつて日記をつけたことがある。
13.	私は，たとえ，パーティで他人がふざけていたとしても，自分自身もふざけようとは思わない。
14.	私は，退屈になると，わくわくするようなことを引き起こすのが好きだ。
15.	私は，物乞いにお金を恵むことに反対だ。
16.	もし，私がリポーターなら，劇場関係のニュースをもっともレポートしたいと思う。
17.	私は，ジャーナリストになりたい。
18.	私は，複数のクラブに所属したい。
19.	もし，私が画家なら，花の絵を描きたい。
20.	私は，他人と同じように素早く友人を作るように思われる。
21.	私は，たとえ小さなことでも行動する前に立ち止まって考えなければならない。
22.	私は，他人より多くのトラブルを抱えている。
23.	私は，パーティでは，多くの集団に囲まれるより，一人でいるか，二人でいる方が好きだ。
24.	私は，踊りに行くのが好きだ。
25.	私は，バスや電車で，見知らぬ人と話すことがよくある。
26.	私は，子供が好きだ。
27.	私は，いやなことから逃れるために仮病を使ったことがある。

28.	私は，他人がやる価値がないと考えることは，たとえ自分がやりたいと思っていても遠慮する傾向がある。
29.	私は，かつて，ケンケンや縄跳びをしたことがある。
30.	私は，訂正や改善を試みる際に，他人に対して，率直な物言いをしてしまう。
31.	私は，一人でいるとき以上に幸せなときはない。

出所：Nassif & Quevillon（2008）より筆者作成

になった。ただし，調査対象者が大学生であること，31項目の次元構成に関する理論的解釈が不十分であることなど，いくつかの問題を抱えている点には留意が必要である。

　さらに，Feist（1998）や George & Zhou（2001）は，パーソナリティのビッグ・ファイブ・モデルに基づき，創造性とパーソナリティとの関係を分析すべきだと主張している。同様に，Costa & McCrae（1992）や McCrae（1987）の研究では，ビッグ・ファイブのうち，誠実性と開放性が最も概念的に創造的パフォーマンスと関係があると予想されている。従来の先行研究をメタ分析した結果，Feist（1998）は，創造的な芸術家や科学者は，経験に対して開放的であり，誠実性が低い傾向にあると結論づけてもいる。

　こうした背景からその後もパーソナリティ特性をビッグ・ファイブによって測定した実証研究は蓄積されることとなった。たとえば，Werner et al.（2014）は外向性と開放性が創造性と中程度の相関を持つこと，Sung & Choi（2009）によるビジネススクールの学生を対象にした調査や Dahmen-Wassenberg et al.（2016）や Davis, Kaufman & McClure（2011）による学生対象の調査では，外向性と開放性が創造的なパフォーマンスにポジティブな効果をもたらすことが示されている。同様に Furnham & Bachtiar（2008）は外向性および開放性が創造性とポジティブな関係にあり，創造性のばらつきの最大47％が説明できると指摘している。外向性や開放性の創造性とのポジティブな相関は性別を問わず観察されること（Bender et al., 2013）や発明家でも観察されること（Mieg et al., 2012）が明らかになっている。

　さらに，ビッグ・ファイブによる予測可能性は個人の創造性に限定されな

い。すなわち，高い外向性，高い開放性，低い誠実性をしめすメンバーが多いほど，チームの創造性が二次関数的に高くなることが示され（Baer et al., 2008），チームの創造性を予測するパーソナリティ特性としてもビッグ・ファイブの外向性や開放性が有力であることが示されている。

【注】

1 当初，Gough は，「影響を受けた・変質した」を採用していたが，その後，「まやかしの」を採用している。

2 KAI 得点は，リッカート5点尺度により32質問項目で測定され，最低32点から最高160点の分布を取る。

3 ここで取りあげた創造性に対する積極的な態度を育成するために，種々の創造性セミナーやトレーニングが行われている。こうしたトレーニングの効果について，Basadur et al.（1982）による民間研究期間を対象に行われたフィールド実験によると，実践的なトレーニングは，拡散的思考への態度を改善させ，結果的に拡散的思考の実践につながり，創造性の発揮を促進することが明らかになっている。同様に Basadur, Graen & Scandura（1986）は，民間企業の技術者に同様なフィールド実験を行い，トレーニングが拡散的思考態度を向上させることを指摘している。Basadur et al.（1990）は，様々な産業における様々な職種・職位を対象に同様の調査結果を得ている。ここでのトレーニングは25人の参加者に対して，3日間にわたり，様々な拡散的思考を実践するためのタスクをこなしてもらうというものである。その中で，参加者はできるだけ従来考慮されてこなかったコンセプトを発見するように奨励される。

第2章　パーソナリティアプローチ

■■■ COLUMN 2　クリエイティブな人材を採用・育成する

　クリエイティブな人材はあらゆる業界業種を問わず，求められる人材の上位にリストアップされる。採用の段階でクリエイティブな人を選抜できるのであれば，ある程度解決する問題であるが，そもそもクリエイティブな人材とはどのような人材なのかを問われると答えに窮するのではないだろうか。

　たとえば採用面接で当たり障りのない質問を投げかけてみると，風変わりな受け答えが返ってくるとしよう。この人はクリエイティブだと判断してよいのか？単に空気が読めないのか？はたまた過度に緊張してしまいテンパっているだけなのか？判断するのは難しい。

　本書の第2章では創造的な人物を多様な観点から議論してきた先行研究を紹介している。こうした知見を応用すればある程度クリエイティブな人物の判断基準のようなものがみえてくる。たとえば，APS尺度を応用すれば仕事の中で遊び心を持つ人物がクリエイティブな人物だという共通のイメージが持てるため，複数の面接官の判断基準のぶれが抑制できるだろう。

　ただし，あらゆる企業が同じような基準でクリエイティブ人材を採用しようとすれば人材の争奪戦となり，採用の困難度は格段に上がるため，採用だけでなく育成も重要となる。採用段階でクリエイティブな人を採用できたとしても，それを活かし，育てることができなければ，結果的に採用活動は徒労に終わる。

　では，社内にいる人材の創造性を育成しよう，伸ばそうと考えた場合にどのようなアプローチが考えられるだろうか。本書の第3章では思考プロセスに焦点をあてて，創造性をめぐる研究を振り返っている。創造性に関する思考プロセスを理解することで，思考プロセスの各段階でマイルストーンを設定できる。それらを1つひとつクリアするような研修プログラムを作成することで，創造的思考プロセスの理解や模擬訓練が可能となる。

　また，創造性が拡散的思考能力に強く関連していることも本書で指摘しているが，拡散的思考能力を刺激することも実践可能な解決方法となる。たとえば，通常の方法とは異なる使用方法をペットボトルなどの日常製品を使って考える課題が拡散的思考能力を測定するために採用される。こうした測定ツールを応用することで，日常的な発想とは異なる視点からアイデアを強制的に考える訓練は思考の幅を広げるという意味で，クリエイティビティを高めることにつながるだろう。

　一方で，こうしたクリエイティブ人材の採用や育成への着目・注力に留まる限り，それが社内で新しい製品やビジネスモデルにつながる可能性はそれほど高まらないことに留意すべきである。本書では人の認知（第4章）や取り巻く環境（第5章）

に焦点をあてて先行研究を振り返っているが，そこでは創造性発揮の邪魔をしない，サポートすることの重要性が指摘される。せっかく工夫して採用したり，育成したりした創造性のポテンシャルの高い人材に活躍してもらうための工夫も忘れないでもらいたい。

第 3 章

思考能力
アプローチ

　本章では創造性研究の中で思考能力や思考プロセスに焦点をあてたものを取り上げていくことにする。創造性を含む知的能力全体を包括して研究した Guilford の研究を中心に，創造性とはどのような思考プロセスを持ち，IQ テストなどで測定できる知的能力とはどのような点で異なるのかを解き明かしていきたい。創造性を思考能力や思考プロセスとしてとらえることで，それらを促進する要因や阻害する要因に対する関心が生まれる。どのような要因が創造的な思考プロセスを促進するのだろうか。逆にどのような阻害要因が存在するのだろうか。これらの点を明らかにすることで，創造性発揮が妨げられるような状況を回避することも可能となるだろう。

　また，創造性を思考能力からとらえることで，創造性測定のツールが生まれた経緯をひもとき，その後の創造性測定の発展を振りかえる。創造性測定においても Guiford の提唱した知能モデルがベースとなっている。特にアイデアを数多く，かつ，多様なパターンで生み出す思考能力が創造性であるとする立場にたって，創造性の測定尺度が開発されていることに注目する。思考能力から創造性を測定するアプローチはその後数多くの実証研究を生み出すと共に，改訂されたり類似した尺度を生み出したりしていることも合わせて解説していく。

◇ 1　知能構造モデル

　紛争のような世界的な問題から個人的な問題まで，問題解決のために最も
価値ある資源は，人間の知能である。知能とは，遺伝的に受け継がれたもの
であるという認識がある一方で，伸ばすことができるものでもある。知能を
伸長するための第一歩は，自分がどのような能力を持っているのかを知るこ
とである。この問いに答えるために，本節では，Guilford（1977）の研究に
触れ，知能を通じて，創造性がどのようにとらえられてきたか概観していこ
う。

　Guilford（1977）は，知能は重要な資源であり，知能自体を理解すること
によって知的な活動をコントロールすることができるようになると考えた。
そのためには，知能自体を体系的に理解する必要があるという立場から研究
を進めている。その結果，知能構造モデル[1]を提示するに至っている。知的
活動の背後には，何らかの情報処理が行われていることは間違いない。そこ
で，Guilford（1977）は，知能構造モデルの構築にあたり，まず，情報とは
なにかという定義を明らかにしている。

　以下では，Guilford による情報の定義をまず確認し，それに従って，知能
構造モデルの各要素をみていく。

1-1　情報のコンテンツ

　Guilford は，処理される情報の内容（コンテンツ）を，「図形的コンテン
ツ（視覚／聴覚）[2]」，「記号的コンテンツ」，「意味的コンテンツ」，「行動的コ
ンテンツ」の4種類に分類している。どのような形で情報として処理されて
いるかに注目しているのである。

①図形的コンテンツ
　典型的には実態としてかたちのあるもので，感覚として知覚されるもの
である。Guilford の初期の研究（1968）では，主に視覚的なものとして理
解されてきたが，後の Guilford（1977）の研究では聴覚に関する図形につ

第3章 思考能力アプローチ

図表3-1　Guilfordの知能構造モデル

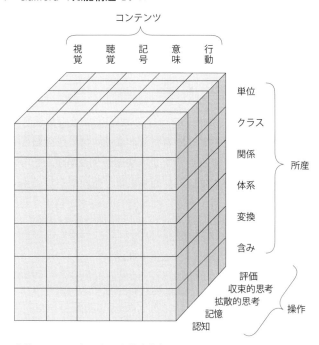

出所：Guilford（1977）より筆者作成

いても言及されている。知能構造モデルにおいては，視覚的コンテンツと聴覚的コンテンツとして記述されている。
②記号的コンテンツ
　典型的なものは，文字や数字で，「○」や「×」といった記号も含まれる。それ自体には意味のない形状のものであるが，一定の組み合わせによって意味を持つようになる。
③意味的コンテンツ
　モノの名称や意味を持った言葉が照射するコンテンツである。意味は，関連する特性や分類に関する合成物である。モノの名前は，それ自体の実態を知らなければ意味的情報として機能しないものである。たとえば，「象」を見たことのない人にとって，「象」という名称の意味は全くないの

である。

④行動的コンテンツ

　人間の感覚や考え，意図に関わる非言語的な情報で，表情やしぐさなど
が含まれる。行動的コンテンツは，社会的知能と呼ばれる多くの能力に必
要となる。

　上述の情報のコンテンツをインプットした脳は，その情報を解読し，再
コード化する。さらに，記憶として蓄積し，必要に応じて記憶から引き出す
ことによって，問題解決という形で新しい情報を生み出す。そして，新しい
情報は，記憶として蓄積されていく。知能とは，様々な方法であらゆる種類
の情報を処理する能力の集積である。この点において，情報を知能との関係
で理解することは大切である。

1-2　情報の所産

　Guilford は，情報のコンテンツとは別に情報の構造に着目し，それを所産
と呼んでいる。所産には，「単位」，「クラス」，「関係」，「体系」，「変換」，
「含み」という6種類があり，先に指摘した情報のコンテンツには，それぞ
れの所産があると述べている。所産とは，端的にいえば，情報が伝えるもの
を意味し，一般的な心理学用語でいえば，概念にあたる。具体的には次のと
おりである。

①単　位

　情報が伝える内容そのものを指し，所産の基礎となる。図形的情報であ
れば形や色，単音や和音などである。記号的なものであれば，「グループ
Ａ」や「38番の選手」などである。

②クラス

　ひとつ，または，それ以上の共通する属性によって個別の情報が分類さ
れたものである。情報を組織化する基礎を提供しており，記憶や思考にお
いて重要な役割を担っている。

③関　係

　関係は単位の結合である。２つの単位が結合している場合，それぞれの単位と関係という３つの構成要素が存在している。関係には，相似，類比，対立など様々なものがある。

④体　系

　複数の情報の単位が組織化・構造化されたものを指す。関係やクラスが含まれ，情報の種類としては最も複雑である。少なくとも，２つ以上の結合した単位群からなる。

⑤変　換

　ある情報によって伝えられる内容が，他の状態に移るときの変化，修正，および，変更を意味している。行動的な情報の場合，同じ「お願いします」という言葉でも，誰から誰にいったものかという状況によって，異なる意味を持つようになる。

⑥含　み

　得られた情報から予測，期待されることを指す。ＡというエピソードがＢを予期させるのであれば，ＡはＢに対して含みを持っている。ある意味で，ＢはＡに属しているともいえるのである。

　Guilfordは，人間の処理する情報は，以上の６種類の情報の所産によって構造化されていると指摘している。脳は，これら６種類の所産という情報の基本形に従って構造化し，情報を処理している。ただし，６種類の所産の基本となるのは，単位である。なぜなら，単位以外の所産は，他の所産によって与えられるものであるのに対して，単位は単独で存在するからである。

　ここで指摘した６種類の所産と先に指摘した５種類（図形的コンテンツを視覚と聴覚で分割している）のコンテンツを組み合わせると30種類の情報が提示される。Guilfordは，これらを，人間の知識体系であると考えたのである。

1-3　情報の操作

1-2で述べた情報を知識体系へと構成するプロセスについて，Guilford

は，操作と呼び，「認知」，「記憶」，「拡散的思考」，「収束的思考」，「評価」
の5種類に分類し，提示している。

　ここにおける操作とは，具体的になにを知っているのか，情報を使ってな
にができるのか，どのように獲得できるのか，どのように蓄積するのか，ど
のように利用するのかといった事柄を意味している。具体的には次のとおり
である。

①認　知
　認知とは，操作の最初，かつ，基礎的なものである。いったん知覚され
た新しい情報は，次なる操作の次元である記憶によって脳内に蓄積される。
蓄積された情報は，問題解決などの際に検索される。感覚器官から得られ
たインプット（刺激）は，脳を通じて情報となる。つまり，発見，知るこ
と，理解することは，認知という操作からはじまるのである。したがって，
認知は，学習と多くの関連を持っているのである。世に存在する数多くの
テストは，再認知と呼ぶことができる。なぜなら，同じ，あるいは，似た
ような過去の経験をもとに問題を解いているからである。過去の経験の多
寡はあるものの，過去の経験を認知することが基礎にあってはじめて，似
たような経験をもとに問題を解くことができるのである。また，認知とい
うステップは，どんな情報が必要で，どんな情報を持っていないのかを理
解するという点で，目標に到達しやすくする。

　これらを踏まえ，Guilford は，認知を促進するための一般的なルールを
以下のとおり示している。

　1）良き観察者たれ
　　　インプット情報の重要なポイントすべてに注意を払うことである。
　どのような特性や特徴であるのか。換言すれば，情報のクラスはなに
　であるのかといったことに留意することが重要となる。

　2）良きまとめ役たれ
　　　情報をクラスに分類する他に，個別の情報間の関係をみる。関係は，
　結びつきを明らかにし，情報をより有益なものにする。さらに，体系
　化することによって，情報を意味あるものにしたり，重要なものにし

たりすることができる。

3）良き変換者たれ

体系化される情報は，あまり厳格でありすぎてはならない。必要に応じて，それらを修正し，変化させる必要がある。学習や記憶における変換の役割は大きい。

4）良き推測者たれ

直面している情報の含みをみることを意味し，疑問を持ったり，予測したり，一般的な分析枠組みにあてはめてみたりすることである。これらのルールを試すことは，学習を容易にするだけではなく，価値あるものにする。

②記　憶

記憶力が良いことの価値は，誰もが認めるところである。なぜなら，記憶は，その他の操作に貢献するからである。記憶とは，情報を倉庫に入れることにたとえられるような操作である。1977年当時は，記憶には，大別して短期の記憶と長期の記憶があるとされた。短期の記憶は秒単位，せいぜい数分の記憶である。一方，長期の記憶は，脳内の，新しいたんぱく質の構成や，分子構造に依存しており，少し時間がかかると考えられた。短期と長期の記憶は，別々であるが，長期の記憶は，短期の記憶に多少は依存している。

さらに，Guilford は，記憶という操作を促進するためにいくつかの示唆を，以下のとおり提示している。

1）良い認知をする

人は認知したものだけを記憶できるので，うまく，明確に印象づけることからはじめることが適切である。記憶は，思い出すことの失敗としてとらえられることが一般的であるが，実際は，認知に問題があることもある。これは物忘れが激しいとされる高齢者にもあてはまる。人は，思い出す能力よりも，記憶にしまう能力の方が早く衰えるからである。

全体像と特定の特徴について注意深く観察し，特徴に特段の注意を払う。その情報が区別され，曖昧になったり，他と混同されたりしな

ければ，鮮明な印象として記憶にとどめることができる。

2）何を記憶するのかに注意を払う

　脳の深部には，ほとんどの神経信号が通る場所がある。これは蜘蛛の巣状になっていることで知られ，バルブ・関門・フィルターといった装置の役目を持ち，神経信号が通ったり止められたりする。認知するためには，インプットが大脳皮質に届かなくてはならない。注意をインプットの一部分だけに集中するのではなく，ゆらぎ，探索することにより，フィルターが柔軟に機能するようになる。なぜなら，大脳皮質へのインプットのチャネルは，限られているからである。

3）他のコードに翻訳する

　異なる情報のコンテンツは，記憶される程度が同じではない。多くの人にとって，記号的情報は，最も記憶しがたい。一般に，最も記憶されやすいのは，意味的形式と視覚的形式のものである。もちろん，そうでない人もいる。重要なことは，どのタイプの記憶が最も記憶しやすいかを試してみることである。もし意味的であれば，他のタイプの情報を意味的なカテゴリーに変換することが役立つ。たとえば，FID, JUM, MON, DAR, LUC, VIS, であれば，Fido jumped Monday during Lucy's visit に変換して記憶する，という具合にである。この変換は，意味のある文章（意味的システム）となるので，より有効である。JUM を jump にするなど記号的な変換を伴っている。この変化も記憶されなければならないが，変換は，他の情報を記憶するのに役立つ。一般に，より意味のあることを意味のないシンボルに入れ込むと，記憶しやすくなることが分かっている。

4）ひとつ以上の言語やコードで覚える

　翻訳とは，あるコードを他のコードに置き換えることである。これは，情報を両方の言語コードで記憶にとどめることを可能にする。これにより，少なくともひとつのコードを保持できる機会が増える。

5）手がかりを情報に貼り付ける

　記憶庫から情報を取り出すために，必要なものがどこにあるのかを知る手がかりが必要である。手がかりは必要なものを暗示するタグや

ラベルである。図書館における整理番号のようなものである。良い記憶のためには体系化された情報が重要である。体系化の利点は，思い出すときに，手がかりを提供し，含みに繋がることである。新しいものを学ぶときには，できる限り有効な含みを見つけるように試みるべきである。もし可能であれば，関連を確認し，時にはでっち上げることも必要である。

6）クラスを上手く利用する

　典型的な例は，問題解決プロセスにみられる。たとえば，医師による診察では，患者の症状は，特定の病気のクラスを示唆している。医師はそれを1つひとつ思い出す。病気を特定するために，いくつかの検査を行い，さらにクラスを小さくすることが必要である。一般に，問題をより小さなクラスに分類できれば，解決の方向性を示すことができる。

Guilford の立場では，記憶とは情報を記憶庫に入れる特定の操作であり，それ以上のものではない。記憶庫から情報を取り出すことは，後述するような記憶以外の他の操作が同時に行われる活動である。

　また，情報は認知された形で記憶庫にしまわれる。認知という点では，少なくとも情報の種類と同じだけ多くの記憶庫があり，前述したように30種ある。

③拡散的思考[3]

　蓄積された情報の価値は，将来，それを利用する際に発揮される。つまり，記憶の貯蔵庫から必要な情報を引き出すことができれば，蓄積された情報は有益なものとなる。拡散的思考と後述する収束的思考は，記憶の貯蔵庫をどのように探索し，必要な情報を見つけるのかについて言及する操作である。

　拡散的思考とは，代替案となるアイデアや，全般的な必要条件を満たすすべてのものを幅広く探索することである。たとえば，文章を書いているときに，はじめに考えたものよりも適切な言葉を探すことを取りあげてみよう。最も良いと思われるものを見つけるまで同じ意味の言葉を探し続ける。これが，拡散的思考の例である。

ただし，前述したように，認知がなければ記憶はない。また，記憶がなければ，拡散的思考はないことに留意すべきである。つまり，拡散的思考は，記憶庫から知識を取り出すことに依存している。この点からいえば，100％新しいアイデアというものは存在しないと考えられる。

　ところで，一般的なIQテストは，主として認知テストから構成されており，その中に収束的思考が含まれているが，拡散的思考は，ほとんど含まれていない。したがって，IQと拡散的思考との関係は，ほとんどないという意見がある。しかし，実際には，相関は低くとも，一定の関連はあるだろう。IQテストの低得点者は，拡散的思考テストでも低い得点を示す。一方，IQテストの高得点者は，拡散的思考においては高くも低くもなる。IQは，拡散的思考の上限を決めるが，IQは，高い拡散的思考能力を保証しない。つまり，高いIQ得点者の創造的成果が予想より低いことは多いが，予想以上の創造的な成果があがることはほとんどない。つまり，IQは，必要条件であり十分条件ではないとするのが，Guilfordの立場である。

　以上から，拡散的思考において重要なことは，多くの代替的なアイデアを探索することであり，これは創造性の発揮と強く関係している。さらに，Guilfordは，知能構造モデルの拡散的思考能力を測定するために，50種類以上のテストを実施し，創造性の因子として，次のような6つの因子を抽出している（高橋，2002）。「問題に対する感受性（問題の発見力）」，「思考の流暢性（新しいアイデアをたくさん生み出す力）」，「思考の柔軟性（新しいアイデアを幅広く生み出す力）」，「独自性（他にはみられないユニークなアイデアを生み出す力）」，「綿密性（実現可能なアイデアを生み出す力，具体的なアイデアを生み出す力）」，「再定義（物事を別の視点から見ることが出来る力）」である。後述するが，これら6因子が，のちの創造性テスト（拡散的思考能力テスト）に発展していくのである。
④収束的思考
　収束的思考とは，答えを出し，問題解決に利用するために，記憶庫から情報を引き出すことに関係している。拡散的思考が，多くの代替的な答えを求められるのに対して，収束的思考はただひとつの答えを探究する。そ

こにはただひとつの正解しかないのである。拡散的思考で多くの言葉が思い浮かんだあと，その中でもっとも適切な言葉を選ぶ操作がまさにそれである。この探索は，広範囲というよりは焦点を絞ったものになる。たとえば，ニューヨーク州の州都はどこかといった質問がそうである。はじめは多くの州都の名前が浮かぶかもしれないが，正解は，「Albany」ただひとつだけである。こうした操作を収束的思考と呼ぶのである。このように，収束的思考は，記憶庫から情報を引き出すことに依存しているという点で，拡散的思考と似ている。しかし，収束的思考における情報の探索が，特定の答えを見つけることに集中している点で，拡散的思考とは大きく異なっている。

　収束的思考という操作を行う際，代替案と，問題として与えられた情報との関連性をすでに学習している場合は，正しい答えをすぐに出すことができる。「King」の妻をなんと呼ぶか，という問いには，「Queen」と答えるが，これは King と Queen との関係をすでに学習し，記憶として情報を保持していたからである。

　一方，時には，学習したことのない問題に対面することがある。たとえば，トムはディックよりも背が高く，ディックはハリーよりも背が高いとしよう。明確に言われなくても，トムはハリーよりも背が高いと結論づけることができるだろう。収束的思考の中には，こうした，論理的な推論（演繹的推論）を含む領域もある。

　また，ある問題に対して，収束的思考によって，問題解決策を導き出す過程において，拡散的思考がなされることは事実である。収束的という場合，目標に関わる限りにおいて意味を持つのだから，正しい解答に到達するまで拡散的思考と収束的思考の循環は終わることはないのである。

⑤評　価

　人は，認識していないかもしれないが，どんな行動においても，なにをするのか確認，あるいは，再確認をしているものである。人の神経系は，そのように作用するように作られている。たとえば，直立するときというのは，2本の足でバランスをとり，そのバランスからのどんな逸脱も発見され，正しい行動が取られる。このプロセスは，実際に片足で立ってみる

と，よりよく分かる。また，テーブルの上のコインを拾うために手を伸ばすとき，手は誘導ミサイルのように動く。コインはターゲットであり，手がターゲットに向かって進む道筋から逸脱すれば，即座に修正された行動がとられるだろう。このような自己調整の特徴は，サイバネティックスの原理と同じである。

　知能の領域における人間の情報処理は，サイバネティックスの原理に従って操作されていると考えられる。操作は，2つのステップから構成される。まず，目標からの逸脱を発見し，次に，それを修正するステップがある。逸脱の発見には，進行中の行動からのフィードバック情報が必要である。フィードバック情報と，目標を達成するために必要な情報とを比較することで逸脱が発見されるのである。フィードバック情報と目標達成のための情報が適合していれば，修正する必要はない。両方の情報が適合しなければ，修正行動をとる。引き出された情報が満足するものでなく却下されれば，さらに他の情報を探したり変換したりする。

　Guilford は，「評価」という操作における基準には，大きく3種類あると指摘している。第1に，同一性である。すでに学んだモデルや記憶をもとに，直面している問題の情報があてはまるかどうかを判断する。たとえば，単語のスペルや職場でのルールなどに照らし合わせて一致しているかどうかを判断することである。厳密に同じか，あるいは，ほぼ同じであると確定するための比較が行なわれ判断されるのである。第2に，一致性である。必要とするものの仕様や要求との一致度によって判断する。たとえば，ブリキ缶をこじ開けるという問題に直面し，すぐに利用可能で適切な道具を持っていないとしよう。このような場面で，ブリキ缶を開けるための道具が満たさなければならない仕様を考えることは容易である。たとえば，硬いものをこじ開けるときに壊れないほど，十分に硬くなければならないとか，梃子のように使えるよう十分長くなければならないとか，手に持てるほど軽く，ふちに入るほど細いエッジがなければならないといった仕様である。この仕様に照らし合わせると，爪は柔らかすぎるため却下され，木は細いエッジがないので却下され，シャベルは重くて大きいため却下される。ねじ回しは，仕様を満たすため，ちょうどよいと判断できるの

第3章　思考能力アプローチ

である。第3に，論理的一貫性である。2つの情報が矛盾なく一致しているかによって，判断される。与えられた事実から当然の結論が導かれない場合，2つの情報間の矛盾は，却下する根拠として十分であると判断される。実用上，同一性，一致性，論理的一貫性の基準は，広い意味で，すべて論理的基準と考えることもできるだろう。

1-4　情報と知能構造モデル

以上みてきたように，Guilford は，情報を「コンテンツ」，「所産」，「操作」という3つの側面からとらえている。コンテンツとは，頭脳を働かせる情報の内容を意味し，「視覚」，「聴覚」，「記号」，「意味」，「行動」の5つに分類される。所産とは，情報が伝えるものを意味している。換言すれば，頭脳を働かせることによって，なにが得られるのかを示している。すなわち「単位」，「クラス」，「関係」，「体系」，「変換」，「含み」の6つである。操作とは，心理的作業を意味しており，端的にいえば頭脳の働きに関する分類である。操作には，「認知」，「記憶」，「拡散的思考」，「収束的思考」，「評価」の5つがある。一方，知能とは，なんらかの形で情報を処理することである。したがって，150に分類できるとされる情報の領域それぞれに知能が対応していると仮定することができ，この仮定に基づき構築されたモデルが，知能構造モデルである。

　本章はじめに示した図表3-1は，知能構造モデルを図示したものであるが，それぞれの小さな箱は，特定の知能を示している。つまり，5×5×6 ＝150の知能があることが示されているのである。Guilford らによって，これらの多くは因子分析によって明らかにされているが，現時点ですべてが確認されているわけではない。また，知能構造モデルの図に示されているそれぞれの領域の順序は，論理的な関連性によって決められている。たとえば，コンテンツにおいて，図形（視覚および聴覚）がはじめにあるのは，視覚や聴覚から入ってくる情報は，環境からのインプットに最も近く，他の情報は，究極的には図形情報から引き出されるからである。操作では，認知がはじめにあり，所産では単位がはじめにあるのも同様の理由からである。さらに，知能構造モデルは，IQ テストとして実用化されている知能検査で測定され

77

る概念をカバーしており，広義の知能概念モデルである。

　このように，Guilford は，知能を150の領域から構成される構造体であると指摘したわけであるが，人は，こうした知能をどのように活用して，問題解決や創造的思考を行うのであろうか。

　Guilford によると，問題解決が必要な局面とは，完全に処理する準備ができていない状況に直面したときに，すぐに反応することができない状況であるとしている。つまり，問題は，事前に答えを知っている人たちにとっては問題ではない。本人にとって，すでに構造化された情報を越えた知的な活動を必要とするとき，それは問題であると認識されるのである。

　また，創造的思考とは，計画や物語，詩，絵画，楽曲，発明，科学的理論など，専門性の高いものもあるが，多くは一般的で，日常的なものとしてとらえられている。必ずしも目に見える成果物として実現するわけではない。新しいアイデアといっても，全人類にとってという意味ではなく，個人にとってという意味である。したがって，Guilford は，創造的思考を，主として拡散的思考と変換との関連でとらえ，アイデアの源泉ととらえている。もちろん，他の操作や所産が創造的思考に貢献しないというわけではないが，拡散的思考と変換が一次的であるのに対して，それらは二次的なものといえる。

　このように，創造的思考と問題解決は，密接に関係している。創造的思考は，新奇性のあるアウトプットを生み出し，問題解決は，新しい状況に対する新しい反応を生み出す。つまり，問題解決には，創造的な側面があるといえる。ただし，すべての創造的思考が，問題解決を含んでいると断定することはできない。

　たとえば，芸術家の場合，作品を生み出すことは，創造的思考であると考えられるが，問題解決であると判断されることはないだろう。もちろん，広い意味では，自己表現という問題解決だといえるだろうが，自己表現という問題の根源は自分自身にあるのであるから，一般的な問題解決における状況とは異なると考えるのが自然である。

　さらに，Guilford は，創造的思考による問題解決プロセスを SIPS モデルとして提示している（図表3-2）。彼は，情報のインプットがどのようなプ

第3章　思考能力アプローチ

図表3-2　Guilford による SIPS モデル

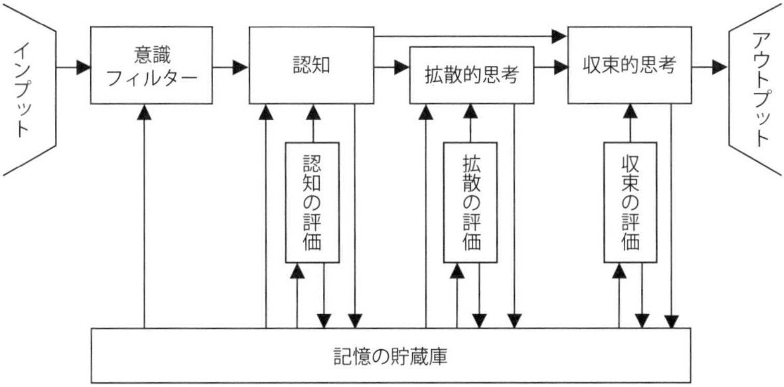

出所：Guilford（1977）より筆者作成

ロセスを経て，アイデアの創出というアウトプットに結びつくかについて，
Structure of Intellect Problem-Solving（SIPS モデル）を用いて説明している（図表3-2）。その基礎となっているのは，記憶の貯蔵庫である。知能構造モデルで指摘された5つの操作は，記憶を除いて，SIPS モデルでもボックスで示されている。記憶だけは，ボックスではなく，記憶の貯蔵庫に向かう矢印で示されている。SIPS モデルにおいては，環境や個人からのインプットによって問題解決がはじまる。インプットは，意識的なフィルターを経て認知される。その後，拡散的思考によってたくさんのアイデアが生まれ，収束的思考によってアイデアが絞られていく。これらの操作において，記憶の貯蔵庫と比較するという操作，すなわち評価が行われるのである。この結果，問題の解決策というアウトプットが生み出されるのである。

◇2　創造的思考の促進要因／阻害要因

　Guilford は，知能構造モデルによって知能の分類を行っただけでなく，SIPS モデルでは，問題解決における創造性発揮のプロセスにまで言及している。加えて，次に述べるように，創造的思考の促進要因や阻害要因についても指摘している。

第1に，生育環境について言及している。具体的には，都市部ではなく地方で生まれ育った方が，優れて創造的になる機会が大きいこと，家庭環境に関していえば，創造的な科学者などは，不幸な家庭の場合が多く，時として惨めな幼年時代を過ごしていること，創造的人物は，第一子か，先に生まれた子供であることが多いといったことを指摘している。その理由として，都市生活は，地方に比べて高度に統制されており，予想できないような問題に直面する機会が相対的に少ないからであるとも指摘している。また，不幸や兄弟の中で年長であることは，解決しなければならない問題に多く直面し，問題解決能力を開発する機会を与えられるからだと考えられている。

　第2に，Guilford は，内発的モチベーションについて言及している。創造性に関連するいくつかの知的能力が高くても，それらの能力を活用しようとするモチベーションがなければ，創造的成果は望めない。創造性の高い人は，好奇心や問題に対する敏感な感覚によって駆り立てられている。創造的な人は，多大なエネルギーを必要とする創造的思考を徹底的に楽しんでいる。イノベーターの満足の源泉は，しばしば問題解決そのものに備わっているというのが Guilford の解釈である。したがって，創造性の高い人は，内発的モチベーションによって，創造性の発揮が促進されるというのである。

　第3に，記憶の貯蔵庫の存在が指摘されている。思考の成否は記憶の中にある適切な情報の程度に依存している。創造性の高い人は，概して情報の必要性を認めている。これは，人の生み出すほとんどのアイデアは，記憶から情報が引き出される過程で生じたものだからである。したがって，記憶の貯蔵庫が豊かである人ほど，創造性が高い傾向にあると推測される。また，情報を記憶の貯蔵庫にたくさん蓄積するには，好奇心の強さがポジティブに作用することも指摘されている。

　創造的な人は，柔軟であることも指摘されている。ここでの柔軟性とは，次の2点である。ひとつは，クラスからクラスへと変化させることである。一見すると異なるクラスに属する情報を，他のクラスへあてはめてみることができれば，柔軟性が高いと考えられる。もうひとつは，変換に関する柔軟性である。関連が薄いものへの変換が頻繁にできれば，柔軟性が高いと考えられるのである。

第3章　思考能力アプローチ

　第4に，集団での思考が，創造性の発揮にポジティブにもネガティブにも作用する代表的な要因であると指摘されている。ポジティブに作用する場合には，問題の異なる視点が明らかになり，問題がより明確に定義される。個々の持っている記憶は異なるので，思考が異なる方向に拡張され，代替案の多様性は大きくなる。また，グループ内での相互刺激もあり，社会的学習と呼ばれる現象も起こる。これは，同じタスクを遂行している他者をみることによって，より早く，よりよくタスクを遂行できるようになることである。一方，集団での思考には，欠点もある。たとえば，特定の人が状況を支配し，広範な情報を利用する機会を妨げることである。したがって，子供の場合，同程度の知能，あるいは，拡散的思考能力を持っているときに，集団での問題解決が有効とされる。成人の場合，他者に権威をかざす人や，他者への影響力が強い人が含まれていない場合にのみ，集団での思考のメリットが発揮される。

　第5に，創造的思考において，アウトプットの批判は差し控えるべきであると指摘されている。たとえば，ミーティングなどでの否定的な意見は，他の同僚の優秀さが目立ちすぎないようにしているのかもしれないが，アイデアの発現を妨げることで創造性の発揮を阻害する効果がある。そのような行動を起こさせないためにも，セッションの冒頭では判断を先延ばしにし，後半で一人一人の判断を述べるという原則を共有する必要がある。こうしたやり方は，後述するブレイン・ストーミングでのテクニックと相通じるものがある。

　第6に，人は，規範からの大きな逸脱を避けがちだが，規範や適応は，革新的な思考を阻害することが指摘されている。多くの感情も独創的なアイデアの創出に有害であるといわれている。たとえば，偏見，恐れ，不安，ねたみ，反抗癖（否定主義），無感動，自己満足などである。さらに，権威に対するおもねり，出世などのために他者を喜ばせようとするごますり，自信の欠如なども同様である。

　また，Guilford は，問題解決における創造性発揮に関し，いくつかの戦術を提示している。

81

①問題を広げる

　問題を狭くとらえるのではなく，広くとらえることは，広範な調査を可能にする。「ネズミ捕りをどのように改良しようか？」ではなく「どのようにしたらネズミを駆除できるか？」という問いを立てるほうがよい。

②問題を下位問題に分割する

　大きく複雑な問題を，小さく分けて考える。どんな場合も，記憶から情報を引き出すときには，よい手がかりが必要となるが，そのためには明確でしっかり定義された問題である方が適切である。

③質問する

　好奇心あふれる人の特性でもあるが，ひっきりなしに質問するという戦術がある。問題に直面したとき，解決に向けたアイデアを生み出すとき，解決案を評価するときなど，問題解決のステージによって必要な質問は異なるものである。

④判断を保留する

　ブレイン・ストーミングなどの際に，判断の留保は重要な戦術となる。そのためには，アイデアを生み出すために思考する時間と，アイデアを評価する時間を分ける必要がある。アイデアを生み出すときには，それを評価しないようにする。アイデアの量が多くなれば，質のよい結果につながるからである。

⑤長期間の努力

　アイデアを生み出す努力は，短時間で終わらせるべきではない。アイデアが生み出される割合は，スタート直後がもっとも高く，時間と共に低下していく。時間が経過して，アイデアが出にくくなると，疲れを感じるかもしれないが，記憶庫は疲れをしらないとされ，一般に，前半で出されたアイデアよりも，後半に出されたアイデアの方が，質が高い。

⑥属性リストの作成

　属性リストを作成することは，物事を再分類する際に効果がある。これによって，物事が整理できるようになる。

⑦関係をこじつける

　革新的なアイデアを得るためのひとつの方法として，関連性がない２つ

の事柄の関係をこじつけることが指摘できる。「どのようにしたら X と Y
は関係づけられるか」を問うことが重要となる。

⑧ブレイン・ストーミング

　問題解決で最も広く利用されている方法で，グループでの思考に用いら
れることが多いが，個人にも使える。ブレイン・ストーミングは，問題解
決のスキルをもっとも効果的に改善する方法でもある。

⑨形態解析（形態素解析[4]）

　問題解決において利用される特殊な方法として，形態解析がある。知能
構造モデルもこれを利用している。ここでの形態（素）とは，意味を持つ
最小の単位のことである。最小の単位に分割することで，問題を明確化す
るのである。

⑩インキュベーション

　問題を忘れるのではなく，問題から少し離れることはよいことである。
そうすることによって，予期しないインスピレーションが得られることが
ある。たとえば，エジソンは，同時期にいくつかの異なる問題に取り組ん
でいたといわれている。彼は，物事が進まなくなると，違う問題に切り替
えた。問題を解決したいと思っている場合は，完全には他の問題に切り替
えることはできず，脳は無意識に働き続けているのである。このような状
態がインキュベーションである。

⑪意識の状態を変える

　インキュベーションにおいて，正常でない意識状態は，情報を引き出し
やすくするとされる。たとえば，LSD などの薬物には創造的思考を促進
する心理的状態に誘引する作用があると考えられているが，感覚が敏感に
なり，審美的になるものの，創造的な思考家になることはない。ヨガや禅
などを通じて一種の夢のような状態になることもある。このような状態で
は，右脳の活動が活発になっている。これが創造的思考に貢献するのは，
様々な制約から解放されたリラクゼーションに一因がある。この領域では，
脳波や血圧などを手がかりに自分の体調を制御する方法であるバイオ
フィードバック（生態自己制御）についての研究が進められている。

⑫評価基準

　SIPS モデルによると，評価は問題解決のいたるところで行われる。評価の成否は，解決案を判断する適当な基準があるかどうかに依存する。もし可能であれば，解決案が作られた後で，新しい必要条件を加えてみるとよい。必要条件のチェックリストを作成し，リストを加えていく中で，コストや実現可能性，パブリックオピニオンなど，差し迫った問題以外の基準が生じるかもしれない。これらを重要性にしたがって，重みづけする。そうすると，より適切な基準で代替案を比較することができるようになる。

⑬変換を引き起こす

　変換を引き起こすには，以下のようなアプローチがある。

　　1）適合させる：他の源泉から，どのようなアイデアを取り入れることができるかが重要となる。たとえば，作曲家やデザイナーは，過去の作品からアイデアを取り入れている。工場の副産物が，有用で価値ある製品に生まれ変わることもある。取り入れられたアイデアやモノ自体は新しくないが，形態を変えたモノは，新しいと判断される。

　　2）修正する：修正の過程で，改良しようと努力する。

　　3）代用する：代わりのもの，人，場所が重要となる。エジソンやアルキメデスのように，代用品を探すことから創造的な成果が生まれている。

　　4）拡大する：長所を足したり，掛け合わせたり，拡張したりすることである。

　　5）縮小する：小さくしたり，なにかを省略したり削ったりすることによって，小さいという優位性を得ることである。

　　6）再編成：物事の順序を変更することによって，効果を得ることがある。

　　7）逆にする：再編成の極端なケースでは，逆にすることがありうる。

　　8）組み合わせる：創造的なステップとしてはありふれているが，非常に重要である。

以上のように，Guilford は，情報の分類を詳細に行うことで，情報処理を司る知能因子が情報の種類と同じだけ存在することを知能構造モデルを用いて理論的に提示している。すべての因子ではないものの，定量分析によって，知能因子の存在も確かめている。また，知能因子が働くプロセスを，情報の操作という側面からとらえた SIPS モデルを提示することによって，明らかにしている。さらに，問題解決という面から創造性の発揮に焦点をあて，その促進／阻害要因をも提示しているのである。したがって，Guilford の研究は，これまでの創造性研究を整理，統合するだけでなく，実証研究による功績も大きく（Runco, 2004），その後の創造性研究の展開に大きな示唆を与えているといえるだろう。

◇ 3　拡散的思考能力の 4 因子説と TTCT

「創造性の父」と呼ばれる Torrance（1962）は，Guilford の知能構造モデルに基づき[5]，拡散的思考能力と創造性との関連に焦点を絞った研究を行っている。Torrance は，IQ テストなどで測定される知能とは異なる知的能力として創造性をとらえ，拡散的思考能力の高さが，創造性の高さに関連しているという前提に立つ。さらに，拡散的思考能力という用語の代わりに，創造的思考能力という用語を使って，創造性を規定する要因を提示している。その結果，Torrance（1962, 1974）は，創造性とは，「流暢性」，「柔軟性」，「独創性」，「綿密性」という 4 次元から構成されていることを発見し，これらの次元を測定する尺度として，Torrance Test of Ceative Thinking（TTCT：トーランステスト）を提唱するに至った。TTCT は，1974年，1984年，1990年，1998年の 4 度の改訂を経て，35カ国において翻訳され，現在もっとも普及している創造性テストである（Kim, 2006）。

流暢性は，アイデアの量的側面に焦点をあてた次元である。アイデアの量的側面とは，一定の時間の中でどれだけ多くのアイデアを思いつくことができるかである。アイデア自体の新しさや実現可能性といった要素は考慮せず，数の多さだけに注目している。柔軟性は，アイデアの種類の豊富さを意味している。アイデアの中で，互いに似た概念や似通った要素に基づくものは，

アイデアの種類としてカウントされない。アイデアのレパートリーが多ければ多いほど，柔軟性が高いと判断される。独創性は，アイデアの新しさ，珍しさを意味している。すべてのアイデアの中で，発生頻度の少ないアイデアほど，独創性が高いと判断される。他者と異なるアイデアを思いつくことができるかどうかが焦点となる。綿密性は，アイデアの実現可能性や緻密さを意味する次元である。思いついたアイデアが，どの程度，練られたものであるかが問われる。

　TTCT は，1958年に開発がはじまり，8 年間の研究を経て，言語テスト A/B と図形テスト A/B の 4 つのバッテリーからなるテストとして完成している。テスト B は，テスト A の代替となっている。また，言語テストでは，綿密性を除く 3 次元が測定され，図形テストでは，綿密性を含む 4 次元が測定される。図形テストは，以下の 3 つのサブセットから構成されている。

①曲線からなる色の付いた紙片から絵画を作ること。
②直線を加えることでなにか面白いオブジェや絵画を描くこと。
③平行した直線から作られるオブジェや絵画を考えること。

　また，言語テストは，以下の 7 つのサブテストから構成されている。

①絵画に対する質問を考えること。
②絵画に描かれているエピソードの原因を類推すること。
③エピソードから考えられる結果を類推すること。
④より面白くなるようにおもちゃの改善アイデアを考えること。
⑤ボール紙の箱の変わった使い方を考えること。
⑥ボール紙の箱に関する面白い質問を考えること。
⑦改善できる状況やエピソード，または，結果として起こるなにか楽しいことを考えること。

　TTCT は，オリジナル版の開発の後，教育場面のみならず，産業界においても広く採用されている（Kim, 2006）。TTCT の改訂[6]を振り返ると，2

回目の改訂までは，流暢性，柔軟性，独創性，綿密性の4下位次元で測定されているが，その後の改訂では，柔軟性が流暢性と，高い相関関係を持つために除外された。その代わり，タイトルの抽象性（絵画のタイトルが，具体的な名称を超えて，抽象度を持っている程度），早期決着に対する抵抗（心理的な開放性の程度）が加えられている。

TTCTの標準化は，全米の55,600人の学生によって行われ，その他35カ国のそれぞれで標準得点の算出が行われている。信頼性係数は，a=.89からa=.94と高く，評価者間相関もr=.90を超えている。一方，再テスト法による信頼性係数は，r=.50からr=.93とやや幅がある。ただし，Torranceも指摘しているように，モチベーションの高さによってTTCTの得点にはばらつきがみられるため，再テスト法による信頼性が低いとしてもやむを得ない側面があると考えられる。信頼性に加えて，TTCTによる測定は被験者の経験などを反映して，課題の内容次第で測定結果にばらつきが生じる可能性が指摘されてもいる。たとえば，箱や新聞の非日常的な利用方法を尋ねる課題と制服や食品のそれを尋ねる課題では性別による差があったことが報告されている（Hong et al., 2013）。

◆ 4 TTCTの妥当性

4-1 TTCTの因子構成

TTCTの次元間相関に関する研究として，Clark & Mirels（1970）は，9歳から15歳のアートスクールの学生を対象に調査を行ったところ，「流暢性」，「柔軟性」，「独創性」，「綿密性」，「タイトルの抽象性」という5つの創造性因子間の相関は高い（r=.45）が，これらのIQテストとの相関は低い（r=.09）という結果を得た。しかし，流暢性をコントロールすると，因子間相関は，r=.08と低くなり，IQテストとの相関（r=.13）よりも小さくなった。したがって，彼（女）らは，TTCTの因子構成は，Torranceが想定したものとは異なるのではないかと指摘している。

同様に，Hocevar（1979a）が，39人の児童を対象に言語版TTCTを行っ

た結果，Torrance の主張する 4 次元は抽出されず，流暢性の影響をコント
ロールすると，柔軟性と独創性の信頼性が著しく低下したとされる。した
がって，Hocevar（1979a）は，TTCT は，流暢性という 1 次元を測定して
いると指摘している。Torrance は，創造性は 3 次元以上を測定すること，
各次元は複数のテストによって測定されるべきだと主張しているが，
Harvey et al.（1970）によると，そのような仮定は，統計的には支持されな
かった。

　Plass, Michael & Michael（1974）は，111人の児童データから TTCT の
30個の下位次元を因子分析したところ，TTCT が，Torrance のいう 4 次元
ではなく，言語的と図形的というテストの種類ごとにひとつの因子を構成す
ることを確認している。同様に，Khattab et al.（1981）は，従来の研究を
確認的因子分析により再検証し，TTCT が，Torrance の主張する 4 次元で
はなく，言語的流暢性と図形的流暢性という 2 次元から構成されると指摘し
ている。

　Hassan（1985）は，TTCT の 4 次元よりもシンプルな 2 次元である言語
的創造性と図形的創造性によるモデルの方が，説明力が高いことを明らかに
している。彼は，エジプトの102人の教育系大学の 3 年生（男性のみ，平均
年齢22.5歳）を対象にテストを行った。流暢性，柔軟性，独創性の 3 次元を
測定する言語テスト，および，図形テストが行われ，合計 6 変数を分析に用
いている。綿密性は，図形テストのみで測定可能なので除外している。デー
タの信頼性を検証するため，最初のテストから 1 年後に30人に対して再テス
トを行った結果，信頼性は r=.75以上と高かった。評価者間の評価の一致度
合も r=.68と高かった。以上の手続きで収集したデータを用いて言語テスト
の 3 次元である流暢性，柔軟性，独創性の相関を分析したところ，相関係数
は非常に高く，統計的に有意であった。同様に，図形テストの 3 次元である
流暢性，柔軟性，独創性の相関係数も統計的に有意で，かつ，高いもので
あった。ところが，異なるテスト間における同一次元，たとえば，言語テス
トの流暢性と図形テストの流暢性の相関係数は，r=.04と非常に低いもので
あった。同様に，柔軟性においても，r=.01であった。こうした結果から，
Torrance の提唱する 3 次元（綿密性を含めれば 4 次元）で創造性を測定す

第3章　思考能力アプローチ

ることには，問題があると判断できる。

　さらに，Hassan は，3 次元の独立性に関する 7 つのモデルを仮定し，それぞれの適合度を定量的に比較している[7]。その結果，3 次元の独立性を仮定せず，言語テストと図形テストという 2 変数だけで説明するモデルがもっとも適合度も高いことが明らかになった。つまり，Torrance の主張するような 3 つの因子が独立して抽出されるわけではなく，言語的因子と図形的因子という 2 因子が存在するだけなのである。つまり，TTCT で測定できるのは，流暢性という 1 次元であり，流暢性には，言語テストで測定される要素と，図形テストで測定される要素の 2 種類があるということである。

　Heausler & Thompson（1988）や Chase（1985）も同様の指摘を行っている。彼らによれば，TTCT の下位次元間の相関係数は非常に高く（r=.74〜.80），それぞれの下位次元が独立しているとは解釈できないとしている。また，探索的因子分析の結果，1 因子が抽出されたことも報告されている。

　一方，Kim（2006）では，2 次元であることを定量的に検証している。Kim（2006）は，TTCT が 2 次元であれば，Kirton によるイノベーターとアダプターという 2 次元に対応していると予測し，その検証を行っている。調査対象者は，小学 6 年生500人（242人男子，248人女子）であり，彼（女）らに対して，TTCT の図形テストを実施した。確認的因子分析によって，1 因子モデル，2 因子モデル，3 因子モデルが比較された結果，先行研究での 1 因子モデルよりも，2 因子モデルの適合度が高い結果となった。適合度の高かった 2 因子モデルに従えば，第 1 因子に高く負荷した TTCT の下位尺度は，流暢性と独自性であり，KAI 尺度におけるイノベーターに該当し，第 2 因子に高く負荷した下位尺度は，綿密性とタイトルの抽象性（逆転尺度）であり，KAI 尺度におけるアダプターに該当すると考えられる。すなわち，TTCT の下位尺度は，おおむね Kirton による KAI 尺度で指摘される 2 次元に分類されることが示された。同様の指摘は Krumm, Lemos & Filippetti（2014）でもみられる。ただし，サンプルがいずれも児童であり，成人への一般化可能性が低いこと，人種，社会経済環境といったコントロール変数を採用していないため，他のサンプルで検証を行う必要があるだろう。

4-2 TTCT と知能との関係

　次に，TTCT と IQ テストの相関に関する研究として，Boersma & O'-Bryan（1967）は，46人の児童に TTCT と IQ テストを行い，標準的なテスト環境では，両者に相関がないものの，学校外でのリラックスした雰囲気の環境では，両者に統計的に有意な相関がみられることを発見した。したがって，TTCT は，IQ テストとは別の知的能力を測定しているとは必ずしもいえず，TTCT の弁別妥当性は否定された。一方，Madaus（1967）は，Minnesota Tests of Creative Thinking（MTCT）によって，創造性を測定し，言語テスト（製品改善，使用法考案）や図形テストとの相関は高いこと，IQ との相関は低いことなどを明らかにしている。

　したがって，TTCT と IQ との弁別妥当性については，現時点では一貫した結論が出ていないといわざるをえない。

4-3 TTCT と創造性との関係

　TTCT を用いた定量分析は数多くあるが，いくつかを取りあげ，TTCT と創造性の相関を検討してみよう。

　まず，児童を対象にした研究をみていこう。Torrance（1962）は，男女それぞれ23人の小学生のパーソナリティについて調査した。絵画からの類推，改善，成り行き（結果），通常でない使用方法，絵画の構成，不完全な図形テストの合計得点を基準に創造的な小学生とそうでない小学生を区分し，両グループでどのようなパーソナリティの相違がみられるかを分析した。

　その結果，創造的な子供とそうでない子供の違いとして，次の3点が明らかになった。第1に，創造的な子供は，突飛でばかげたアイデアを生み出すと評価された。第2に，彼（女）らの絵や創作物には，高い独創性があった。第3に，彼（女）らの創作物はユーモア，遊び心，リラックスが反映されていたというものであった。

　また，Fleming & Weintraub（1962）は，68人の小学生を対象に，硬直性と TTCT による評価との関係を検討した。硬直性は創造性の逆転尺度として採用された。「改善」，「通常でない使用方法」，「絵画からの類推」，「円の

生成」，「不完全な図形テスト」について測定し，これらの尺度と「硬直性」
との相関は，r=-.41であった。Lieberman（1965）は，子供の行動における
遊び心と流暢性，柔軟性，独創性との関係があるという仮説を立て，93人の
園児を対象に，TTCT の改善のテストを口頭によって実施した。身体的自
発性，社会的自発性，認知的自発性，明確な楽しみ，ユーモア，という遊び
心の，5つの側面を測定した。因子分析の結果，これらの遊び心は，単一の
次元となり，流暢性，柔軟性，独創性との相関は，r=.21〜.36となった。
Alston（1971）は，10〜12歳の子供を対象に，動作の創造性について研究し
た。Wyrci テスト（動作創造性）と TTCT の図形 A と言語 A が使用され
た。その結果，創造性と TTCT には，全体のサンプル，男子，女子のそれ
ぞれについて有意な相関関係がみられた。同様に Kousoulas（2010）でもこ
うした関係は再確認されている。

　次に，高校生を対象にした定量的調査をみてみよう。Dauw（1965）は，
不完全な図形，円の生成，改善，ブリキ缶の通常ではない使用方法といった
テストを通じて，公立高校に在籍する712人の生徒の中から，男女それぞれ
について，独創性と綿密性が高い生徒を抽出して，パーソナリティの相違を
比較している。パーソナリティは，生活体験調査，創造的個人の自己診断
チェックリスト，Minnesota Satisfaction Questionnaire（MSQ）によって
測定されている。

　その結果，独創性の高い男子は，自身について冒険的で，好奇心旺盛で，
独立した思考をし，リスクを好み，ユーモアがあると自己評定した。彼らの
キャリア志望は，俳優などであった。綿密性の高い男子は，自身について，
健康的で，欲求が強く，思いやりがあり，リスクを好み，冒険的で，ユーモ
アがあり，臆病・退屈・怖がりではないと自己評定している。

　独創性と綿密性が共に高い女子は，自身について，抜きんでる欲求が強く，
競争的で，感情的で，従順ではなく，ユーモアがあると自己評定した。
Torrance & Dauw（1965）は，115人を対象に，Dauw（1965）の追加的な
研究を行った。その結果，創造性の高いグループの学生のうち高い割合が，
実験的，直観的で，社会的圧力志向に反していたのに対し，比較グループは，
よりルールと伝統にのっとり，構造や指示を必要とし，従順であることが分

かった。

　さらに，成人を対象とした定量的調査をみてみよう。Haven（1965）は，TTCT の言語 A を120人のミネソタ大学心理学部に在籍している男子学生を対象に実施し，独創性と創造的成果との間に，統計的に有意であるが弱い相関関係（r=.21）を発見した。同時に，創造的成果とオールポート・ヴァーノン・テスト[8]で測定した価値尺度との相関についても検討し，独創性とオールポート・ヴァーノン・テストとの間には，審美的な次元においてのみ相関がみられた（r=-.21）。

　Torrance & Hansen（1965）は，創造性の高い教師と低い教師の教室における質問行動（生徒に対してどのような質問をするのか）を検討した。その結果，TTCT で測定された創造性の高い教師とそうでない教師では，質問行動が異なっていた。創造性の高い教師の質問は，拡散的な内容の質問の割合が高かったのに対し，創造性の低い教師は，テキストに即した質問を繰り返す傾向がみられたのである。

　Wallace（1961）は，創造的部門（織物や服飾など高いサービスが必要な販売部門）と非創造的部門（キャンディや小物などの販売職）の女性従業員を対象に TTCT の得点を比較している。その結果，TTCT の平均点は，創造的部門の方が有意に高かった。また，高い販売量を示す回答者は，そうでない者よりも高い得点を示した。同様に，TTCT の外的基準妥当性に関する実証研究を再検証した Plucker（1999）も，TTCT と成人の創造性の高さとの相関は，r=.60であることを指摘している。長期的な創造的成果との関連を60人のアメリカ人対象に調査した結果，TTCT 得点が50年後という長期的な業績（グループ活動，家のデザイン，教育プログラムの設立，様々な趣味など個人的な達成）と中程度の相関（r=.31）を持つこと（Runco et al., 2010）も指摘されている。

　一方，非常に優れた創造性を持った成人を対象にした定量研究では，TTCT 得点は，創造性と低い相関，あるいは，無相関であるとの指摘もある。たとえば，MacKinnon（1962）は，創造性の非常に高い建築家の研究において，TTCT と創造性との相関は高くはなく，TTCT によって創造性の高さを予測することはできないとしている。Gough（1962）も，科学者の

研究で同様の結論を得ている。

このように TTCT と創造性との相関については，相対立する結論が散見される。この点について，Dellas & Gaiser（1970）は，いくつかの理由を提示している。ひとつ目の理由は，研究者間で創造性の評価に一貫性がないことである。これは，創造性の根本的な基準がないという大きな問題に関係している。2つ目の理由として，TTCT が創造性と関連するパーソナリティ因子とどの程度関係しているかが不明であることが指摘されている。多くの研究者は，パーソナリティが，創造的成果に対して重要な関わりを持つことを認めているにもかかわらず，パーソナリティ因子の取り扱いが不十分であるというのである。3つ目の理由として，MacKinnon（1962）やGough（1962）の研究における調査対象の職業的な相違が指摘できる。職種の違いによって発揮される創造性が異なるのではないかというのである。

たとえば，Taylor（1964a）は，5つのタイプの創造性を識別している。表現的創造性は，いくつかの行動様式における自発性と自由を意味している。技術的創造性は，製品を作る際に必要な熟練によって特徴づけられ，ヴァイオリン製作におけるストラディヴァリのような才能にみられる。発明的創造性は，物質間の通常ではない関係性の組み合わせを発見するエジソンのような才能にみられる。出現的創造性は，アインシュタインの業績にみられるように，芸術的表現や科学的知識といった特定のタイプの原理や仮説を識別する才能にみられる。革新的創造性は，他者によって確立された基礎的原理に精通し，理解する才能に依存している。たとえば，フロイトの考えに磨きをかけたユングやアドラーなどである。このように創造性を識別するならば，TTCT は，すべての創造性を予測する因子として必ずしも妥当ではない。また，拡散的思考能力の測定は，同じ個人を対象にしても，異なる領域であれば，異なる結果を示すかもしれない。

また，Elliot（1964）の研究においては，広告や広報に従事する個人を対象に TTCT が実施され，その結果と創造性との有意な正の相関が確認されている。ところが，Beittel（1964）の研究では，TTCT と芸術系大学生の創造的成果との関係は有意ではないことが示されている。このように，TTCT にみられる妥当性の低さの原因は，測定される創造性のタイプに関

する統一がないことに帰する可能性があり，異なる領域や異なる職種におい
て TTCT の妥当性を一般化することは，リスクがあると考えるのが適切で
ある。よって，TTCT の活用に関しては，対象領域や対象者の特定も重要
な要件となるのである。

4-4　TTCT の測定とその修正

　TTCT の課題について，Kanter（1983）は，第1に，流暢性をコント
ロールし，得点を修正すれば，予測可能性を高めることができる。第2に，
TTCT は科学的創造力と芸術的創造力を同様に予測できる。第3に，
TTCT は，卓越してはいないが成功した知的な成人と並外れて創造的な成
人を判別できる，という3点から改善を試みている。

　具体的には，2つの異なるグループ（科学者と芸術家）における TTCT
得点の類似点と相違点を明らかにするアプローチと，TTCT 得点と測定方
法との間の統計的な関係を確認するアプローチから分析を進めている。
TTCT 得点は，Torrance の図形 A と言語 A によって測定された。データ
は，芸術，または，生物学・物理学に従事する164人の成人から集められた。
これら2つのグループは，それぞれ3つのレベルに分けられている。レベル
1は，その領域で傑出していると同僚から推薦された研究者である。レベル
2は，そのような推薦がなかった研究者である。レベル3は，大学院生・学
部生である（生物学・物理学は院生で，芸術は学部生）。すべての被験者は，
ピッツバーグ大学から選ばれた。最終的な調査対象者の構成は，レベル1の
芸術家27人，レベル2の芸術家26人，レベル3の芸術家28人，レベル1の科
学者26人，レベル2の科学者30人，レベル3の科学者27人である。テスト結
果は，平均100，標準偏差20に標準化され，図形，言語のそれぞれの平均点
を算出し，これらの総和を言語・図形創造性得点とした。これらは，流暢性
をコントロールしていない標準得点として扱われている。

　これとは別の測定方法として，流暢性をコントロールして計算したものを
採用した。すなわち比率測定と領域測定[9]である。比率測定による得点は，
それぞれの次元の標準得点を流暢性の標準得点で割ることによって算出して
いる。このような操作によって，流暢性をコントロールするのである。分析

94

の結果[10]，次の点が明らかになった。

　流暢性をコントロールしていない TTCT 得点では，創造的な被験者を区別することができなかった。つまり，TTCT は，トップレベルの成功を遂げた成人の創造性を測定することができないことを示唆している。一方で，比率得点では，創造性のレベルをもっともよく判別できた。比率得点と創造性のレベルは，一貫して負の関係を示している。ただし，次元ごとにみると，図形的流暢性は，創造性と正の相関があるが，柔軟性の比率得点，図形的独創性の比率得点，綿密性の比率得点は負の相関を示している。これは，もっとも創造的な個人は，アイデアをシンプル，かつ，経済的に表現し，彼（女）らの思考は，与えられた問題に固定される傾向があり，彼（女）らの反応の量（速度）は，反応のち密さや独自性を阻害していると解釈される。

　反応速度と反応の質に関する結論に関しては，Rothenberg（1983）が Yale 大学で行った研究でも同様な結果が指摘されている。つまり，言語テストについて，ノーベル賞受賞者と学部生を比較した結果，ノーベル賞受賞者は，反応時間がより速いが，独創的な解答の比率がむしろ低かったというのである。

　また，Kanter（1983）は，柔軟性と綿密性が創造性のレベルと相関しているかについても調べている。流暢性をコントロールした柔軟性は，負の相関を示した。つまり，より創造的な人は，与えられた課題の領域に自らのアイデアや回答を限定する傾向があることを示している。綿密性についても，負の相関がみられた。図形をたくさん描けば，ひとつにかける時間は少なくなるように，流暢性と綿密性とは負の相関がみられるだろう。確かに，流暢性と綿密性の相関（r=-.63）は，統計的に有意であった。つまり，最も創造的な個人が，より多くの回答を出す傾向は，綿密性を阻害するのである。したがって，創造的な個人は，シンプルであることを好むという解釈も可能である。

　ここまでみてきたように，Kanter（1983）は，TTCT の問題点を比率測定法というアプローチによって，ある程度改善することに成功している。比率得点を用いることによって，TTCT が測定するとされる 4 次元のうち，流暢性は，創造性と正の相関を示すが，綿密性や柔軟性は，むしろ負の相関

を持つことが明らかにされた。また，教育の場面では独創性を流暢性で除した指数が最も信頼性・妥当性が高いことを示した研究（Plucker, Qian & Wang, 2011; Plucker et al., 2014）もあり，TTCTによる測定の妥当性については議論が残った状態といえる。

　以上をまとめると，TTCTの因子構造については，多様な議論が存在し，因子構造を結論づけるまでに至っていないこと，TTCTの最新版（1998年版）の信頼性や妥当性に関する情報を今後収集する必要があること，人種，性別（Windels, 2011），年齢（Fusi et al, 2021; Leon et al., 2014）などのデモグラフィックデータとの関係について分析を行う必要があるなどの課題が残されている。しかし，TTCTが，現時点では最も広く採用され，標準化されている創造性テストであることは明らかである。特に，流暢性が創造性を予測する有意義な因子のひとつであることは否定できないであろう。

　さらに，近年では，TTCTの実施にあたり，コンピュータを活用する動きもある（Goff, 2001）。筆や鉛筆に代わり，マウスやタブレットとタッチペンの利用も試みられている。また，短時間で実施可能な測定ツールとして，ATTA（The Abbreviated Torrance Test for Adults）や自己評定による測定ツールであるATC（The Abedi Test of Creativity）が開発されている。前者は上司評定の創造性などと一定の相関が確認され，ビジネスでの活用が提案されている（Althuizen, Wierenga & Rossiter, 2010）。我が国でも拡散的思考を含む3側面から創造的思考を測定しようとする研究（Horikami & Takahashi, 2022）もみられる。こうした新しい手法についても，今後の信頼性や妥当性の検証と手法の精緻化が期待される。

　一方，Amabile（1996）が指摘するように，TTCTの測定で採用される課題は，実社会での創造性の発揮とはかけ離れているため，TTCTは，非常に狭義の創造的成果（言語的流暢性など）しか測定できないのではないかという疑問，創造性の有用性の観点からの評価がないこと，アイデア創出だけに注目しアイデアの分析・評価といった思考プロセスが測定されないこと，といった課題（Zeng, Proctor & Salvendy, 2011）に回答していく必要があるだろう。TTCTの次元構成や最新版の信頼性の検証といった研究課題以上に，これらの点はTTCTの存在意義にも関わる重要な指摘である。

◇ 5　創造性コンピテンシー

　Guilford からはじまる拡散的思考能力を創造性ととらえる研究アプローチ
は，潜在的な知的能力に焦点をあてるものであったが，Epstein, Schmidt
& Warfel（2008）は，創造性をコンピテンシー（顕在能力）としてとらえる
ことを提唱している。

　Epstein（1991, 1996a, 1999）が提唱する生殖理論では，個人の潜在的な創
造性は，普遍的で際限のないものだとされる。創造性の発揮は，特定のコン
ピテンシーの熟達に依拠しており，コンピテンシーを向上させることが創造
性の発揮につながると考えた。そこで，彼らは，Epstein Creativity
Competencies Inventory for Individuals（ECCI-i：創造性発揮に欠かせな
いコンピテンシーを測定する尺度）を開発した（Epstein, 1996b, 2000）。こ
うしたコンピテンシーアプローチは，これまでの TTCT に代表される創造
的思考能力に関する研究アプローチを補完するものである。彼（女）らは，
潜在能力に焦点をあてるのではなく，潜在的に有していると考えられる創造
性をいかに顕在化させるかという観点から研究を進めている。具体的には，
Epstein et al.（2008）が提示するコンピテンシーアプローチは，以下の点で
従来の思考能力アプローチとは異なっているとされる。

　①ラベリングの否定
　　創造的かそうでないかといったラベルをつけることを意図しない尺度で
ある。ある人は創造的で，別のある人は創造的でないという判断を下して
ラベルをつけてしまうことは，創造性が生得的で，発展可能性のないもの
だと認識させる。コンピテンシーは，遺伝的特性ではなく，経験をとおし
て改善することができる柔軟なものである。
　②発展可能性
　　あらゆるコンピテンシーは，訓練をとおして向上可能であるという楽観
的前提のもとに ECCI-i スコア結果が示される。この点で，コンピテン
シーアプローチは，人間の可能性を重視している。

③予測妥当性

　コンピテンシーテストは長い歴史を有し，これまでにおいてその価値を実証してきている。特に，特定の状況における具体的な行動の予測に優れていることが，Boyatzis（1982），Smith & Smith（2005），Spencer & Spencer（1993），Wood & Payne（1998）の研究で示されている。

こうした理論的特徴を踏まえて開発されたECC-iは，以下の4つのコンピテンシー（計28項目）から構成される。

①保　存
　新しいアイデアをあたため，それが活用できる場所やタイミングを探すことである。質問項目の一例は「私は，夜寝るときはいつも記録用具を枕元においている」である。
②挑　戦
　難しい仕事に取り組み，柔軟な目標設定を行い，ストレスや恐怖をうまくコントロールすることである。質問項目の一例は「自分自身で目的を設定するときは，上限のないものにしている」である。
③拡　張
　専門分野に限定せず，様々な知識や経験を積むことである。質問項目の一例は「私は，しばしば，専門外の分野の本を読む」である。
④環　境
　環境を定期的に変えることによって，刺激を求めることであり，質問項目の一例は「私は，職場の身の回り品の配置を定期的にかえている」である。

Epstein, Schmidt & Warfel（2008）では，創造性トレーニング・セミナーに参加した208人のビジネスパーソン（平均年齢41歳，男性72人，女性136人）を対象に，ECCI-iと創造性に関するデータが収集された。ECCI-iの測定は，トレーニング前に実施され，創造性は，自己評定と同僚や部下による他者評定の両方で測定された。28項目からなるECCI-i尺度の信頼性は，

第3章　思考能力アプローチ

α =.67となり，自己評定の創造性とECCI-iとの相関がr=.32，他者評定の
それとECCI-iとの相関がr=.29となった。また，創造性を従属変数とする
回帰分析の結果，4つの下位次元のうち「挑戦」がもっとも予測力が高かっ
た（β =.17）。

　その後，173人の市職員を対象に，別の実証分析が行われた。また，173人
に対して，調査当初の1週間，マネジャーが調査対象者によって提案された
新しいアイデアの数を記録した。

　調査対象者は創造性のトレーニング・セミナーに参加したが，トレーニン
グの前にECCI-iをWEB上で受験し，その得点が記録された。トレーニン
グ・セッションでは，創造性発揮のための主要な4つのコンピテンシーを強
化するために，ゲームやエクササイズが行われた。

　8カ月後，74人が再度ECCI-iを受験し，彼（女）らのマネジャーが，74
人によって提案されたアイデアの数を記録した。ECCI-iの信頼性係数は，
α =.84（N=173）となり，以前の調査よりも向上した。また，ECCI-iの得
点は，トレーニング前（67点）よりもトレーニング後（71点）に有意に高く
なった。さらに，従業員1人当たりのアイデアの数が，1.46から2.26へ55%
増加した。その後，13,578人（47カ国）の被験者を対象に追試が行われ，自
己評定の創造性の高さを説明できることや人生に対する満足感や専門家とし
ての成功に対しても中程度に予測することが確認された（Epstein & Phan,
2012）。

　以上の実証研究を踏まえると，以下の結論が得られるだろう。第1に，
ECCI-iは正確，かつ，安定的に創造性に関するコンピテンシーを測定でき
る。第2に，コンピテンシースコアは，どれぐらい創造性を発揮できるかを
予測する。第3に，ECCI-iは，性別，人種，民族グループを区別するもの
ではない。第4に，創造性コンピテンシーは，訓練可能である[11]。第5に，
創造性コンピテンシーの4つの下位次元の出所や理論的背景について十分な
情報が提供されていないため，実践的ではあるが，理論的堅牢性に欠けると
いえる。今後の研究によって，理論的な検証が進展することが期待される。

【注】

1 Guilford の研究は，因子分析を用いた研究として有名である。ただし，彼の著書の中では，因子分析を実施した結果から得られる知見を掲載しているものの，分析そのものについては記載されていない。

2 原文は figural contents であり，この語に対して図形という訳が多く用いられているので，それに倣っている。

3 Guilford の研究では，当初，拡散的思考を divergent production と記していたが，後に divergent think と記されていたために，拡散的思考という訳が定着している。元来の production という用語は，何かを生み出すというニュアンスを大切にしているといえる。

4 形態素解析（Morphological Analysis）は，モホロジー，形態学を基礎とした発想法で，ひとつのアイデアはいくつかの要因が合成されて生まれてきたものである，との考え方から，カリフォルニア工科大学の F. Zwicky が考案した。別名ストラクチュア分析とも呼ばれる。解決すべき課題や検討する対象をいくつかの構成要素に分解し，その要素ごとに可能な変化（独立変数）を洗い出し，要素間を組み合わせて新しいアイデアを発想していく。

　1. テーマを決定する。

　2. テーマの解決に関係のありそうな要素（独立変数）と思われるものを列挙する。

　3. 洗い出した要素を，同類ごとにグルーピングする。

　4. 更にグルーピングして，大グループにまとめていく。

　5. 各要因内の各独立変数もグルーピングし，いくつかのサブグループに整理しておく。

　6. 要因別にコンポーネントの組み合わせを一覧できるように整理する。

5 知能構造モデルに基づきながらも，Torrance は以下のような創造性の発現段階を暗黙に想定していたと考えられる。たとえば，① Wallas（1926）によると，創造性の発揮は，「準備」，「インキュベーション」，「閃き」，「検証」というプロセスを経ることになる。② Rossman（1931）によると，創造性は7つの段階を経るとされ，「ニーズの観察（発見）」，「ニーズの分析」，「情報収集」，「解決策の発案」，「解決策の分析」，「発明の誕生」，「テスト」が指摘されている。③ Dewey（1933）は，5つの段階を指摘しており，「問題の認識」，「問題の分析」，「解決策の提示」，「結果のテスト」，「解決策の評価」である。

6 TTCT の1998年版では，6つの下位尺度から構成される。「流暢性」，「独創性」，「綿密性」，「タイトルの抽象性」，「早期決着に対する抵抗」，「創造性強度」である。創造性強度を除く5つの下位尺度は，それぞれが，平均100，標準偏差20点とする得点に換算され，5つの下位尺度を平均することで，創造性ポテンシャルを定義する。創造性強度は，ガイドラインに沿って，「+」や「++」といったプラス記号をつけ，プラス記号の数（最大26個）で測定される。これに5つの下位尺度の平均に加えることで，創造性インデックスを算出している。なお，商用のバージョンは「創造性の強度」を除く5つの下位次元から構成される。

7 モデル1は，3次元がそれぞれ独立していることを検証するモデルであるが，統計的には支持されなかった。モデル2では，柔軟性と独創性が相関し，流暢性はそれらと独立しているとい

第3章　思考能力アプローチ

うモデルを検証したが，これも支持されなかった。モデル3では，3次元が相関するというモデルを検証しているが，これも支持されなかった。モデル4は，3次元が統合された1変数に収束するのではないかというモデルであるが，言語テストの3変数のみが高く相関し，図形テストの3変数は低い相関しか観察されなかったため，支持されなかった。モデル5は，モデル1に加え，言語テストと図形テストという2変数を加えて，分析するモデルであるが，このモデルは適合度が十分であり，支持される。モデル6は，モデル5の3次元の独立性を取り外し，相関するという仮定のモデルであるが，これもモデル5同様に支持された。モデル7は，3次元を取り除き，言語テストと図形テストという2変数だけで説明するシンプルなモデルであるが，もっとも信頼性が高く，適合度も高かった。また，支持された3つのモデル間で比較した結果をみても，モデル7がもっとも適合度が高いと判断された。

8　人間のタイプを理論型，経済型，審美型，宗教型，社会型，政治型に分類するテストである。このテストによって，被験者の価値尺度が提供されるのである（宮城，1979）。

9　領域測定による得点は，比率測定による得点では抜け落ちる情報を提供するものである。たとえば，Aさんは，図形得点が280点で図形流暢性得点が65点，Bさんはそれぞれ560点と130点とすると，比率得点は同じになってしまう。領域得点は，これを補正するためのものである。

10　詳しい結果については，Kanter（1983），p.32を参照していただきたい。

11　創造性は生まれ持った特性だという考える固定的な考え方が強いほど，創造性が低くなることを示した研究（O'Connor et al., 2013）もある。それによれば，日本の従業員（218人）を対象にオンライン調査を行い，創造性が生得的だと考える者ほど，創造性の得点が低くなることが明らかになっている。

COLUMN 3　創造性と知性の両利き活用

　創造性を考える場面では，常にIQテストで測定できるような知性との違いを検討することになるだろう。第3章では創造性の思考プロセスについて先行研究を振り返っている。そこから明らかになったことは，創造性も知性も共に人の持つ知的能力の一側面を照射する概念であるということである。エビデンスによってすべての知的能力が検証されたわけではないが，少なくとも理論的には細分化された知的能力のうちの一部が創造性であり，別の一部が知性である。

　両者は共に大きな知的能力の一部であるという点では共通した特性を持っている。一方で，創造性は特に拡散的な思考との親和性が高く，知性は収束的な思考と親和性が高いという相違がある。拡散的な思考とは，ひとつの問いに対してできるだけ多様な選択肢を考え出す思考であり，おもいつく選択肢の絶対数や選択肢のパターンの豊富さから測定できる。収束的な思考とは，ひとつの問いに対して正解をひとつだけ見つけることである。試験問題にたとえていうなら，前者は自由記述での解答に該当し，後者は選択式の解答に該当する。

　近年，経営戦略の議論では両利きの経営が注目を集めている。そこでは，経営資源の活用と探索の両側面が競争力構築には重要だとされる。創造性をはじめとする人材の活用においても，両利きの考え方は有益だと考えられる。本書では特に創造性に焦点をあてているが，決して知性や収束的思考を軽視しているわけではない。両利きの経営で指摘されるような活用と探索という二兎を追うことも必要である。

　拡散的思考に基づく創造性による探索と収束的思考に基づく知性による活用という両側面のバランスが，新たなビジネスモデルや新製品につながると予想される。もちろん，一人の人物の中で両利きを目指すことも，チームメンバーの中で活用と探索の異なる役割を分担することで両利きを目指すこともいずれもあり得るだろう。

　コラム2で指摘したように採用や育成の中で両利きを得意とする人材なのかはある程度予想できる。多様な人材を活用する上でも，一人一人の両利きだけにこだわらず，複数のメンバーによって柔軟に役割分担することが，チームとして，ひいては組織の創造性発揮につながるだろう。

　創造性と知性は異なる知的能力であるが，双方をバランスさせる両利きの発想は，創造性発揮をチームの創造性や組織イノベーションに進展させるといえる。それぞれの知的能力の違いを踏まえて，バランスを適切にマネジメントすることが重要である。

第4章

認知アプローチ

　本章では，これまでの創造性研究の中から，創造性を発揮する人物の内面の動き，すなわち認知に注目した一連の研究を取り上げ，概観していきたい。一言で認知といっても数多くの概念があるが，創造性の発揮と関連した認知に関する概念の中で，モチベーション，特に内発的モチベーションがもっとも数多く研究されてきたといえるだろう。内発的モチベーションが高いほど，創造性の発揮が促進されるという内発的モチベーション仮説は，創造性研究における認知アプローチを代表する考え方である。

　内発的モチベーションに関連して自己効力感という概念も注目を集めている。創造性を発揮することに一定の自信があることが創造性発揮には必要不可欠だと考える立場である。そのほかにも，仕事に対する満足感や主観的な幸福感といったポジティブな感情，創造性発揮に対する期待や役割意識など多様な認知変数がこれまでの実証研究で取り上げられてきた。2000年以降，ポジティブ組織行動研究が生まれ興隆したが，こうした学術研究における大きな変化によって認知への注目が改めて高まってきたと考えられる。以下では，伝統的なモチベーションにくわえて様々な認知変数が創造性発揮に影響していることを先行研究を通してみていこう。

◇1　創造性とモチベーション

　内発的モチベーションについては，Deci & Ryan（1985）によって提唱さ

103

れ，一定の研究成果が蓄積されている。また，Amabile et al.（1994）は，内発的・外発的モチベーションの測定尺度を開発し，特に，創造性と内発的モチベーションの関係を実証分析している。彼（女）らは，ある個人のモチベーションをとらえる際，仕事に対する志向性という概念を用いている。仕事に対する志向性は，仕事に対する内発的モチベーションや外発的モチベーションをどの程度有しているかを意味している。また，内発的モチベーションと外発的モチベーションの関係は，ひとつの次元の両極端に位置するのではなく，別個の次元として認識されている。つまり，両者は無相関であり，両モチベーションを共に高く持つ個人が存在しうるのである。

内発的モチベーション志向は，「自己決定」，「コンピテンス」，「職務関与」，「複雑さへの選好」，「興味（楽しみ）」を含み，基本的に Deci の提示する内

図表4-1　WPI 尺度：内発的モチベーション志向の質問項目

1．私は，新しい問題に取り組むことをとても楽しんでいる。
2．複雑な問題を解決しようとすることを楽しんでいる。
3．私は，問題が難しいほど，それを解決しようとすることを楽しんでいる。
4．私は，私の仕事が知識やスキルを高めるチャンスのあるものであることを望んでいる。
5．私のやっていることの背後には，興味という原動力がある。
6．私は，自分自身がどの程度仕事をうまくこなせるかを知りたい。
7．私は，自分自身のために物事を理解したいと思う。
8．私にとってもっとも大事なことは，楽しく物事を行うことである。
9．自己表現の場を持つことは重要である。
10．私は，自分の能力を伸ばす仕事で，自分がうまくできる仕事が好きである。
11．結果がどうであれ，新しい経験をもたらすと感じられれば，そのプロジェクトに満足を感じる。
12．自分自身で目標を設定できれば，より快適な気分になる。
13．他のことすべてを忘れるほど熱中できる仕事をするのは楽しい。
14．私は，もっとも楽しめる仕事をやれることが重要だと思う。
15．私は，簡単でやり方の分かっているタスクを楽しんでいる（逆転尺度）。

出所：Amabile et al.（1994）より筆者作成

第 4 章　認知アプローチ

発的モチベーションの概念と重なっている。一方，外発的モチベーション志向は，「評価に対する関心」，「承認に対する関心」，「競争に対する関心」，「金銭的報酬への関心」，「他人からの評判への関心」を含んでいる。これら 2 つのモチベーション志向を測定するため，Amabile et al.（1994）は，30項目（図表 4 - 1，4 - 2）から構成される Work Preference Index（WPI）尺度を開発したのである。

　この30項目に対する回答結果を因子分析し，アプリオリに想定した内発的モチベーション志向と外発的モチベーション志向の 2 因子を抽出した。内発的モチベーション志向だけをさらに因子分析したところ，チャレンジ（a =.73）と楽しさ（a =.67）の 2 因子が抽出された。同様に，外発的モチベー

図表 4 - 2　WPI 尺度：外発的モチベーション志向の質問項目

　1．私は，お金・成績といったものに強く動機づけられる。

　2．私は，自分自身のために，昇進や成績を強く気にかけている。

　3．私は，まれにしか昇進や成績を気にしない（逆転尺度）。

　4．私は，良い成績や収入を得られる目標に強い関心を持っている。

　5．楽しいことをしている限り，成績や報酬は気にしない（逆転尺度）。

　6．私は，他人から認められることで強く動機づけられる。

　7．私は，自分がどれだけうまく仕事をやっているか，他人に気づいて欲しい。

　8．私にとって，成功することは，他人よりもうまくやることである。

　9．私のしていることに対してなにか見返りがないと気が済まない。

10．私は，良い仕事であっても，他人が気づいてくれなければ，重要な仕事だと思わない。

11．私は，自分のアイデアに対して他人がどのような反応をするのかを気にしている。

12．私は，手続きがきちんと決まっているプロジェクトをするのが好きである。

13．私は，どんな仕事をするかよりも，仕事をすることで得られるものが気になる。

14．私は，他人が私の仕事をどう思うかは気にならない（逆転尺度）。

15．私は，他人が私の仕事の目標を明確に設定することが好きである。

出所：Amabile et al.（1994）より筆者作成

ション志向を因子分析すると，報酬（α=.62）と外部評価（α=.63）が抽出された。内発的モチベーション志向と外発的モチベーション志向の相関は，統計的に有意でなく，両者の独立性が明らかになった。

　また，WPI尺度と創造性との相関を確認するため，KAI尺度，CPS尺度，創造性の他者評定という3つの変数によって創造性が測定された。それぞれの相関分析を行った結果，WPI尺度とKAI尺度には有意な相関がみられ，WPI尺度の内発的モチベーション志向とは正の相関，WPI尺度の外発的モチベーション志向とは負の相関がみられた。WPI尺度とCPS尺度とは一部で有意な相関がみられ，相関のパターンは，KAI尺度と同様であった。創造性の他者評定については，「内発的モチベーション志向」とは有意な正の相関がみられたが，「外発的モチベーション志向」とは相関はみられなかった。

　さらに，Amabile（1996）は，モチベーションと創造性に関し[1]以下のように仮定した。アルゴリズミックなタスクにおいて，外発的モチベーションは，パフォーマンスを高めるが，ヒューリスティックなタスクにおいては，外発的モチベーションは，パフォーマンスを阻害すると予想する。逆に，内発的モチベーションは，ヒューリスティックなタスクにおいて，パフォーマンスを促進することが想定されている。この仮説を実証分析するために，当該行為が内発的モチベーションに基づく行動なのか，それとも，外発的モチベーションに基づく行動なのかを示す教示文が，図表4-3，4-4に掲げるとおり作成された。

　調査対象は，自らを作家と認識している学部・大学院の学生であり，あるグループには外発的な教示文だけをみせて，その重要度に応じて順番をつけさせ，別のグループには，内発的な教示文だけをみせて，その重要度に応じて順番をつけさせた。また，コントロールグループには，どちらの教示文もみせなかった。成果は，作成した俳句で測定された。俳句は，外部の専門家によって，創造的であるかどうかを判定した。その結果，内発的モチベーションの教示文をみたグループの創造性は高いが，コントロールグループとの差違はわずかであった。

　一方，外発的モチベーションの教示文をみたグループの創造性は，コント

第4章　認知アプローチ

図表4-3　内発的モチベーションの教示文

1．あなた自身が書いた良い作品を読むことはとても楽しい。
2．自己表現の機会を持つことは楽しい。
3．書くことを通して，新しい洞察が得られる。
4．あなた自身をはっきりと表現することで満足を得られる。
5．書いているときはリラックスする。
6．言葉遊びをするのが好きだ。
7．あなたは，書いている最中に，アイデアやキャラクター，エピソード，イメージに没頭するのが楽しい。

出所：Amabile（1996）より筆者作成

図表4-4　外発的モチベーションの教示文

1．毎年いくつもの雑誌が発行されているので，フリーランスのマーケットは，拡大していると思う。
2．あなたは，あなたの書く才能を先生に印象づけたいと思う。
3．本や詩が売れると，作家は経済的に恵まれると聞いたことがある。
4．あなたは，あなた自身の作品の社会的評価を楽しんでいる。
5．あなたは，多くの良い作品は書くスキルが高いからだと考えている。
6．大学院に入学するための重要な基準のひとつは，書く能力であると思う。
7．あなたの先生や両親は，あなたに作家への道を勧める。

出所：Amabile（1996）より筆者作成

ロールグループや内発的モチベーションの教示文をみたグループと比較すると，かなり低かった。結果的に，内発的モチベーションを高めることは難しいが，外発的モチベーションを促進することで創造性を容易に低下させることが示唆される結果となった。

　Amabileと同様，Shalley & Perry-Smith（2001）の研究においても，内発的モチベーションが，創造性を促進する一方で，外発的モチベーションが，創造性を阻害することが実証されている。ビジネスにおいても，内発的モチベーションが，創造性と正の相関関係にあることが示されている（Eisenberger & Rhoades, 2001; Shin & Zhou, 2003）。特に発見や新しいア

イデアの探索といった，挑戦やリスクと結びついたより革新的な創造性の発揮に対しては内発的モチベーションがより強く影響する（Gilson et al., 2012）。内発的モチベーションと創造性との関係をメタ分析した De Jesus et al.（2013）も，学生対象であれ従業員対象であれ，両者はポジティブな相関を持つことを確認している。

しかしながら，内発的モチベーションは，創造性の自己評定を予測できるものの，創造性の上司評定とは相関関係がみられなかったという報告（Dewett, 2007; Yoon et al., 2015）や，R&D 部門における内発的モチベーションと創造性には関連がなかった（Perry-Smith, 2006）という報告もある。さらに，創造性の発揮に向けた努力は，外発的モチベーションによっても，時には促されるという指摘もある（Rubenson & Runco, 1992, 1995; Yoon et al., 2015）。こうしたモチベーションと創造性に関する一見すると矛盾した議論を振り返ると，内発的モチベーションのみ，外発的モチベーションのみ，のように単純に創造性促進要因を探求するよりも，今後は，個人内心理プロセスを複合的にとらえ，内発的モチベーションと外発的モチベーションの両方を創造性に影響を与える要因として扱うことが有益であると考えられる（George, 2008）。加えて，Grant & Berry（2011）のように内発的モチベーションに加え，向社会的モチベーションの存在が創造性を促進するという指摘もあり，モチベーションをめぐる議論は多様な展開を見せているといえる。

近年では，モチベーションに焦点をあてた認知アプローチ研究の課題を克服する試みが行われるようになっている。すなわち，内発的モチベーションは，創造性を促進し，外発的モチベーションは創造性を阻害するという結論が，一貫して検証されていないという事実をいかに説明するかという観点から研究が行われている。たとえば，モチベーションが特定のパーソナリティと創造性の関係に及ぼす，媒介，または調整効果に関する研究や，モチベーションに加え，自己効力感を創造性の規定要因としてとらえる研究が現われている。以降ではこうした研究をみていこう。

◆2　モチベーションの持つ媒介および調整効果

　Amabile を中心にしたこれまでの創造性研究は，内発的モチベーションの影響に焦点をあててきたが，創造性の発揮を条件として報酬が与えられるような状況では，外発的モチベーションも創造性を促進する効果を持つことが示されている（Eisenberger & Rhoades, 2001; Friedman, 2009）。同様に，Choi（2004）も一定の状況下では，内発的モチベーションと外発的モチベーションの両者が創造性を促進することを明らかにしている。

　Prabhu, Sutton & Sauser（2008）は，特定のパーソナリティと創造性に対し，内発的モチベーションと外発的モチベーションの持つ媒介・調整効果を検証している。彼（女）らが採用する創造性に資するパーソナリティ特性は，「開放性」，「忍耐」である。

　開放性は，内発的モチベーションと創造性の両方と相関している。同時に，内発的モチベーションは，創造性と強く相関している。したがって，内発的モチベーションは，開放性と創造性との関係を媒介していることが予測される。同様に，忍耐は，創造性発揮のためには必要不可欠であると度々指摘されている。また，忍耐は，スキルや専門知識の獲得に必要であり，スキルや専門知識を獲得することが，その領域の活動を面白くさせる。すなわち，忍耐は，内発的モチベーション，および，創造性と相関するだろう。したがって，内発的モチベーションは，忍耐と創造性との関係を媒介する可能性があることが予測される。一方で，外発的モチベーションは，開放性，自己効力感，忍耐という3つのパーソナリティ特性と創造性との関係に調整変数として作用するのではないかと予測した。

　こうした仮説を検証するため，彼（女）らは，124人のアメリカの大学院生からデータを収集し，分析を行っている。そこでは，創造性は，Khatena & Torrance（1976）による「What-Kind-of-Person-Are-You（WKOPAY）」尺度によって測定された。この尺度では，50個の質問項目に対して，自己評定し，その合計点で創造性の高さを測定する。開放性については，Costa & McCrae（1992）によるビッグ・ファイブから12項目が採用

され，測定された。自己効力感は，10個の質問項目からなる，一般的自己効力感尺度によって測定された。忍耐は，Whiteside & Lynam（2001）によるUPPS Impulsive Behavior Scaleの下位次元のひとつを採用し，10項目によって測定された。内発的モチベーションと外発的モチベーションは，Amabile et al.（1994）によるWPI尺度の15項目によって測定された。

　分析の結果，内発的モチベーションが，開放性と自己効力感という2つのパーソナリティ特性と創造性との関係を媒介していることが明らかになった。また，外発的モチベーションが，自己効力感と創造性との関係を調整することも示された。つまり，外発的モチベーションが強い場合には，自己効力感が創造性に与える影響は弱くなることが明らかになったのである。

　以上のように，内発的モチベーションは，単独で創造性を高めるというよりも，自己効力感や開放性といった特定のパーソナリティ特性と創造性との間で機能するという新しい知見が提示されていることに留意すべきだろう。自己効力感や開放性をコントロールすることで，内発的モチベーションを通じて創造性に影響を与えることが可能となる。一方で，外発的モチベーションが，単純に創造性を阻害するという関係は否定された。外発的モチベーションは，あくまでも，調整要因として機能していることが示唆されたのである。

　また，Zhang & Bartol（2010）は，内発的モチベーションが創造性を促進するという前提に立ちながら，その関係性に心理的エンパワーメントという認知変数を加えて分析している。すなわち，心理的エンパワーメントが，内発的モチベーションを高め，結果的に創造性を向上させるというモデルを構築し，検証している。

　中国のIT企業の従業員を調査対象者としたアンケート調査によってデータは収集された。回答者の職種は，システム・エンジニアなどの専門職とその上司であり，成果を出すためには創造性が求められる職種である。670人の対象者のうち，74.3%にあたる498人が回答し，498人のうち，上司が回答した367組（上司と部下のペア）のデータが分析された。

　心理的エンパワーメントは，Spreitzer（1995）より採用した4次元12項目によって測定された。内発的モチベーションは，Amabile（1985），およ

第4章 認知アプローチ

び，Tierney, Farmer & Graen（1999）から3項目採用され，創造性は，Zhou & George（2001）によって開発された13項目が用いられた。回答者の創造性は，リッカート5点尺度を用い，上司によって測定された。コントロール変数は，年齢，性別，勤続年数，学歴，職種，職務特性（Oldham & Cummings, 1996）が採用された。

　分析の結果，内発的モチベーションは，心理的エンパワーメントと創造性の間を媒介する要因であることが示された。したがって，内発的モチベーションが，創造性を向上させることはもちろんであるが，内発的モチベーションの向上には，心理的エンパワーメントを高めることが有効であることが明らかになった。したがって，内発的モチベーションを規定する要因として，心理的エンパワーメントの重要性が示唆されたと解釈できるだろう。ただし，彼（女）らの研究は，単一組織におけるデータであるため，今後は，他国や複数組織でデータを集めることで，結果の一般化を目指す必要があるなどの課題を残している。

◆ 3　モチベーションと創造性の媒介要因：
創造的自己効力感と創造性発揮意志

　前節までは，モチベーションが創造性に与える影響に関する実証研究を概観してきた。先行研究を俯瞰すると，実証分析によって，内発的モチベーションは創造性に資する認知変数であることが，概ね示されていることが分かる。一方で，内発的モチベーションと創造性の間にはなんらかの媒介要因が存在するのではないかという指摘もある。つまり，内発的モチベーションが，なんらかの変数をとおして，結果的に創造性を規定していると考えられる。

　そこで，Tierney & Farmer（2002）は，内発的モチベーションと創造性の間にあるブラックボックスについて，一定の解釈を示唆している。彼（女）らは，内発的モチベーションと創造性との関係を分析することを考慮しながらも，直接的には両者を分析していない。従来，明確には提示されてこなかった創造的自己効力感という概念を導入し，創造性発揮に関する現象の説明を試みている。

創造的自己効力感の理論的基礎は自己効力感にある。Bandura（1997）が指摘するように，自己効力感は，創造的生産や新しい知識の発見になくてはならないものである。自己効力感は，物事の追求やそのモチベーションに働きかけ，創造性の発揮につながるからである。ところが，創造性に関連する自己効力感，つまり，職場において自分自身が創造的であるという認識については，あまり議論されてこなかった。そこで，Tierney & Farmer（2002）は，創造的自己効力感という新たな構成概念を定義し，その測定と規定要因を探索するのである。

まず，彼（女）らは，Bandura（1997）の全般的自己効力感にならい，創造的自己効力感を，創造的成果を生み出すための能力を持っているという感覚，認識と定義している。つまり，自己効力感は，より広い意味であらゆる領域での自己認識をとらえるのに対し，創造的自己効力感は，創造性発揮に関する自己認識のみをとらえる限定的概念であると理解できる。

創造性発揮のための努力には，持続的な内発的モチベーションが必要であることが指摘され，創造的自己効力感が高いことは，創造性発揮に対する内発的モチベーションの原動力となりうる。しかし，これまでの研究で自己効力感と創造性を明示的に扱った実証研究は，わずかしかなく，創造的自己効力感がいかに創造性発揮につながるのかを十分に明らかにしていない。拡張形成理論によれば，自己効力感が高いことは，より広く情報を集めようとしたり，記憶力をより発揮したり，これまで以上に努力するといった行動を促し，創造性発揮につながることが予想される。したがって，創造的自己効力感が高いことは，創造性の高さにポジティブな影響を与えるというのが彼（女）らの想定する仮説である。

彼（女）らは，仮説を検証するため，大手消費財メーカーの製造部門のブルーカラー従業員584人と，ハイテク企業の管理部門ホワイトカラー従業員158人から構成される２つの回答者群を用意した。創造的自己効力感を測定するための質問項目には，先行研究やパイロット調査の結果を踏まえ，３項目が開発された。具体的には，「私は，問題を創造的に解決する能力に自信がある」といった項目で，従業員自身が仕事の中で創造性を発揮する能力があるという自信を照射している。創造性の測定には，先行研究との整合性の

第4章　認知アプローチ

ため，上司評定による6項目6点尺度の創造的成果（Tierney et al., 1999）が採用されている。具体的には，「この従業員は，問題解決にあたり，新しいアイデアや新しい手法を試している」といった項目である。

分析の結果，両回答者群において，創造的自己効力感が創造性を有意に向上させることが示された。また，全般的自己効力感と創造的自己効力感との弁別妥当性も確認され，両者が共に高い場合に，もっとも創造性が高くなることも確認された。つまり，職務遂行にあたり，全般的自己効力感を感じていなければ，たとえ，創造的自己効力感が高くても，創造性が十分に発揮されるわけではないのである。さらに，創造的自己効力感を高める要因として，在職期間の長さ，モデリングや言語的説得といった全般的自己効力感を高める上司の行動，職務の複雑性が有効であることも検証された。上司の行動や職務の複雑性は，創造的自己効力感に影響を与え，結果的に創造性に影響を与える要因であるともいえる。同様の結果は，サービス業の従業員120人（Michael, Hou & Fan, 2011）や様々な業種の従業員368人（Jaussi & Randel, 2014），大学生548人（Robinson-Morral, Reiter-Palmon & Kaufman, 2013）を対象にした調査からも確認されている。ただし，創造的自己効力感が自己評定による創造性とは中程度以上の相関を持つ一方で，他者評定による創造性とは相関がなかったとする指摘（Reiter-Palmon et al., 2012）もある。創造的自己効力感を議論する上で，創造性の評価方法について留意する必要があるだろう。

以上のように，Tierney & Farmer（2002）らの研究による貢献は，Amabileを中心に頻繁に指摘される内発的モチベーションが，創造性を促進するプロセスを，創造的自己効力感という媒介変数を用いて説明したことにあるといえる。すなわち，どのような作用機序によって，内発的モチベーションが創造性を促進するのかという点について，一定の回答を与えたのである。彼（女）らによれば，内発的モチベーションにより学習や試行錯誤が活発になり，その結果，従業員の創造性発揮に関する効力感が高まる。こうした効力感の向上により，創造性発揮のために必要な努力や行動が，実際に引き出されるというのである。

また，Choi（2004）は，内発的モチベーションと創造性との関係を媒介

113

する認知変数だけでなく，外発的モチベーションと創造性の関係についても分析している。具体的には，モチベーションと創造性の間に，創造的自己効力感や創造性発揮意志という変数が媒介していることを定量的に検証している。Choi（2004）は，モチベーションと創造性との関係に，心理的プロセスが媒介すると仮定し，心理的プロセスを，効力感，つまり，「できる」という側面と，意志，つまり「しよう」という側面から取りあげている。人間の行動は本人ができると認識した行動をしようという意志を持つことで，はじめて引き起こされると考えたからである。

　以上の観点から，創造的自己効力感を，特定の状況下で創造的に行動できるという主観的認知と定義し，創造性発揮の意志を，特定の状況下で創造的に行動しようという主観的認知だと定義し，モチベーションよりも，創造的自己効力感や創造性発揮意志が，より直接的な創造性の規定要因であると考えたのである。

　こうした仮説を検証するため，北米のビジネススクールに通う学生に対して，コースの4週目（1回目），8週目（2回目），12週目（3回目）の3回にわたり，アンケート調査が実施された。コース担当の教員が，学生の創造性を12週目に評価した。430人の参加院生のうち，386人が3回のうち少なくとも1回はアンケートに回答した。1回目のアンケート調査では，モチベーション（内発的モチベーション，外発的モチベーション），2回目では，社会環境要因（上司や同僚からのサポート，開放的な職場風土），3回目では，創造的自己効力感や創造性発揮の意志がそれぞれ測定されると同時に，2人の教員によって，各学生の創造性の高さが評価された。内発的モチベーション，および，外発的モチベーションは，WPI（Amabile et al., 1994）からそれぞれ4項目が採用され，測定された。また，創造的自己効力感は，「私は，新しいアイデアを提示できるという自信がある」，「私は，クラスメートとは異なる見方を提示するときには神経質になる（逆転尺度）」といった4項目で測定された。創造性発揮の意志は，「私は，新しく，建設的なアイデアを提示することに強く動機づけられる」，「私はクラスの中で，創造性を発揮したり，活用しようと考えている」という2項目で測定された。創造的成果については，参加者1人あたり，2人の評価者が7点尺度で測定した。その際，

第 4 章　認知アプローチ

評価者は,「他人のアイデアをオープンで積極的に聞いていたか」,「新しい
アイデアや別の説明, 異なった見方, 創造的な解決方法などを提示していた
か」,「多くの見方を建設的な方法で, 統合していたか」という 3 点から評価
するように教示された。

　分析の結果, 創造的自己効力感と創造性発揮意志は, 共に創造的成果を高
めることが示された。また, 内発的モチベーションと外発的モチベーション
は, 創造的自己効力感や創造性発揮意志という心理プロセスを通じて, 創造
性の発揮に影響を及ぼしていることが示された。興味深いことに, 内発的モ
チベーションは, 創造性発揮の意志にネガティブな影響を及ぼす一方, 外発
的モチベーションは, ポジティブな影響を及ぼすことが示された。

　この結果については様々な解釈が可能であるが, Choi (2004) は, 創造
性のタイプに注目した解釈を行っている。つまり, 創造性には様々なタイプ
があり, 本研究のような教室実験で, 2 人の教員から期待される成果として
の創造性においては, 受動的, かつ, 反応的な側面が強調される。したがっ
て, 教員による評価という外的報酬に対するモチベーションが刺激され, 創
造性発揮へと結びついたのではないかと指摘している。逆に, 自発的な努力
が求められるような創造性発揮の場面では, 先行研究の指摘するように内発
的モチベーションの影響が強い (Unsworth, 2001) と推察される。

　以上のように, Tierney & Farmer (2002) や Choi (2004) の研究では,
内発的モチベーションに加え, 外発的モチベーションについても, 創造的自
己効力感と創造性発揮意志が, 媒介変数として創造性に影響を与えることを
実証的に明らかにした。従来より, 内発的モチベーションの有効性は, 繰り
返し指摘されているが, そのメカニズムについては明確ではなかった。彼
(女) らは, こうしたブラックボックスを明確にしたという点で, 多大な理
論的貢献をしたといえよう。ただし, 彼 (女) らの研究では, 内発的モチ
ベーションの効果が先行研究とは異なり, ネガティブになっている。今後は,
求められる創造性のタイプによって, 内発的モチベーションや外発的モチ
ベーションの役割が異なるという解釈を検証することで, モチベーションと
創造性の関係に存在するブラックボックスの解明がさらに進展するであろう。

115

❖ 4　創造性とその他の認知要因

4-1　創造性と創造的役割意識

　自分自身をどのように認識するかが，どのように行動するかに大きく関わっていると想定すれば，創造的に振る舞えるかどうかは，自分自身が創造的であると認識しているかどうかによるだろう。たとえば，Barron & Harrington（1981）は，創造的人物は，自分自身が創造的であるという強い自己イメージを持っていると指摘している。しかしながら，自己イメージと創造性の関係について，実証研究がほとんど蓄積されてこなかった。そうした中で，Farmer, Tierney & Kung-McIntyre（2003）は，自分自身が創造的であるという明確な役割イメージを持っている状態を創造的役割意識と定義し，創造性との関係を分析している数少ない実証研究を行った。

　彼（女）らは，新たな概念である創造的役割意識の開発にあたり，先行研究に依拠しながらも，アメリカ企業に勤務する台湾系従業員を集めてインタビューを行い，妥当性を確認している。その後，大学院生を対象としたパイロットテストを実施し，「私は，しばしば創造的であろうと意識している」，「私は，創造的従業員としての自己の明確なイメージを持てない（逆転尺度）」，「創造的従業員であることは，私のアイデンティティの重要な要素である」という3つの質問項目を完成させた。また，創造的役割意識と似た概念であるが，KAI尺度には自分自身が創造的な行動をしているかどうかを尋ねる下位次元が含まれているため，KAI尺度より8項目が採用されている。また，創造性を測定するために，Tierney et al.（1999）より，4項目（6点尺度）を回答者の文化的背景に合致するように修正して用いている。具体的には，「新しいアイデアや方法を真っ先に試している」，「問題解決のために新しいアイデアややり方を探している」，「その領域に関する革新的なアイデアを考え出している」，「創造性の良いお手本である」である。

　こうして作成された質問票は，台湾企業8社の協力の下，260人に配布され，166人の回答が得られた。回答者の職種は，エンジニア，SE，科学者，

医師，薬学者などである。同時に，彼（女）らの上司（31人）が，回答者の創造性について評価している。

分析結果より，創造的役割意識を強く持つ人ほど，創造性が高くなるという仮説が支持された。また，組織が創造性を重視しているかどうかが，創造的役割意識と創造性との関係に調整変数として作用することも示された。つまり，組織が創造性を重視しない環境では，たとえ創造的役割意識の高い人であっても，創造性発揮のための行動を積極的にとらないのである。さらに，創造的役割意識を規定する要因として，過去に創造的に振る舞うことができたという認識（KAI尺度サブ次元）や，同僚から創造性発揮を期待されることなどが抽出された。

以上より，Farmer et al.（2003）の研究は，創造的人物は自分自身が創造的であるという強い自己イメージを持っていると主張する Barron & Harrington（1981）の研究を，検証することに成功している。

4-2 創造性と業績期待

創造性を発揮する際，「業績を高めてくれるというメリットがあるのだろうか」，または，「周りから顰蹙をかうといったデメリットをもたらしはしないか」と考えることは自然である。こうした創造性発揮に伴う業績期待や，自己イメージに関する懸念に着目した研究に Yuan & Woodman（2010）がある。彼（女）らは，創造性が業績にポジティブな影響を及ぼすという期待や創造性の発揮が自分自身のイメージを高めるという期待と，創造性との関係について検証している。検証にあたり，アメリカ企業4社（IT，家具製造，化学など）に所属する216人の従業員と上司からデータが収集された。216人の職種は，技能，営業，製造，サービス，研究開発，人事，管理と多様である。分析の結果，以下の点が明らかになった。

第1に，組織によるイノベーションの支持は，創造性発揮が自身のイメージを向上させるという期待をとおして創造的行動を促進する。第2に，上司との良好な関係は，創造性の発揮が業績に資するという期待や，イメージを向上させるという期待を通じて，創造的行動を促進する。第3に，創造性を必要とする職務であることは，創造性の発揮が業績を高め，マイナスイメー

ジを低下させるという期待を通じて，創造的行動を促進する。第4に，革新的であるという評価は，創造性の発揮が業績を高めるという期待を通じて，創造的行動を促進する。第5に，現状への不満は，創造性の発揮が業績を高め，マイナスイメージを低下させるという期待を通じて，創造的行動を促進することが示された。

こうした分析結果から，Yuan & Woodman（2010）は，創造性発揮による業績やイメージへの期待が，様々な社会環境要因から形成され，創造性の発揮を規定していると主張している。

4-3　創造性と感情

感情と創造性との関係[2]は，これまでの研究から3通りのとらえられ方がなされてきた。

第1に，George & Zhou（2002）によると，ネガティブな感情は，現在の環境が問題を含んでおり，その解決のためにはさらなる努力が必要だというシグナルであると指摘している。また，その問題を解決するために創造性を発揮することが周囲から評価されるため，ネガティブな感情が創造性を刺激すると述べている。つまり，危機感などがある状況が，創造性を刺激すると主張している。

第2に，Fredrickson（2001）によれば，人が肯定的な感情を表していることは，環境が安全であることを意味しており，このような状況では，人は，遊び心を持ち，積極的に探索的な行動をとるとされ，結果的に，より創造的になれると指摘している。Amabile et al.（2005）によるプロジェクトチームに対する長期的フィールドスタディの結果においても，心地よいと感じられる心理的状況が創造性と正相関していることが示されている。同様に202人の情報サービス産業の従業員（Carmeli et al., 2014）および201人の製造業の従業員（Cohen-Meitar, Carmeli & Waldman, 2009）を対象にした調査でも肯定的な感情が創造性につながる行動を促進することや中学生（Chen et al., 2016）および大学生（Fernández-Abascal & Díaz, 2013）を対象に肯定的な感情が創造性を高めることも確認されている。

第3に，純粋な幸せという感情も，純粋な悲しみという感情も，日常生活

では稀である（Scherer & Tannenbaum, 1986）から，個人は，通常，ある出来事に対し，幸せと悲しみを同時に感じるものである。たとえば，職場における両価感情の具体例として，新製品の開発に貢献して興奮するのと同時に，開発までのプロセスが思い通りに進まなくてイライラするという状況や，これまでの功績が認められて昇進してうれしい反面，同僚とは一緒に働けなくなる悲しさを感じることが指摘されている。

　このように，両価感情とは，ひとつのエピソードに対して，興奮や幸せといった肯定的な感情と不満や悲しみといった否定的な感情を同時に経験することである。こうした両価感情を経験することは，通常では共存しないものが共存したり，関係しないようなものが関係するといった非日常的な状況を認識することにつながる。この非日常的な状況は，認知的不協和を引き起こし，その解消が求められる。したがって，非日常的状況は，本人に柔軟で多面的，かつ，独自の連想を見つけることを助長する。その結果，一見関連しそうにない要素を組み合わせることに敏感になることが予想される。独自の組み合わせから創造的なアイデアは生み出されるため，両価感情は，非日常的な連想を刺激し，創造性を促進すると考えられるのである。

　同様に，George & King（2007）によれば，集団が，複雑で曖昧な課題に直面し，創造的な解決策を探索している状況では，メンバーの感情が多様な集団の方が，創造性の発揮が促進される。集団内の感情で均一であることは，現実に対する画一的な見方を助長し，創造性の発揮が阻害されるからである。

　以上の理論的枠組みに基づき，Fong（2006）は，「両価感情を経験することは，非日常的な連想に対する感受性を高める」という仮説を設定する。ただし，両価感情が日常的な状態であれば，その経験が非日常的な連想を高める効果は低減されるであろう。したがって，「両価感情の定型性（日常的かどうかの程度）は，両価感情と非日常的連想の関係を調整する」という第2の仮説を設定し，検証を行っている。

　実験1では，参加者は，中立，肯定的感情（幸福感），否定的感情（悲しみ），両価感情という4つのグループに分けられ，それぞれの感情を抱くように教示した後，Remote Association Test（RATテスト：異遠連想テスト）を実施した。回答者は，18歳から35歳までの学部生，または，大学院生

の102人であった。回答者は，記憶と情報処理の実験という目的で集められ，無作為に4グループに分けられ，それぞれの感情を経験した出来事を詳細に記述するよう指示された。そうすることによって，被験者は，それぞれの感情が呼び起こされ，実験者の意図通りの感情を実験時に抱いている状態になる。分析の結果，両価感情を経験している回答者のRAT得点は，肯定的感情，および，否定的感情の回答者より有意に高くなっていた。中立的な感情の回答者とは，p=.07とわずかな有意差であった。したがって，両価感情は，異遠連想を促進させ，創造性を刺激すると結論づけられた。

　実験2は，138人の大学生を対象に行われた。2つのグループのうち，一方は，両価感情が日常的であると思わせ，もう一方は，両価感情が非日常的であると教示した。その後，両グループに両価感情をテーマにしたショート・ムービーを見せるグループ（両価感情を経験するグループ）と中立的な感情をテーマにしたなショート・ムービーを見せるグループを作った。このような操作を経て，RAT得点が高いかどうかを調べた。

　その結果，両価感情が稀であると認識し，その時点で両価感情を抱いているグループのRAT得点は有意に高かった。さらに，両価感情が日常的であると認識し，両価感情を抱いているグループは，中立的な感情のグループよりRAT得点が低かった。両価感情が日常的かどうかの認識が，両価感情と異遠連想の関係に調整要因として作用することが示唆されている。つまり，両価感情を抱くだけでなく，それが，非日常的であると認識することが，創造性の促進には重要であると解釈できよう。

　以上の2つの実験から，両価感情は，概念間の異遠な組み合わせを促進すること，両価感情が非日常的であると認識されているほど，異遠連想への感受性が高まることが明らかになった。つまり，危機的な状況やリラックスした状況が，創造性を促進するというよりも，両者が混在する状況が稀にしかおこらないことが，もっとも創造性を促進するのではないかという示唆を与えている。さらに，近年は静態的な肯定的感情と否定的感情の併存にとどまらず，両感情のダイナミックな変化が創造性を刺激する（Bledow, Rosing & Frese, 2013）ことも明らかになってきた。否定的な感情が低下し，肯定的な感情に変化していくという感情シフトが創造性を促進するというメカニ

ズムが提唱され，従業員や大学生を対象に検証されている。

　両価感情の影響は個人とチームでは異なっていることも明らかになっている。Li, Yang et al.（2022）による157チームを対象とした実証研究の結果，個人の両価感情は直接個人の創造性に正の影響を与えるが，チーム内で両価感情が存在することはチームのイノベーション風土を低下させ，むしろ個人の創造性を阻害することを指摘している。

　以上のように，創造性と感情との関係には，ポジティブな感情は創造性を促すといった，単純な線形関係があると想定することは適切ではなく，ネガティブ感情との共存，チーム内の感情，様々な調整要因を取り込むことでより丁寧な分析が必要といえる。

4-4　創造性と希望や幸福

　前項では，両価感情と創造性の関係をみてきたが，本項では創造性と希望の関係について概観する。創造性の発揮には現状に対する変革が必要であり，こうした変革には障害がつきものである。障害に直面した際，希望を強く持っていれば，こうした障害をうまく乗り越える可能性が高くなる。つまり，強い希望を持つ個人は，創造的である可能性が高いと考え，Machado et al.（2009）は，希望および幸福と創造性との関係に焦点をあてた実証分析を行っている。

　彼（女）らは，希望と創造性の関係について，第1に，希望を強く持つ個人は，多様な情報に対して開放的であり，問題や機会に対して異なる角度から観察することができる，第2に，高い希望を持つ個人は，リスクに寛容であり，古いやり方が通用しないときには喜んで別のやり方を探索する，第3に，高い希望を持つ個人は，目標達成を楽しみ，内発的に動機づけられる存在であり，目標が易しい場合にはルールをあえて作ってまで，より困難な目標設定を行う傾向にあると考えた。以上より，「強い希望を持つ従業員は，そうでない従業員よりも創造性が高い」という仮説が提示された。

　次に，幸福と創造性の関係について，職場においては，幸福（一日のうち大部分の時間において肯定的な感情を抱いている状態）が，創造性を高めると想定している。なぜなら，第1に，幸福な個人は，たとえ失敗しても環境

に原因があると考え，失敗を恐れない（Fogas, 1992）。失敗を恐れないことが，より創造的なアイデアを使って直面する困難を乗り越えることを促すと予想される（Wright & Walton, 2003）。第2に，肯定的な感情は，認知能力を拡張し，認知の柔軟性を増加させ，創造的な行動を促すと予想される（Feist, 1999）。第3に，肯定的な感情は，仕事の意義を高めるが，これは内発的モチベーションを高め，創造性の促進につながると予想される（Amabile, 1988, 1996, Oldham & Cummings, 1996, Tierney et al., 1999）からである。以上より，「幸福な従業員は，そうでない従業員より創造的である」という仮説が提示された。

　これらの仮説を検証するため，43組織にまたがる125人の従業員を対象に希望と幸福に関する質問票調査が行われた。加えて，回答者の上司が，彼（女）らの創造性の高さを評価した。希望については，スナイダー希望尺度（Snyder et al., 1996）が採用され，幸福は，11点尺度の1項目で測定された。創造性は，Zhou & George（2001）にならい，13項目の創造的行動を照射する質問項目によって測定された。

　分析の結果，創造性は，希望によって直接促進されること，また，希望と創造性の間には，幸福が部分的な媒介効果を持っていることが示された。つまり，希望は，従業員の創造性を直接高めるだけでなく，従業員の幸福を通じて，創造性を高める効果をもつことが示されたのである。その後，幸福と創造性との関係性をメタ分析したAcar et al.（2021）は幸福と創造的行動とが有意に相関していることを確認している。したがって，創造性を促進するためには，企業は職場の人間関係に満足できるような環境整備，上司との良好な人間関係，学習や能力開発の機会，公正な処遇，ワーク・ファミリー・バランスなどに注意を払うことが必要である。なぜなら，これらは，従業員の希望と幸福に影響を及ぼし，創造性を促進すると予想されるからである。たとえば，ワーク・ファミリー・バランスと創造性との関係について分析したMadjar, Oldham & Pratt（2002）は，職場におけるソーシャル・サポートと家庭などの職場外におけるソーシャル・サポートの両方が，創造性と正の相関を持つことを明らかにしている。加えて，家族や友人からのソーシャル・サポートが，同僚からのソーシャル・サポートよりも，創造性により強

第4章　認知アプローチ

く寄与することも明らかになっている。

4-5　創造性と職務不満足

　これまで職務不満足は，組織からは否定的にとらえられてきた。しかし，Zhou & George（2001）は，イノベーションや創造性が重要になっている現状を考えれば，職務不満足を肯定的にとらえることも可能ではないかと考えた。つまり，職務不満足を現状への不満ととらえ，その不満が現状からの変化や変革に結びつくのではないかと考えたのである。したがって，職務不満足は，現状への変化や変革を促進し，結果的に創造性やイノベーションを生み出すエンジンになるのではないかと推測できる。

　たとえば，March & Simon（1958）によれば，現状の仕事に不満を覚える者は，別の新しいやり方を考え出すことで，仕事を取り巻く状況を変革しようとする。こうした新しいやり方を考え出すことは，まさに創造性発揮の典型といえる。ただし，あらゆる状況で，職務不満足が創造性を高めると考えることは短絡的すぎる。たとえば，職務不満足を感じても簡単に組織を辞めてしまっては，創造性の発揮に結びつかない。職務不満足が一時的なものであれば，創造性発揮のために我慢できるだろうが，それが恒常的なものとなれば，不満に打ち勝つことは難しいだろう。そこで，Zhou & George（2001）は，どのような状況で，職務不満足が創造性に結びつくのかを検討した。まず，職務不満足に対する反応として，退出，発言，従順，無視の4つがあることを前提に，これら4つの反応のうち，発言のみが積極的かつ建設的な反応であり，不満の原因となっている状況を変化させる可能性を持っていると仮定した。たとえば，Kay（1989）は，現状への不満に対する反応として，新しいやり方を提案する，改善する方法を示唆するといった発言行動を指摘しており，こうした行動はまさしく創造性の発揮と重なる部分が多い。したがって，発言行動は，創造性を促進する可能性があると予測できる。

　一方，職務不満足が創造性に結びつくためには，不満による組織からの退出，すなわち退職という行動をとらない状況が必要である。つまり，たとえ不満があっても，退職の不利益を考えて，組織にとどまるという継続的コミットメントの存在が，職務不満足と創造性を結びつける前提条件のひとつ

123

となるだろう。また，不満に対して，たとえ退職しなくとも，従順や無視という発言以外の選択肢がある。したがって，不満に対して，創造性に資する発言行動をとるためには，発言という行動が意味を持つ，すなわち，発言することでなんらかの変化が生じるという期待や，発言が同僚などから支持されるという期待が必要である。新しいアイデアや方法は，予想したとおりの結果にならない可能性があり，発言行動に対して周囲が肯定的でなければ，実践するのは難しいからである。この点については，他の研究（Amabile, 1983a, 1996; Huang & Liu, 2015）などにおいても，発言行動に影響を及ぼす社会環境要因として，同僚の支持的行動と組織による創造性の奨励の2要因が指摘されている。

　以上より，Zhou & George（2001）は，職務不満足，継続的コミットメント，同僚からの支持や組織による創造性の奨励は，相互に関連しながら，創造性に影響を及ぼしていると指摘している。すなわち，職務不満足を感じているメンバーは，継続的コミットメント，同僚からの支持や組織的奨励が共に高い場合に，創造性が高くなるというのである。

　こうした仮説を検証するために，工業用（石油採掘）ドリルを製造している企業の研究開発，マーケティング，人事などの様々な部署の従業員149人と彼（女）らの上司に対して調査が行われ，そのデータが分析された。なお，創造性については，回答者の行動をよく知る上司1人が，それぞれの回答者の行動を踏まえて，13項目に対して5点尺度で評定した。職務不満足は，Michigan Organizational Assessment Questionnaire（Sheashore et al., 1982）から3項目の7点尺度で測定され，継続的コミットメントは，Allen & Meyer（1996）の6項目によって測定された。同僚からの肯定的なフィードバックは，独自に作成した3項目，同僚による支持は，Podsakoff, Ahearne & MacKenzie（1997）から4項目，組織による創造性の奨励は，Scott & Bruce（1994）から4項目によって，それぞれ測定された。

　分析の結果，Zhou & George（2001）の仮説はすべて支持され，継続的コミットメントが高く，同僚や組織からの社会的支持が大きい場合には，創造性は，職務不満足によって促進されることが示された。つまり，職務不満足が創造性の発揮につながるためには，同僚の支持やフィードバック，組織に

第4章　認知アプローチ

よる創造性の奨励といった環境要因が重要な役割を持つことが示された。不満に対する反応として，創造性の発揮が促されるためには，創造性の発揮が，現状の変革に有効であるという従業員の認知を刺激することが重要となるのである。こうした現象は，職務不満足にとどまらない。たとえば，職務ストレスも同様に一見創造性にネガティブな効果をもたらすととらえられがちであるが，責任の増大や成長の機会のように挑戦的だと認知されれば，創造性を刺激する（Ren & Zhang, 2015）。したがって，職務に対する不満などのネガティブな認知が，必ずしも組織にとって有害ではないこと，特定の状況では，創造性の発揮という有益な結果を組織にもたらす可能性があることに留意する必要がある。

4-6　創造性と目標志向

　創造性とは，ある種の目標に向かって，新奇で有用な解決策を模索するプロセスを含むものである。ゆえに，個人の目標志向によって創造性の成果が左右されることが予想される（Janssen & Van Yperren, 2004）。目標志向には，「学習目標志向」と「パフォーマンス目標志向」の2種類がある。まず，学習目標志向は，スキルや知識の獲得，達成感といった内発的モチベーションに関わる目標志向である。こうした志向は，創造性の基盤となる専門知識やスキルの獲得をもたらし，Amabile の提示する専門知識，創造性スキル，タスクモチベーションによって創造性が規定されるという構成要素モデルにおける指摘とも重なる。一方，パフォーマンス目標志向は，他者から評価されたいという外発的モチベーションに関わる目標志向である。さらに，パフォーマンス目標志向は，パフォーマンス接近目標志向とパフォーマンス回避目標志向に細分される。パフォーマンス接近目標志向は，他者から望ましい評価を得ようとするもので，パフォーマンス回避目標志向は他者から批判などの望ましくない評価を避けようとするものである。

　つまり，学習目標志向をより強く持つ個人は，多大な努力やエネルギーを注いで，新しいスキルや知識の獲得に邁進する。このようなプロセスの中で創造性の発揮がなされると考えられる。つまり，従業員の学習目標志向は，創造性と正の相関関係にある（Hirst, Knippenberg & Zhou, 2009）と予想で

きる。一方，チーム学習が活発な状況では，チームメンバーが学習行動に熱心で，新しい知識の獲得といった学習行動が，チーム内で奨励されている。ただし，チーム学習が活発であることは，ある程度までは業績を向上させるが，度を越せば，知識の獲得に意識が偏ってしまい，実用的な解決策を生み出すことが停滞してしまう。えてして実用的な解決策を考えることよりも，新しいこと，洗練された知識の獲得自体に関心が行き過ぎてしまうのである。したがって，チーム学習の程度は，学習目標志向と創造性との関係に調整要因として働くと考えられる。つまり，チーム学習が活発な状況では，学習目標志向と創造性の関係は，逆U字曲線を描くが，チーム学習が低調な状況では，学習目標志向と創造性との関係は，右上がりの直線で描かれる（Hirst et al., 2009）と予想されるのである。

　また，パフォーマンス目標志向とチーム学習との関連は，パフォーマンス接近目標志向とパフォーマンス回避目標志向に分けて考えることができる。まず，パフォーマンス接近志向の者は，チーム学習が低調な状況では，学習や創造性の発揮がチーム内のメンバーから評価されず，外的報酬につながらないと考え，学習や創造性の発揮に関心を向けることはないだろう。逆にチーム学習が活発な状況であれば，学習行動が外的報酬につながると考え，そうした学習行動を活発化させるだろう。次に，パフォーマンス回避志向の者は，学習や挑戦といった活動にはリスクがあると考えるため，チーム学習が低調な状況では，ますます学習や挑戦に消極的になるだろう。チーム学習が活発な状況であれば，学習や挑戦に伴うリスクが軽減されるため，学習や挑戦に積極的に取り組むだろう。

　よって，チーム学習が活発な状況では，パフォーマンス接近目標志向は創造性と正の相関を持ち，チーム学習が低調な状況では，パフォーマンス回避目標志向と創造性はネガティブな相関を持つことが予想される。こうした仮説を検証するため，Hirst et al.（2009）は，大手製薬企業に所属する25チーム255人（1チーム平均10人）の研究開発者を対象とした調査を行い，198人から回答を得ている。回答者はアメリカ，イギリス，スウェーデンの3カ国の従業員で構成され，回答者の54％は博士号取得者，専門は53％が生物学専攻，27％は化学専攻であった。

調査にあたり，目標志向の測定には，Vandewalle（1997）の尺度が採用された。学習目標志向は，「私はしばしば新しいスキルや知識を獲得する機会を探している」といった質問項目を含む 5 項目，パフォーマンス回避目標志向は，「私は，自分自身の能力が低いことが明らかになるような仕事をすることになりはしないかと心配している」といった質問項目を含む 4 項目，パフォーマンス接近目標志向は，「私は同僚よりも優れた業績を上げられることを周りに示したいと考えている」といった質問項目を含む 4 項目によって測定された。チーム学習行動の測定には，Edmondson（1999）の 7 項目から構成される尺度が採用され，質問項目の一例は，「このチームでは，仕事の過程で立ち止まって内省するように誰かが心がけている」であった。創造性は，Farmer et al.（2003）の 4 項目によって測定され，コントロール変数としては，性別，学歴，国籍，勤続年数，チームサイズが採用された。

　分析の結果，学習目標志向が，創造性にポジティブな影響を及ぼしていることが明らかになった。また，チーム学習が活発な状況では，個々の学習目標志向と創造性の関係は，学習目標志向が中程度の時に最大となる一方，チーム学習が低調な状況では，学習目標志向と創造性の関係は，単調増加の関係にあることが示された。さらに，チーム学習が活発な状況では，個々のパフォーマンス接近目標志向と創造性との関係はポジティブであるが，チーム学習が低調な状況では，両者の関係は無相関であった。つまり，チーム学習が活発でなければ，パフォーマンス接近目標志向は，創造性を促進しないのである。したがって，個人の目標志向と創造性の関係は，チーム学習という状況要因に対し依存的であることが示唆される。たとえ，学習目標志向が創造性を促進するとしても，チーム学習が活発な状況であれば，個人の学習目標志向がある一定以上のレベルを超えると，創造性の向上幅は徐々に小さくなるだけでなく，最終的には創造性を阻害する可能性すらある。

　また Hirst et al.（2011）は，チーム学習ではなく，チームの官僚的特性という状況要因を取りあげて，目標志向と創造性との関係を分析している。彼（女）らによると，分権的なチームでは，学習志向と創造性は強い正の相関を持つ一方，パフォーマンス回避目標志向と創造性とは弱い負の相関を持つことが示された。同時に，公式化の程度が低いチームでは，パフォーマン

ス接近目標志向と創造性は正の相関を持っていることが示された。

こうした学習目標志向と創造性とのポジティブな関係はその後の実証研究（Wang et al., 2021）でも再度確認されている。

目標志向は創造性の規程要因として機能するだけでなく，調整要因としても分析されることもある。たとえば，He et al.（2016）は中国企業に所属する研究開発技術者345人を対象に，失敗に対するフィードバック（ネガティブフィードバック）と創造性との関係性を分析している。そこでは，目標志向を調整変数として分析モデルに採用し，学習目標志向を持つほど，ネガティブフィードバックと創造性との関係は強化され，パフォーマンス回避目標志向を持つほど両者の関係は弱められることが示された。つまり，学習目標志向を持つ研究開発技術者にとっては，失敗に対するフィードバックは，失敗の原因に関する理解を促進し，以降の努力やモチベーションを維持する積極的な役割を果たすものだといえるだろう。Simmons & Ren（2009）ではリスクの高さと創造性との関係に目標志向が調整効果を持つことを検証し，He et al.（2016）と同様な結論を提示している。

以上のように目標志向を取り上げることで，過度に内発的モチベーションに依存した先行研究に対して新たな展開を示唆しているといえるだろう。

4-7　創造性と心理的資本

心理的資本とはエフィカシー，オプティミズム，ホープ，レジリエンスの4つの下位次元から構成されるポジティブな心理概念である（Luthans et al., 2006; Avey et al., 2012）。4つの構成次元それぞれは心理学研究で検証されてきた概念でもあるが，それぞれは以下のような意味合いを持っている。

エフィカシーとは，挑戦的なタスクを成功させるために必要な努力を引き受ける自信があることを意味する。

オプティミズム（楽観）とは，現在や将来の成功について肯定的な帰属（属性）を持っていることを意味する。より分かりやすくいえば，成功した場合には自分自身に成功要因を求め，失敗した場合には環境や外部に失敗要因を求め，成功は繰り返されると期待する。

ホープ（希望）とはゴールに向かって継続的に努力し，必要であれば手段

や経路を変えることを意味する。過去の成功した経験に伴う，意思や経路から生まれる感覚に基づく肯定的な動機づけの状態を意味する。

　レジリエンスとは，課題や問題に悩まされていても，成功のために耐えたり，失敗から立ち直ったりすることを意味する。

　心理的資本は，業績や職務満足（Luthans et al., 2007），組織コミットメント（Luthans et al., 2008）といった望ましい成果にポジティブな影響を与えることが多くの実証研究から明らかになっている。同様に，望ましい成果のひとつでもある創造性と心理的資本（または構成する自己効力感などの4要素）との関連も指摘される（Avey et al., 2012; Rego et al., 2009）が，実証研究はいまだに多くはないのが現状である。

　Avey et al.（2012）は心理的資本に関する先行研究を踏まえ，心理的資本が創造性を高める変数であると考えた。同時に上司と部下の心理的資本が共変関係にあり，上司の心理的資本が高ければ，その部下の心理的資本も高くなることを想定した。以上の仮説をアメリカの従業員191人で検証したところ，上司の心理的資本が部下の心理的資本にポジティブな影響を及ぼすこと，部下の心理的資本が上司の心理的資本と部下の創造性（他用途テストの流暢性）とのポジティブな関係を完全媒介することが明らかになった。

　また，Hsu & Chen（2017）は，組織の創造的風土が個人の創造的行動につながるメカニズムを，心理的資本の観点から明らかにしている。すなわち，組織の創造的風土が心理的資本を高めることを通じて，個人の創造的行動が活性化されるというメカニズムを，台湾の16組織に所属する781人のサンプルから検証した。その結果，心理的資本は創造性を支援する組織風土が組織メンバーの創造性を高めるプロセスを完全に媒介することが確認された。

　したがって，個人の創造性を高めるためには，組織の雰囲気だけでなく，個人の心理的リソースをコントロールすることも重要であることが示唆される。

　我が国では，高階・開本（2022）が医療介護サービス業の従業員863人を対象に心理的資本と創造性との関係を検証している。心理的資本のうちホープを除く3次元がいずれも従業員の発揮する創造性を高めることが指摘され，とくにエフィカシーの影響が強いことが明らかとなっている。

以上のように，心理的資本と創造性とのポジティブな関係を示す実証研究が蓄積されつつある。2000年代以降に台頭したポジティブ組織行動の潮流を背景に，創造性の規定要因としての心理的資本の信頼性や妥当性はかなりの程度高いものだと考えられる。特にHsu & Chen（2017）のように心理的資本を組織風土と創造性との関係を媒介する要因ととらえる研究枠組みは，組織風土が創造性を刺激するメカニズムを解明するものとして注目に値する。今後も心理的資本が創造性の規定要因として有望であるだけでなく，これまでの先行研究で明らかにされた他の規定要因と創造性との関係を結びつける媒介要因や調整要因としても採用されることで，創造性発揮のメカニズムがより精緻に解明されることが予想される。

　ただし，創造性を含むフロー，マインドフルネスといった変数も，心理的資本を構成する4つの要素に加えられる可能性が示唆される（Luthans & Youssef-Morgan, 2017）。創造性を心理的資本の結果変数ととらえる研究が現時点では主流であるが，心理的資本が創造性を包含する大きな概念であるとすれば，両者の関係性をとらえなおすことも求められるだろう。

【注】

1　Amabileは，創造性を規定する3要因として，①専門知識：いわゆる専門領域の知識やスキル。②創造性関連の知識：思考スタイル，作業スタイルなど。ある程度訓練や経験をつむことで高めることが可能で，あらゆる領域の創造性発揮に関係するスキル。③タスクモチベーション：内発的モチベーションまたは，外発的モチベーションを指摘している。また，Amabileは，「タスクモチベーションは，専門知識や創造性関連の知識と違い，社会環境によって，簡単に，かつ，即座に変化することがある」と指摘しており，3要因の中で，特に，タスクモチベーションに焦点があてられている。

2　感情と創造性の関係については，インフォメーショナル理論を援用して説明が行われている。インフォメーショナル理論では，感情は，自分のいる環境がどのような状況であるかを示すシグナル，または，情報であり，このようなシグナルや情報は，本人の考え方や行動を環境に適応するように調整する働きを持っているとされる。

第4章　認知アプローチ

━━ COLUMN 4　創造性のポテンシャルを顕在化させる

　創造性は才能や能力なのか，意欲なのか，それとも生み出された成果そのものに宿るのか。創造性をめぐるこれまでの研究はこうした根源的な問いに対して様々なアプローチで解決しようと奮闘してきた。

　第4章では特に創造性発揮のトリガーとなる人の心の動き（認知）をとらえようとする知見を紹介してきた。本書が前提とする人は，創造性を発揮するための基本的な才能や能力を誰しも一定レベルで持ち合わせていると考えている。したがって，重要なのはそれを顕在化しよう（したい）というトリガーとなる認知だと考える。

　人は誰しもできそうだという一定の自信がない限り，新たな行動や挑戦的な行動をとることはない。創造性の発揮にあてはめるならば，創造性発揮につながるような行動をとれる人は，そうした行動に対する自信を持ち合わせているということである。

　こうした自信を創造的自己効力感と呼ぶが，一人一人が生まれながらにして高いレベルの自己効力感を持っているわけではない。新たな一歩を踏み出すことで何らかの成果が得られたり，たとえうまくいかなかったとしても失敗の原因が明らかになり，次の挑戦では成功しそうな見通しが立ったりすれば自信が生まれる。

　誰もが独立して挑戦と成功によって自己効力感を獲得できることは望ましいが，現実はそれほど簡単ではないだろう。挑戦に躊躇する場面で周囲からの声掛けや応援があり，たとえ失敗しても次につながる内省が周囲とのコミュニケーションから得られ，成功の暁にはポジティブなフィードバックによる成長が促されるようなプロセスが理想的である。

　重要なことは，こうした挑戦を促す上司や同僚のサポート，成功した場合の肯定的なフィードバックと失敗したときの次の挑戦につながる気づきが得られる環境の整備である。挑戦しろとはっぱをかける一方で，実際に挑戦し失敗に終わった同僚や部下に対して否定的なフィードバックを投げかけたことはないだろうか。それでは，自信がつくどころか二度と挑戦しないでおこうと誓うに違いない。こうした逆効果となる事例は同僚や部下の観察を通じて，職場全体に広がっていくだけにたちが悪い。

　挑戦に対する自信を向上させるプロセスは，上司だけでなく人事制度によって補強することも可能である。たとえば，近年，MBOの一環として多くの組織で1 On 1などの手法が採用されている。上司と部下との間で頻繁にコミュニケーションをとることで，部下の目標達成をしっかりとサポートすることは，部下の自己効力感の向上にもつながる。また，人事評価の視点に，挑戦や失敗の経験を肯定的に

評価する指標を取り込むことも有益だと考える。KPIを設定しそれをクリアすることが高い評価につながる仕組みではなかなかリスクのある挑戦は生まれない。結果よりもリスクをとることを重視する評価ポリシーが，創造的自己効力感につながるよい挑戦や経験を促すのである。上司の役割意識や人事制度が創造性発揮に対する意欲を高めるようなベクトルを向いているかを改めてチェックすることが，創造的組織の構築の第一歩でもある。

第5章

社会環境
アプローチ

　これまでに概観した創造性研究は，パーソナリティ特性や思考能力，認知といった，個人の側面に焦点をあてて展開してきた。本章では，こうした個人側面を支える環境要因に関する創造性研究を振り返っていくこととする。特に近年では，組織，学校，家庭といった集団における社会的プロセスに着目した研究が大きな影響力を持ってきている（Runco, 2004）。たとえば，Hasirci & Demirkan（2003）は，個性を重んじ，単独作業を認め，誰もが平等に，かつ，容易にリソースへアクセスできるような学校デザインが，創造性を促すと主張している。すなわち，創造性発揮には一人一人のパーソナリティや思考能力など個人に関わる側面だけでなく、それらを活性化させ、発揮を促すような周囲の環境も等しく重要であることを示唆している。

　創造性を発揮する個人をとり巻く社会環境要因こそが創造性発揮を促進／阻害するという考え方を，本章では創造性研究における社会環境アプローチと呼んでいる。たとえば，Cummings（1965）をはじめ，Cummings & O'Connell（1978）や Basadur et al.（1982）では，リスクをとること，自由なアイデアの交配，メンバー同士の摩擦を認めること，従業員の参画といったことを，組織が奨励するべきであると示唆している。これらは，たとえ一人一人が創造性の高いポテンシャルを持っていたとしても社会環境次第でその発揮が左右されることを定量的調査によって明らかにしているという点で示唆に富むものといえる。一方で，数多くの社会環境要因が百花繚乱に提示され，体系的な議論が十分に行われていないともいえる。

133

こうした現状を踏まえて本章では，これまでの社会環境アプローチの諸研究の中から，Amabile の研究を中心に概観していくことにする。Amabile による研究が社会環境アプローチとして最も体系的であり，その後の関連研究の基礎となったと考えられるからである。

◇ 1　創造性と KEYS 尺度

1-1　Amabile による創造性の構成要素モデル

本項では，Amabile（1983a, 1996, 1998）の研究を中心に，創造性の環境アプローチを概観する。Amabile は，社会環境要因が創造性発揮に影響を与える際，内発的モチベーションが媒介するという仮説に基づき研究を進めており，この点に彼女の研究アプローチの特徴がみられる。

Amabile は，ビジネスにおける創造性が，以下の 3 要素によって規定されると指摘している。

①専門知識

　基本的な専門知識，技術的スキル，才能などを意味している。

②創造性スキル[1]

　認知スタイル，アイデア創出のための経験則，労働スタイルを意味している。

③タスクモチベーション

　タスクに対するモチベーションであり，内発的モチベーションを意味している。

創造性の構成要素モデル（図表 5-1）においては，第 1 に，専門知識と創造性の関係は，正の相関が想定されている。ただし，専門知識は適切に整理されるべきであり，単に量が多いという観点から評価されるべきではないと指摘し，単調増加の関係を想定していない。

第5章　社会環境アプローチ

図表5-1　Amabileによる構成要素モデル

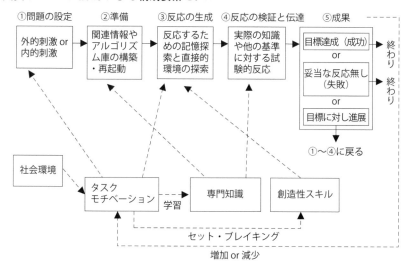

出所：Amabile（1996），p.113より筆者作成

　第2に，創造性スキルは，認知スタイル，アイデア創出のための経験則，労働スタイルという下位要素から構成される。認知スタイルとして，既成概念の打破（Wertheimer, 1959），新しい解決方法の探索（Newell & Simon, 1972），複雑さの理解・許容（Quinn, 1980），選択肢の留保（Csikszentmihalyi, 1988; Kuhn, 1963），判断の保留，分類基準を大括りにすること（Cropley, 1967），正確に記憶すること（Campbell, 1960），うまくいった方法をいったん壊すこと（Schank & Abelson, 1977），ひらめきや他者と違った見方に敏感であること（Koestler, 1964）が提示されている。

　アイデア創出のための経験則とは，問題探索の手間暇を削減するルールや方法を意味している。労働スタイルとして，タスクに対する長時間の集中や努力（Cambell & Willis, 1978），生産的な忘却（壁にあたった問題を一時的に忘れる），うまくいかない方法を捨てること（Simon, 1978），困難に対する耐性（Roe, 1953），高い活発性（Bergman, 1979）が提示されている。

　第3に，タスクモチベーションと創造性の関係について，高い内発的モチベーションがあってこそ，創造性が生み出されると想定している。逆に，外

発的モチベーションは，創造性を阻害するとしている。また，他者からの評価がなされない環境こそが，創造性を促進するために不可欠である（Rogers, 1954）との指摘もある。したがって，タスクモチベーションは，評価などの様々な社会環境要因によって，影響を受けると考えられる。すなわち，評価や報酬といった社会環境要因が，内発的モチベーションに影響を与え，結果的に創造性を規定するというのが，Amabile の立場である。

　次に，創造性の3要素の相互関係については，専門知識と創造性スキルが「なにができるかを規定し，能力，コンピテンシーを意味する」のに対して，タスクモチベーションは「なにをしたいかを規定し，やる気に関わる」というのが Amabile の解釈である。また，3要素と成果物の関係は，循環的であるとしている。つまり，当初の成果物によって決まる内発的モチベーションが，専門知識や創造性スキルのレベルに影響を与えるという側面もある。創造性が発揮されることによって，内発的モチベーションがさらに高まり，それが学習を促進し，専門知識がより一層向上するといった好循環である。このような循環においては，タスクモチベーションをコントロールすることが，成果を引き出すためには決定的に重要となる。内発的に動機づけられる状況は，タスクモチベーションを起点とする好循環によって創造性を促進し，外発的に動機づけられる状況は，逆に創造性を阻害する。こうした関係性をAmabile（1979）は，創造性の内発的モチベーション仮説[2]と呼んでいる。

　さらに，Amabile は，内発的モチベーションを通じて，創造性に影響を与える具体的なマネジメントスタイルとして，以下の6つを提示している。

①適切な仕事を割りあてる
　仕事と能力をマッチングすることによって，適切な成長を促し，有能感を刺激する。その結果，内発的モチベーションが高まり，創造性の発揮が促進される。
②仕事の方法や手順についての裁量権を与える
　目標の明確化と仕事遂行上の方法に関する裁量を与えることで，自己効力感が高まり，内発的モチベーションが刺激される。仕事に関する個人の裁量が，他の社会環境要因と相互作用し，創造性を促進する（Shalley,

第5章　社会環境アプローチ

1991; Zhou, 1998) ことが実証されている。

③適切に資源を配分する

　時間と資金を確保することで，新たなアイデアを探索するための時間や余裕が生まれる。

④多様性のあるチーム編成にする

　異質な専門能力や思考スタイルを持つ個人の集まりが，多様なアイデアや変わった組み合わせを生みだす。

⑤上司による奨励を行う

　部下に対する賞賛が，有能感や自己効力感を向上させ，内発的モチベーションを刺激する。支持的で非統制的なマネジャー（Oldham & Cummings, 1996; Andrews & Farris, 1967）や，変革型リーダーシップ（Shin & Zhou, 2003）といった上司の行動が創造性を促進する。特にタスクの新規性やフォロワーの積極性が高い場合には，変革型リーダーシップはより創造性を刺激する（Herrmann & Felfe, 2013）。また，変革型リーダーシップはアイデアの探索行動を刺激する一方，交換型リーダーシップはアイデアの深堀行動を促し，両リーダーシップの両立が重要（Zacher, Robinson & Rosing, 2016）との指摘もあることから変革型リーダーシップのみを取り上げることは留意すべきである。

⑥組織のサポート体制を充実させる

　金銭的報酬は，内発的モチベーションを阻害する可能性がある。また，情報共有や協働が内発的モチベーションを刺激する可能性がある。

　Amabile は，社会環境要因を個別に具体的に取りあげ，創造性に対してポジティブな影響があるのか，または，ネガティブな影響があるのかについても論じている。

　第1に，評価と創造性の関連について取りあげている。他者からの評価について，Amabile は，評価されているという感覚が，グループであれ，個々であれ，創造性を阻害すると解釈している。たとえば，Amabile, Goldfarb & Blackfield（1990）の研究では，評価と監視が創造性にネガティブな影響を与えることが指摘されている。ペーパーコラージュ（切り絵）で

137

の実験で、専門家が結果を評価すると知らされたグループの成果は、創造的ではなかった。同様に Bartis, Szymanski & Harkins（1988）も評価の統制的側面が強調されると被評価者は評価のプレッシャーを感じるため、創造性が低くなることを検証している。

　一方、評価の情報的側面が強調されると、創造性が高まるという指摘もある（Shalley & Perry-Smith, 2001; Eisenberger & Armeli, 1997）。つまり、評価の伝え方によっても、創造性は、影響を受ける。評価の伝え方であるフィードバックスタイルは、情報開示的か統制的かに分類されるが、情報開示的なスタイルでは、評価者が、受け手に対し協力的であり、受け手の創造性やパフォーマンスを開発する手助けをする。その結果、受け手は、フィードバックに対して前向きに反応する。他方、統制的なフィードバックスタイルは、受け手がある程度の創造性を発揮しなければならないという強い圧力を感じさせてしまう。つまり、受け手は、自分の行動が自発的なものではなく、他者により統制されていると感じるようになる。すなわち、情報開示的スタイルによりフィードバックが行われれば、従業員は、自身の有能さや自己決定が支持されたと知覚し、その結果、内発的モチベーションが高まり（Deci & Ryan, 1985）、高い創造性が発揮されるというのである。

　第2に、報酬と創造性の関連について取りあげている。報酬を得るためにタスクを行うことは、外発的モチベーションを刺激し、結果的に創造性を阻害する。たとえば、賞をとるために作業していると認識している子供の創造性は、そうでない子供よりも低かったこと（Amabile, 1982）、水の計量問題では、報酬のあるグループは、一定のやり方を長時間失敗しながら続ける傾向にあった（McGraw & McCullers, 1979）ことが報告されている。また、McGraw（1978）は、報酬に対する期待は、アルゴリズミックな作業の成果を高めるが、ヒューリスティックな作業の成果を阻害すると指摘している。一方で、Amabile（1996）は、報酬が、目立たないほどわずかであるか、内発的モチベーションが際立っている場合、統制というより、有能感を伝えるものとして認識される場合、または、タスク達成に見合っているという公平感が認識される場合には、阻害要因にはならないと指摘している。

　第3に、「他者の存在」、「モデリング」、「モチベーション志向」といった

要因と，創造性の関連についても取りあげている。まず，他者の存在に関しては，Barron（1986）やShalley（1995）が指摘するように，他者からの過剰な注目は，個人に対し，幅広い視点から課題をとらえるという認知行動を制限させ，タスクにのみ関心を向けさせ，既存のアルゴリズムを利用するといった認知的近道をさせてしまう。したがって，他者の存在は，多くの解決策を模索することを阻害し，結果的に創造性が発揮されないと予想される。ただし，他者が評価者でない場合，他者の存在が，創造性発揮に与える影響は軽微である（Shalley & Oldham, 1997）ことも指摘されており，他者の存在と創造性の関係については結論が一貫していないともいえる。また，Shalley（1995）は，単独作業の方が，他の5人と同じテーブルで作業するよりも，問題に対する解決策を多く生み出していることを確認し，グループでの問題解決が必ずしも創造性の発揮につながらないことを示唆している。同様に，Skilton & Dooley（2010）も，科学分野における継続的な協働作業によって，チーム内の人間関係が強くなると，アイデアの探索やディスカッションが制限されることにより，結果的に創造性が阻害されると指摘している。

　次に，モデリングに関して，ロールモデルが測定しようとする創造性と合致している場合にのみ，創造性を高めること，および，過度のモデリングは，長期的には創造性を阻害することがAmabileによって指摘されている。たとえば，創造的ロールモデルを提示された人々は創造的であると評価されようとする傾向にあると指摘されている（Simonton, 1975, 1984）。Harris & Evans（1974）は，あるタスクに対して創造的反応を提示された大学生は，一般的な反応を示された大学生よりも高い創造性を発揮することを確認した。同様に，Shalley & Perry-Smith（2001）も，モデリングが創造性に与える効果を検証している。彼（女）らの推論は，Bandura（1969）の社会的学習理論をベースにしており，創造的仕事モデルを手本として提示された個人は，そのモデルから創造的だと感じられる点について学習し，このことが創造的行動の発揮につながると主張している。

　最後に，モチベーション志向に関し，Amabileは，外発的モチベーション志向の者は，内発的モチベーション志向の者より，創造性において劣って

いると指摘している。この指摘から，先述のWPI尺度と創造性に関する議論が展開されるのである。その他にも，数多くの社会環境要因の影響が論じられており[3]，ここではそれらをすべて取りあげないが，代表的な要因として，教育，家庭環境，世代環境が指摘されている。教育では，オープンクラスや教師の生徒に対する関心の高さ，公的教育など，家庭環境では，兄弟間での出生順や両親との距離感，世代環境では，政治的安定，ある世代における卓越して高い創造性の持ち主の存在といったことが取りあげられている。これらは，いずれも本書の範疇を超えるため，これ以上の詳述は控える。

　以上のように，Amabileは，社会環境要因と内発的モチベーションの関連を特に重視し，内発的モチベーションを向上させる社会環境が創造性を促進すると考え，どのような社会環境が創造性を刺激するかについて研究を進めている。詳しくは次項以降で後述するが，Amabileは，このような社会環境要因を提示することにとどまらず，これらの要因を測定するため，KEYSと呼ばれる尺度を独自に開発している。KEYS尺度は，6次元の創造性促進要因と2次元の阻害要因から構成されている。KEYS尺度を用いて，創造性を促進／阻害する社会環境要因を定量的に分析する枠組みを提示したという点において，Amabileの貢献は大きく，以降の創造性研究に多大な影響を与えている。たとえば，競争環境が創造性にどのような影響を与えるかを検証したEisenberg & Thompson（2011）によれば，競争がむしろ内発的モチベーションや創造性にポジティブだと指摘している。その理由として，一定の専門知識を持った被験者に対してスキルの必要なタスクを行ってもらった場合と，Amabileらの研究にみられるように初心者が行えるタスクを行ってもらった場合との相違を指摘する。すなわち，初心者にとって競争環境は重圧になり創造性を阻害するが，専門家にとって競争環境は創造性を促進するというメカニズムである。専門家にとっては，競争環境にあることはむしろ内発的モチベーションを刺激する要因になりうるのである。

　以上から，KEYSについて詳しく見ていくことが必要となる。

1-2　KEYS尺度の開発

Amabile et al.（1996）は，創造性[4]に影響する社会環境要因を測定するKEYS尺度を開発し，その信頼性を検証している。

KEYS尺度の開発にあたり，Amabileは，いくつかの関連尺度を吟味している。たとえば，Organization Assessment Instrument（OAI）（Vande de Ven & Ferry, 1980）やWork Environment Scale（WES）（Insel & Moos, 1975）は，作業環境に対する認知を測定しているが，創造性との関連に焦点をあてていないと指摘している。Siegel & Kaemmerer（1978）の研究は，創造性に焦点があてられているが，学校の教師や生徒によるデータが検証されており，ビジネスで利用できるかどうかは定かではない。こうした背景から，Amabileは，独自の尺度を開発する必要性を感じるに至ったのである。彼女が提唱する創造性の構成要素モデル（Amabile, 1988）では，創造性に対する組織のモチベーション，リソース（創造性発揮のために活用できるあらゆるもの），マネジメントスタイル（自律性，挑戦性，目標の明確化など）という3つの組織変数が，創造性を規定するとされている。また，Woodman, Sawyer & Griffin（1993）は，個々の創造的行動は，グループ特性と組織特性という2つの社会環境要因によって規定されると指摘している。

こうした関連理論やAmabile自身のモデルを統合する中で，KEYS尺度の概念モデルは構築され，創造性に影響を与えると考えられる要因とそれに対応する質問項目から構成される。創造性と正の相関が予想される次元は，促進要因と呼ばれ，創造性と負の相関が予想される次元は，阻害要因と呼ばれる。具体的に，これらの要因に含まれる次元は，先行研究や120人の研究開発技術者に対する臨界事象法によるインタビュー結果から抽出されている。

まず当初のインタビューにおいて抽出された各次元を詳細にみていこう。第1に，「創造性の奨励」は，先行研究でもっとも言及されている次元であり，「組織的奨励」，「上司による奨励」，「グループによる奨励」という3つの下位次元から構成されている。すべて創造性に正の影響を与えると想定されている。組織的奨励とは，リスクや新しいアイデアを奨励したり，公正で支持的な評価をしたり，創造性を承認し，報酬を与えたりすることである。

上司による奨励とは，目標の明確化，上司とのオープンな関係，チーム作業やアイデアに対する上司の支持を意味する。特に，上司と部下との関係の良好さは，自己効力感を通じて，創造性を促進する（Liao, Liu & Loi, 2010）ことや対人的公正を通じて創造性を促進する（Hannam & Narayan, 2015）ことが検証されている。グループによる奨励とは，メンバーの多様性，アイデアに対するオープンな態度，プロジェクトに対する高いコミットメントを意味する。

第2に，「十分なリソース」が指摘されている。リソースを十分に与えることは，プロジェクトの創造性を高めることが多くの研究で指摘されている（Cohen & Levinthal, 1990）。また，十分なリソースを割りあてられているという認識は，メンバーに当該プロジェクトの重要性を認識させる。

第3に，「自律性・自由」に関して，いくつかの研究では，日常的な作業方法に高い自律性を与えること，作業やアイデアに対する所有意識や自己調整しているという感覚を与えることは，創造性に正の影響を及ぼすことが指摘されている（Bailyn, 1985など）。

第4に，「プレッシャー」である。Amabile は，過度の仕事負荷や困難さをプレッシャーの下位次元として採用している。過度の仕事負荷は，創造性に負の影響を与えるが，挑戦性は，創造性に正の影響を与えると想定されている。

第5に，「組織的阻害要因」である。いくつかの研究では，組織内の競争，保守主義，厳格なマネジメント構造といった要因は，創造性を阻害すると指摘されている（Kimberley, 1981; Baer et al., 2010など）。従来の研究では，促進要因ばかりに焦点があてられているが，Amabile は，阻害要因もモデルに取り入れている点が特徴的である。

以上のモデル構築を踏まえ，Amabile et al.（1996）は，KEYS の信頼性，および，構成概念妥当性を分析した。まず，信頼性分析を行うため，12,525人のサンプルが収集された。このうち，9,729人は，CCL[5]の参加者とその同僚で，残りの2,796人は，様々な産業に属する21組織の従業員である。データは1987年から1995年にかけて収集されている。KEYS の質問項目は，先行研究や Amabile et al.（1996）の行った臨界事象法によるインタビュー結

果から作成されているが、その後、4度の改訂を経ている。その結果、78項目の設問に収れんされることになった。そのうち66項目は、職場環境を尋ねた質問、12項目は成果（創造性と生産性）を尋ねる質問となっている。

こうして開発された78項目に対する回答結果を因子分析した結果、図表5-2に掲げる8つの次元が抽出された。前述のとおり当初5つの次元からKEYS尺度の開発が始まっているが、因子分析などの結果を踏まえ、6次元の促進要因と2次元の阻害要因が抽出され、それぞれがKEYS尺度を構成する次元となった。促進要因としては、「組織的奨励」、「上司による奨励」、「グループによる奨励」、「十分なリソース」、「挑戦的な仕事」、「自律性」が抽出された。阻害要因としては、「組織的阻害要因」と「過度な仕事負荷」が抽出された。

また、各次元の信頼性係数は、$a = .66 \sim .91$と十分に高かった。再テスト法による信頼性も高く、KEYS尺度の信頼性は高いと判断されている。さらに、KEYS尺度が職場環境を測定しており、回答者のパーソナリティ特性を測定するものではない。このことは、KAI尺度やWPI尺度といったパーソナリティ特性を測定する尺度とKEYS尺度との相関がないことから検証されている。

次に、KEYS尺度の妥当性を検証するため、以下の2つの仮説が検証された。

仮説1：創造性の促進要因であると考えられる変数の評定値は、高創造性プロジェクトにおいては、低創造性プロジェクトより有意に高い。
仮説2：創造性の阻害要因であると考えられる変数の評定値は、高創造性プロジェクトにおいては、低創造性プロジェクトより有意に低い。

上記仮説を検証するため、アメリカのハイテク企業（従業員30,000人以上）において、以下の3フェーズからなる調査が実施された。フェーズ1では、選抜されたミドルマネジャーが、過去3年間で自ら関わった高創造性プロジェクトと低創造性プロジェクトを判断し、KEYS尺度にも回答した。フェーズ2では、フェーズ1で選択されたプロジェクトが、本当に創造的で

図表5-2　KEYS尺度

		次元名（項目数）	内容説明	項目例
独立変数	促進要因	組織的奨励（15）	創造性を促進する組織文化を意味しており，アイデアに対する公正で支持的な評価，創造的な仕事に対する報酬と評価，新しいアイデアを発展させるメカニズム，アイデアの活発な流れ，組織ビジョンの共有を通じて，創造性を促進すること	メンバーは，この組織において創造的に問題を解決することを奨励されている。
		上司による奨励（11）	上司によるお手本としての役割，適切な目標設定，チームへの支持と信頼，個人の貢献を重視することで，創造性を促進すること	私の上司は，良いロールモデルとしての役割を果たしている。
		グループによる奨励(8)	多様でスキルの高いチームメンバー，良好なコミュニケーション，新しいアイデアや建設的な挑戦に対するオープンな態度，メンバーの相互援助・信頼関係，プロジェクトに対するコミットメントがみられること	私のチーム内では，自由でオープンなコミュニケーションが行われている。
		十分なリソース（6）	資金，材料，施設や情報などの十分なリソースにアクセスできること	通常，私は必要なだけのリソースを手に入れることができる。
		挑戦的な仕事(5)	挑戦的な仕事や重要なプロジェクトに対して一生懸命に取り組むべきだという意識が育まれていること	私が今行っている仕事は，挑戦的な仕事だと思う。
		自律性(4)	どんな仕事をどのように行うかを決定する自由。仕事をコントロールしているという感覚があること	私は，自分のプロジェクトをどのように実行するかを自由に決めている。
	阻害要因	組織的阻害要因（12）	創造性を阻害する文化を意味しており，社内政治問題，新しいアイデアに対する厳しい批判，不毛な内部競争，リスク回避，過度な現状維持の強調があること	この組織には，政治的な問題がたくさんある。
		過度な仕事負荷（5）	過度な時間に対するプレッシャー，生産性への非現実的期待，創造的仕事からの逸脱があること	私は，わずかな時間でやりきれないほどの多くの仕事を抱えている。
成果変数		創造性(6)	多くの創造性が求められており，実際にメンバーが創造的な仕事をしている組織，または，作業単位	私の関わっている仕事は革新的である。
		生産性(6)	能率的，効果的，かつ，生産的な組織，または，作業単位	この組織において，私の関わっている仕事は効果的である。

出所：Amabile et al.（1996），p.1166より筆者作成

第5章　社会環境アプローチ

あったかどうかを検証するため，外部の専門家にプロジェクトの創造性を評価してもらった。フェーズ3では，調査の目的を知らない回答者によって，フェーズ1と同じ分析が行われた。具体的には，フェーズ1のうち，いくつかのプロジェクトを選択され，そのプロジェクトのメンバーがKEYS尺度に回答した。もちろん，フェーズ3での回答者は，創造性に関する調査であることやプロジェクトが創造的であったかなどの情報は提供されていない。

　フェーズ1の有効回答率は，42％であり，合計306プロジェクトのデータが得られた。高創造性プロジェクトでは，KEYS尺度の成果変数である「創造性」と「生産性」が，共に低創造プロジェクトより高かった。特に，挑戦的な仕事，組織的奨励，グループによる奨励，自律性，組織的阻害要因の6つの次元では，高創造性プロジェクトと低創造性プロジェクトとの間に有意な相違がみられた。一方，十分なリソースと過度な仕事負荷は有意であるが，前述の6次元ほど大きな相違がみられなかった。また，プロジェクトの性質（技術的または非技術的），期間，サイズ，場所といったコントロール要因は，上記の結果に影響していなかった。以上から，仮説1および仮説2が支持されたと解釈できる。

　フェーズ2では，プロジェクトの創造性が，3人以上の専門家により評価された。94プロジェクトのデータが得られ，専門家から高創造性プロジェクトであると評価されたプロジェクトの創造性得点は，低創造性プロジェクトよりも有意に高かった。したがって，フェーズ1のプロジェクト選抜は妥当であり，フェーズ1の仮説検証の結果は，より頑強であると判断できる。

　フェーズ3では，フェーズ2において選択された94プロジェクトのうち，①評価者がプロジェクトをよく知っていると回答した，②平均値±0.5標準偏差の範囲に収まるプロジェクトを除外，③フェーズ1とフェーズ2で異なる評価がなされたプロジェクトを除くという3基準を満たすプロジェクトのみが選ばれた。その結果抽出された36プロジェクトのうち，メンバーがすべて特定できた24プロジェクトのメンバーに，KEYS尺度に回答してもらった。最終的に，回答者は170人となり，各次元の信頼性係数は，$\alpha=.66 \sim .93$となった。フェーズ1と同様の分析を行った結果，仮説1と仮説2は，おおむね支持された。ただし，十分なリソースと過度な仕事負荷については，有

145

意な差がみられないため，これらの下位次元についての仮説は支持されなかった。

　以上の分析を踏まえ，Amabile et al.（1996）は，次のような結論を提示している。第1に，KEYS尺度は，職場環境に対する認知が創造性に与える影響を測定する適切な尺度である。第2に，創造性に影響を与える社会環境要因は，挑戦的な仕事，組織的奨励，グループによる奨励，上司による奨励，組織的阻害要因の5つである。挑戦的な仕事，グループによる奨励，組織的阻害要因については，従来の研究ではあまり言及されていないが，挑戦的な仕事とグループによる奨励の影響力は相対的に大きい。第3に，創造性に影響を与えると仮定されたにもかかわらず，過度な仕事負荷，自律性，十分なリソースについては，統計的に有意な結論は得られなかった。自律性と十分なリソースについては，従来の研究で言及されることが多かったが，その妥当性は十分に検証されなかった。

　さらに，Amabile et al.（1996）が指摘するように，職場環境と創造性の因果関係を直接的に説明できていない点，先入観によるバイアス，ハロー効果，結果の一般性といった課題も残されている。特に，彼（女）らの分析では，平均値の大小関係によって仮説の検証を行っており，必ずしも相関や因果関係を検証していない。創造性の高低は検証できたが，果たして，職場環境の向上が，創造性を促進／阻害するのかという点は現時点では十分に検証されていない。

　この課題に対応するため，Amabile & Conti（1999）は，時系列で創造性とKEYS尺度の関係を検証している。具体的には，組織のダウンサイジング（リストラやレイオフ）の前，途中，完了時，完了後しばらく経過した時という4つの時期に，KEYS尺度と創造性の高さを比較分析した。調査は，1993年から1995年にかけて，754人を対象に行われ，ダウンサイジングの進行と共に，KEYSの促進要因は低下し，阻害要因は上昇していること，および，創造性が低下していることを明らかにしている。こうした時系列分析によって，彼（女）らは，KEYS尺度と創造性の因果関係を実証することにある程度成功したといえる。ただし，彼（女）らの分析においても，KEYS尺度や創造性の高さを比較することにとどまっており，因果モデル

の推定までは踏み込んでいない。したがって，社会環境要因と創造性との因果関係を検証した研究蓄積が今後求められるだろう。

◆ 2　KEYS 尺度の基礎研究

前節のとおり，KEYS 尺度は，一定の信頼性，妥当性を伴う確立したテストであると考えられる。本節では，KEYS 尺度の基礎となった2つの実証研究を取りあげ，KEYS 尺度の開発プロセスの概説をしていく。

Amabile & Sensabaugh（1992）は，研究開発における成功プロジェクトと失敗プロジェクトに関するインタビュー調査によって，創造性にポジティブ，または，ネガティブに影響する要因を明らかにしている。具体的には，アメリカ，カナダ，メキシコ，ヨーロッパの数十社の研究者120人にインタビューを行っている。インタビューは，20分程度で個別に行われ，高い創造性を発揮できた出来事と低い創造性しか発揮できなかった出来事を尋ねている。特に，プロジェクトに関わった人や職務環境に焦点があてられた。回答は録音後，文書化され，4つの主要なカテゴリーに分類され，さらに，主要なカテゴリーごとに2人の第三者によってサブカテゴリーに分類された。彼（女）らによる分類結果は，相互に十分に一致していた。したがって，分類そのものの信頼性は，ある程度確保されたといえる。分類結果から明らかになった4つの要因は，以下のとおりであった。

①創造性の環境促進要因
　　当事者の外部（環境）に存在し，創造性を促進する要因[6]
②創造性の環境阻害要因
　　当事者の外部（環境）に存在し，創造性を阻害する要因[7]
③創造性を促進する個人特性
　　当事者の内部（自分自身）に存在し，創造性を促進する要因[8]
④創造性を阻害する個人特性
　　当事者の内部（自分自身）に存在し，創造性を阻害する要因[9]

上述のテーマのうち，①と②，および，③と④がそれぞれペアになってお
り，各ペアの前者は促進要因，後者が阻害要因である。インタビューの結果，
個人特性も重要ではあるが，それ以上に創造性を促進／阻害する社会環境要
因が成果を規定するという言及が頻繁にみられた。調査対象者は，研究所の
研究者であり，彼（女）らには十分な専門知識や能力が備わっているにもか
かわらず，創造性の発揮レベルが異なっていたことからも，社会環境要因の
重要性が示唆された。また，インタビュー結果は，研究開発における創造性
は，高いモチベーションを持つ研究者が，制約された状況よりも自由な雰囲
気の中で研究をする際に生じるという，創造性の内発的モチベーション仮説
を支持するものであった。

　以上のように，Amabile & Sensabaugh（1992）は，創造性に与える社会
環境要因の重要さを確認した。これが前節で紹介したKEYS尺度として結
実するのであるが，Amabile et al.（1996）は，KEYSの構築の詳細なプロ
セスについては明らかにしていない[10]。そこで，KEYSの前身となったWEI
（Work Environment Inventory）尺度の開発プロセスと項目例を取りあげ，
KEYS尺度に関する情報を補完することが必要であろう。

　WEI尺度の開発には，203人の研究開発者に対し，創造性を発揮できたイ
ベントと創造性をうまく発揮できなかったイベントについてインタビューが
行われた。インタビュー結果を内容分析し，4つのカテゴリー（創造性促進
の社会環境要因，創造性阻害の社会環境要因，創造性を促進する個人特性，
創造性を阻害する個人特性）に分類している。インタビューで得られたイベ
ントのうち，3分の2は社会環境要因に関するものであったため，社会環境
要因のみが注目されることになった。当初は9つの環境促進要因と9つの環
境阻害要因が提示されたが，最終的には，8つの促進要因と4つの阻害要因
に集約され，各要因に対し3〜11個の質問項目（合計101問）が作成された。
さらに，創造性と生産性を測定する質問項目が付け加えられた。質問項目に
対する回答は，4点尺度で測定された。因子分析の結果，最終的には8因子
が以下のとおり特定されたのである。

①組織的奨励

　組織による創造性の奨励や支持である。新しいアイデアを奨励し，公正に評価する開放的な雰囲気があり，創造的な仕事が評価される。リスクをとることや独創的に問題を解決することが奨励される。質問項目には，「この組織では，創造的に問題解決がなされる」，「この組織では，新しいアイデアが奨励される」などがある。

②上司による奨励

　上司が部下を支持し，コミュニケーションをとったり，明確な目標を設定することである。質問項目には，「私の上司は，個々のプロジェクトへの貢献を評価してくれる」，「私の上司は私の全体的目標を明示してくれる」などがある。

③グループによる奨励

　チームワーク，助け合おうという意志，仕事へのコミットメント，同僚に対する信頼である。質問項目には，「一緒に働いていている仲間に対する信頼がある」，「私の職場では，建設的なやり方でお互いのアイデアにチャレンジしている」などがある。

④挑戦的な仕事

　仕事が魅力的で，挑戦的であることである。質問項目には，「私が今取り組んでいる仕事は挑戦しがいがある」，「私は今取り組んでいる仕事が重要だと思う」などがある。

⑤仕事のプレッシャー

　組織の中で，非現実的なレベルの達成期待があったり，プロジェクトに集中できないことが多かったり，プロジェクトにあてる時間があまりにも少なかったりすることである。質問項目には，「この組織には，業務遂行量に関して非現実的な期待がある」，「この組織では，プロジェクト遂行に際し，集中できないことがあまりにも多い」などがある。

⑥自由

　いかにタスクを遂行するのかを決定する自由，仕事やアイデアを自分自身で統制しているという感覚を意味している。質問項目には，「私は，自分のプロジェクトをどのように進めるかについての自由がある」，「私は

日々の仕事において，自分の考えや仕事を自らコントロールしているという感覚がある」などがある。

⑦組織的阻害要因

　建設的でない批判，政治的問題，アンフェアな評価といった創造性を阻害する組織的要因である。質問項目には，「この組織の問題は，非建設的な批判が多いことである」，「この組織の人間は，自分の縄張りを守ることに一生懸命である」などがある。

⑧十分なリソース

　設備，装置，情報，資金，人材を含む適切なリソースにアクセスできるかどうかである。質問項目には，「私は，仕事に必要なリソースを手に入れることができる」，「私が仕事上必要な情報は容易に手に入る」などがある。

　以上のように，WEI 尺度も KEYS と同様に，定量データを用いた因子構造が検証されているため，創造性に影響を与える社会環境要因を測定する有益な尺度であるといえる。加えて，尺度の開発プロセスや因子構造が明確に示されているため，実用的にも学術的にも応用可能性が高いといえよう。

◇ 3　その他の尺度

　前節までは，社会環境要因を測定する尺度として KEYS 尺度を中心に紹介してきたが，以下ではその他の尺度をみていこう。

　まず，Creative Climate Questionnaire（CCQ 尺度）を紹介しよう。Ekvall（1996）は，当初，192人の研究者，技術者，マーケティング担当者を対象とし，その後，改訂版では，234人の研究者，技術者を対象に，10次元50項目の尺度を開発した。10次元のうち 9 次元は，創造性を促進する要因として定義され，残りの 1 次元は，創造性を阻害する要因として定義された。具体的には，「挑戦」，「自律性」，「アイデアのサポート」，「信頼とオープンさ」，「ダイナミズム」，「遊び心とユーモア」，「議論」，「対立」，「リスクを冒すこと」，「アイデア創出のための時間」である。その後，英語版 CCQ 尺度

第5章　社会環境アプローチ

を作成するにあたり，10次元のうち「ダイナミズム」が削除され，9次元構成となり，名称もCCQ尺度からSituational Outlook Questionnaire（SOQ尺度）と改称された（Isaksen, Lauer & Ekvall, 1999）。CCQ尺度は，標準値やマニュアルが十分に整備されていないことや，組織単位の測定尺度であるにもかかわらず，部門や部署単位でのデータ収集が行われるといった測定方法に問題を抱えている。また，当初の10次元の出所については明確に記述されていない。CCQ尺度の妥当性を検証するために，イノベーションの活発な組織とそうでない組織を分類し，CCQ得点に相違がみられるかどうかを検証するタイプの研究が散見される。しかしながら，イノベーションの測定について，具体的な記述や定義がないため，恣意的に業績変数のデータを収集したのではないかという批判さえみられる。したがって，CCQ尺度の信頼性，および，妥当性を評価するには，十分情報がないといわざるを得ない。

　次に，Anderson & West（1994）のTeam Climate Inventory（TCI尺度）を取りあげよう。TCI尺度は，もともとイノベーションを促進するようなチームの雰囲気を測定し，イノベーションの活発なチームを構築することを目的として開発された。TCI尺度は，「ビジョン」，「参加と安全[11]」，「タスク志向[12]」，「イノベーションのサポート」の4次元構成で，先行研究から収集された項目と，独自に考案された項目から構成されている。当初，TCI尺度は，61項目で構成されていたが，その後，38項目の縮小版も開発された。項目の選抜に際しては，相関の高い項目や他の尺度と相関の少ない項目が選択されている。縮小版については，複数の言語に翻訳され，健康福祉分野で多数のサンプルを用いた実証分析が行われ，標準化やマニュアルの整備も行われている。

　TCI尺度の次元構成については，5次元とする因子分析結果もみられるが，おおむね想定した4次元が抽出されている。TCI尺度の各次元の信頼性係数は，a=.80を超えており，信頼性は高いと考えられるが，次元間の相関がr=.35～.62とやや高くなっている。これは縮小版においても同様の傾向にある。また，再検査法による信頼性分析の結果は，r=.34～.61とやや低い相関係数となっている。また，妥当性については，2種類の外的基準変数を

用いて検証されている。ひとつは，チームに所属するメンバー自身による革新性の自己評定であり，もうひとつは，病院でのイノベーション（新しいアイデアの実施または提案）に対する専門家30人による第三者評定である。その結果，すべての TCI 次元は，イノベーションの自己評定，および，第三者評定と有意な相関を持つことが示された。特に，重回帰分析の結果，TCI次元の中で，イノベーションのサポートが，もっともイノベーションを規定する程度が高いことが明らかになった。

　同様に，West et al.（1998）では，イギリスの大学研究者（合計1,095人）を対象に，専門家が評価した研究業績の高さと TCI 尺度との相関が検証されている。その結果，TCI 尺度のうち，イノベーションのサポート，および，タスク志向の２次元が，研究業績の高さと有意な正の相関を示した。また，Burringham & West（1995）では，石油企業の従業員13グループの59人を対象に TCI 尺度の妥当性が検証されている。この研究では，それぞれのグループの革新性を，アイデアの新しさ，アイデアの数，アイデアの重要性，アイデアの有効性という４つの観点からグループをよく知っているグループ外の従業員が評価し，その結果を外的基準変数として採用している。その結果，イノベーションのサポートのみが有意な説明力を持つことが示された。さらに，Bain & Pirola-Merlo（2001）の妥当性分析では，オーストラリアの企業で，研究チーム（98人）と開発チーム（95人）を対象に，TCI尺度とイノベーションの関係が分析されている。イノベーションは，チームのリーダーへのインタビューとチームメンバーに対するアンケート調査によって評価されている。分析の結果，研究チームでは，TCI 尺度とイノベーションには有意な関係がみられたが，開発チームでは，有意な関係は得られなかった。

　さらに Mathisen, Martisen & Einarsen（2008）は，チームメンバーの創造的パーソナリティ，TCI 尺度によるチームのイノベーティブ風土，チームのイノベーションとの関係を分析している。北欧のテレビ製造会社の29チームを対象に分析したところ，TCI のビジョンがチームメンバーのパーソナリティとチームのイノベーションとの関係を媒介することが明らかになった。

第5章　社会環境アプローチ

　以上の TCI 尺度に関する研究をまとめると，TCI 尺度は妥当性や信頼性検証を実施しており，尺度として充分に実用に足るものであると判断できる。TCI 尺度はその後，チームレベルのイノベーション風土を測定する尺度として，最も広く実証研究で採用されることとなった（Newman et al., 2020）。

　3つ目の尺度として，Siegel & Kaemmerer（1978）の Siegel Scale of Support for Innovation（SSSI 尺度）を取りあげよう。SSSI 尺度は，創造性を促進する作業環境を従業員の認知から測定する尺度として開発され，5つの下位次元「リーダーシップ」，「オーナーシップ」，「多様性規範」，「継続的開発」，「一貫性[13]」から構成される。項目作成にあたり，10人の大学院生にそれぞれの因子に関連のありそうな文章を225個考案してもらった。高校生（創造的な高校とそうでない高校）に，225項目の質問について回答してもらい，相関の低い項目を削除しながら因子分析を行うことで，最終的には61項目となった。

　ところが，因子分析の結果，想定した5因子構造はみられず，3因子または，1因子モデルと解釈できる結果となった。また，a 係数，再テスト法による信頼性係数などの情報も提示されていない。さらに，妥当性については，いくつかの次元では，イノベーティブな組織とそうでない組織との間に有意な相違がみられたが，5次元すべてについて検証した実証分析は，これまでのところみあたらない。したがって，SSSI 尺度の有用性については，やや疑問が残る。課題として，項目作成も実証分析も，学生を対象にしたものであり，社会人全般への適用可能性が検証されていないことや，因子分析の結果から，1因子構造ではないかという解釈が妥当であり，想定した因子構造に大きな疑問符がついていることが指摘できる。

　以上のように SSSI は尺度として問題が多く普及しなかったが，その後，この61項目をベースにした Scott & Bruce（1994）によるイノベーション風土尺度（Climate for Innovation Scale）が作成され，多くの実証研究で採用された（Newman et al., 2020）。この尺度は「イノベーションへのサポート」（16項目）と「リソースの供給」（6項目）という2因子によって構成され，前者は新しい技術やアイデアに対して開放的であることやチームメンバーの多様性への受容などを意味し，後者は組織から提供されるリソースが

153

十分であることを意味する。Scott & Bruce（1994）は因子分析を繰り返し行いながら項目の選抜を行い，最終的な22項目を作成し，それぞれの因子の信頼性は十分満足できるものであったと指摘している。SSSI には課題が多かったが，それをベースに Scott & Bruce が開発したイノベーション風土尺度は一定の信頼性を確保できているといえるだろう。それゆえ，その後実証研究でも数多く採用されているのであるが，22項目のうちすべてを採用した研究だけでなく，縮小版や一部の項目と独自の項目を合成した尺度の利用など，採用の仕方は多様である（Newman et al., 2020）ことには留意すべきだろう。

　第 4 の尺度として，Mayfield & Mayfield（2010）による CEP（Creative Environment Perceptions）を取り上げよう。CEP は従業員が認知する創造的環境を測定する尺度であり，その狙いは研究開発などの高い創造性を求められる状況ではなく，日常的な職務の中で発揮されるありふれた創造性（たとえば，マネジャーが新しい従業員表彰制度を作る，営業担当者がより面白いセールスプレゼンを行うなど）に焦点をあてて作成されたという特徴を持つ。

　研究開発などの高度な創造性発揮には高い内発的モチベーションが求められるが，日常的な創造性は必ずしもそうではないことから，高度な創造性とありふれた日常的な創造性を促進する環境要因は異なるのではないかと Mayfield & Mayfield は考えたのである。加えて，これまでの環境要因を測定する尺度は質問項目が多く調査に時間がかかるが，CEP は 9 項目と非常にコンパクトである点も特徴的である。

　尺度開発にあたり，232人のアメリカの大学院・学部生（いずれも有職者か過去仕事の経験あり）を対象にデータを収集し，「創造性支援」，「職務特性」，「創造性の障害」という 3 因子が抽出された。創造性支援とは，同僚，上司，組織全体から創造性発揮のための努力をどの程度奨励されているかを測定する因子である。職務特性とは職務構造（職務デザインや責任）がどの程度創造性を促進しているかを測定する因子である。創造性の障害とは組織のポリシー，政治，時間的制約が創造性をどの程度阻害しているかを測定する因子である。

CEP の具体的な質問項目は，以下の9項目である。

創造性支援

1. 上司は創造的であるように奨励している。
2. 私の所属するチームは新しいやり方に対して支持をしてくれる。
3. 私の所属する組織は創造的に働くことを奨励している。

職務特性

4. 私は仕事を遂行するために必要なリソースを有している。
5. 私の仕事は挑戦的である。
6. 私は自分の仕事を自分でコントロールすることができる。

創造性の障害

7. 私の組織における政治的動きは創造性の発揮を困難にしている。
8. 私の組織の方針は職場での自発性を阻害している。
9. 仕事の締め切りによって創造性の発揮が困難である。

　その後 CEP を採用した実証研究は少ないながらも複数みられ，たとえば，123人の大学生を対象に実験が行われ，CEP と創造的な成果との間には中程度の正の相関関係があることが確認されている（Chang et al., 2016）。

　以上のように，KEYS 尺度以外にも様々な社会環境を測定する尺度が開発されてきたことが明らかとなった。特に，TCI 尺度と KEYS 尺度については，心理測定上，様々な組織において十分な実証研究が蓄積され，マニュアルなども整備されている。したがって，両尺度については，十分に科学的で利用価値も高いといえる。ただし，前者はイノベーションと環境の関係に，後者は，創造性と環境との関係に焦点があるという相違がある。つまり，KEYS 尺度では，アイデアの生成に焦点があてられ，TCI 尺度ではアイデアの生成だけでなく，アイデアの遂行や実現にも重点が置かれている。また，前者はチームレベルに，後者は個人レベルに分析の焦点があてられていることも相違点として指摘できるだろう。

最後に，本章で取りあげた尺度の課題を以下にまとめておく。

　第1に，SSSI尺度，CCQ尺度については，理論ベースの因子構造が，因子分析によって検証されてない。TCI尺度やSSSI尺度では，各因子間の相関は高いことからも，これらの尺度が，理論的に想定される因子よりも少ない因子で構成される可能性を否定することはできないだろう。ただし，SSSIをベースに作成された尺度やTCIはその後の実証研究で活発に利用されている。理論的に予測された因子がすべて確認されたわけではないが，実証研究の蓄積の中で因子分析が行われ，一定の信頼性が確保されているといえるだろう。

　第2に，これらの尺度に共通する課題としては，環境要因の創造性やイノベーションに与える影響力（説明力）が，環境要因以外の変数をモデルに投入して分析していないため不明である点があげられる。この点について，Bunce & West（1995）は，パーソナリティ特性，モチベーション，職場環境という3変数を独立変数とするモデルを構築し，それぞれの変数のイノベーションに対する説明力を検証している。その結果，パーソナリティ特性が，職場環境よりも説明力が高かったと指摘している。一方，Amabile & Conti（1999）においては，KEYS尺度で測定した職場環境がダウンサイジング時の創造性の低下を十分に説明していることが指摘され，職場環境が創造性をより強く規定していることが示唆されている。このように，環境要因の創造性に対する説明力については，様々な解釈がなされており，今後さらなる実証研究の蓄積が必要であろう。

【注】

1　Amabile（1996）では，skillという用語からprocessという用語へ変更されているが，本書ではオリジナルに従って，skillを用い，「スキル」と邦訳している。

2　Amabile（1996）では，創造性の内発的モチベーション仮説を修正している。すなわち，内発的モチベーションは，創造性を促進し，コントロール志向の外発的モチベーションは，創造性を阻害するとしている。ただし，情報志向や権限委譲志向の外発的モチベーションは，内発的モチベーションが高い場合には，創造性を促進する。つまり，外発的モチベーションをコントロール志向と情報・権限委譲志向とに分類し，両者の創造性に対する影響が異なることを仮説に取り入れているのである。

第5章　社会環境アプローチ

3　Amabile の指摘するその他の社会環境要因と創造性の関係は以下のとおりである。

①オープンクラスは，創造性へポジティブな影響がある。

②教師の個々の生徒への関心の高さとモデリングは，創造性へポジティブな影響を持つ。

③革新行動に対する権限委譲，上司の過度な介入がないこと，雇用の安定が創造性を促進する職場環境となる。

④兄弟間での出生順が創造性に影響を与えることがある。

⑤両親がルールや社会的立場に過度な関心を示さないことは，子供の創造性にポジティブな影響を与える。

⑥子供の自主性を尊重し，子供と適切な距離感を持って接することが子供の創造性にポジティブな影響を与える。

⑦公教育は，ある程度まで創造性を高めるが，一定以上の公教育はかえって創造性を阻害する可能性がある。

⑧ある世代に数多くの創造者がいれば，次世代の創造者も多くなる。

⑨ある分野で活躍するモデルとなる人物が多くなると，その分野での創造性の発揮は促進されるが，過度にモデルに依存すると，創造性は低下する。

⑩青年期における政治的不安定は，創造性を低下させる。

⑪競争が激しくなると，個々の創造性は低下する。

⑫遊びの要素がタスクに含まれると，結果的に創造性が高まる。

4　Amabile らは，イノベーションを，組織内で創造的なアイデアがうまく導入されることと定義し，創造性とは異なる概念であることを明記している。つまり，アイデアとして新奇で有用であれば，創造性ととらえるが，それが実際に組織内に導入される段階まで範疇に含めないということである。

5　Center for Creative Leadership の主催する研修。CCL は，アメリカのグリーンズボロに所在する研究・研修・コンサルティング組織である。

6　具体的な要因は次のとおりである。「自由」：回答者の3分の2超が指摘しているサブテーマであり，なにをするか，どのようにするかに関する自由度が，自己統制感を増大させる。「プロジェクトマネジメントの良さ」：回答者の過半数が指摘している。プランニング，明確なゴールや問題の設定，コミュニケーションの良さといったものが含まれる。「十分なリソース」：資金，設備，情報，人材といったリソースへの適切なアクセスを回答者の半数が指摘している。「種々の組織特性」：協同的な雰囲気，創造性に対する高い期待，失敗を許す風土，非官僚的な組織，といったものが3分の1超の回答者によって指摘されている。

7　具体的な要因は次のとおり。「種々の組織特性」：回答者の過半数が指摘している。不適切な報酬システムや組織文化，多すぎる会議，部門間の意思疎通のまずさなどである。「制約」：自由の対照であり，なにをするか，どうするかについての自由がない状態を意味する。半数の回答者が指摘している。「組織の無関心」：プロジェクトが成功するとは思われていないこと，熱意や関心が薄いこと。回答者の3分の1超が指摘している。「プロジェクトマネジメント

157

の稚拙さ」：計画のまずさや非現実的な目標設定，時間制約，まずいコミュニケーションなど。回答者の3分の1が指摘している。

8 具体的な要因は次のとおり。「セルフモチベーション」：内発的モチベーションが高く，熱意も没頭も高いレベルにある。「認知スキル」：問題解決能力が高い，分析能力，直観力があるなど。「リスク志向」：リスクをとることを好む，非伝統的なやり方を好むなど。

9 具体的な要因は，「モチベーションの欠如」，「スキルの欠如」，「柔軟性の欠如」である。

10 KEYS 尺度は，CCL による診断や研修に採用されているため，公開情報はかなり限定的である。

11 意思決定への参加や新しいアイデアを提示することでなんらかの危害を加えられない安心感がある状態。

12 高い業績目標，業績評価，アイデア生成という3つの下位次元から構成される次元であるが，チームが高い業績目標を掲げ，お互いに建設的な評価や批判によって，チームが活性化している状態を意味する。

13 目標と手段の一貫性を意味する。

COLUMN 5　一人一人の創造性をチームの創造性へつなげる

　本書では主として，創造性発揮の主体として個人を想定して議論してきた。しかし近年の創造性研究では，個人の創造性はもちろんのこと，チームやグループにおける創造性に焦点をあてることも増えている。

　第2章から第4章で述べたように創造性を生み出す要因として取り上げたパーソナリティ，思考能力，認知といった変数は個人ベースのものである。その点では創造性が一人一人の内面から発出するという理解が前提となることに疑いの余地はないだろう。

　一方で，経営実践や実務の観点から創造性をとらえる場合，一人一人の創造性発揮，たとえば新しいアイデアや提案が生まれることによって，最終的な新製品や業務プロセスの改善といった組織の成果につながることが肝要である。目新しいだけのアイデアがいくら生まれても，それが業務の効率性改善につながっていくなり，新製品やサービス，ひいてはイノベーションといった形で結実しない限り，企業において個人の創造性を高める意義は感じられないのである。

　そこで，個人の創造性をチームにつなげること，すなわち，一人一人の創造性発揮をチームや集団につなぐことが重要となる。本書の改訂にあたっては初版の創造性発揮モデルにチームという要素を加えることで，個人の創造性をチームにつなぐことの重要性を提示している。

　近年の研究成果で明らかになったように，個人レベルでは創造性にポジティブな効果を持つ変数であっても，チームレベルで見れば必ずしも創造性を高めない変数が存在することにも留意すべきである。たとえば，チームのメンバー個々人全員の創造的自己効力感が高いチームと創造的自己効力感のばらつきのあるチームでは，必ずしも前者の創造性が高いわけではないのである。

　ダイバーシティ&インクルージョンを高める経営的意義として，多様性がアイデアや視点の多様性を生み出し，イノベーションが活性化するといった指摘がされる。平均的にはそのような指摘はおおむね正しいかもしれないが，チームの創造性発揮はそれほど単純ではない。多様なアイデアが出され議論が活発になることは，創造性発揮の刺激となる可能性も，メンバー同士の対立やアイデアの奇抜さの競争といった混乱につながる可能性もあるのである。

　個人の創造性をチームの創造性へうまく転換していくためには，チームの組織風土やリーダーシップの在り方といった別の要因にも配慮することが重要である。決して，クリエイティブ人材を集めれば，チームから素晴らしいビジネスモデルや新製品のアイデアが生まれるわけではないのである。ダイバーシティだけでなく，イ

ンクルージョンも大事であることと同様，個人の創造性をチームの創造性につなげるためには，一人一人の創造性をチームに統合させる仕組み作りも並行して考えることである。

第6章

複合的
アプローチ

　これまでみてきたように，創造性に関する諸研究は創造的な人物像を探索する「パーソナリティアプローチ」，創造性の思考プロセスや思考能力を探究する「思考能力アプローチ」，創造性発揮を促す認知要因を探る「認知アプローチ」，さらには社会環境要因が創造性発揮を促し，阻害するという「社会環境アプローチ」と多様な研究アプローチによって展開してきた。こうした多様なアプローチによって，創造性を引き出すための示唆が数多く得られたというメリットがある一方で，数多くの示唆が提示されたことでかえって創造性発揮の全体像がみえにくくなってきたというデメリットも感じられる状況となっている。

　そこで，本章では，これまでの議論を複合的に取り扱う研究アプローチを紹介する。この研究アプローチでは，創造性の発揮が，パーソナリティ特性，思考能力，認知，環境という様々な要因の複合的な影響によって規定されると考える。本書では，こうした研究アプローチを創造性の複合的アプローチと呼ぶこととした。複合的アプローチも数多く提唱されてきたがその中で代表的なものを本章では取り上げている。また我が国の創造性研究でも複合的アプローチをとる筆者の研究も紹介する。前章までの諸研究で得られた知見を包括する研究アプローチを概観することで，創造性に関するミクロな知見をマクロなレベルに昇華させることが可能になり，創造性の理解が進展すると期待される。

◇ 1 創造性の投資理論

　Sternberg, O' Hara & Lubart（1997）は，創造性を高めようとする様々な研修や教育プログラムがうまくいかない理由として，プログラムの焦点が創造的思考のみにあるからではないかと指摘している。創造性を高めるには，創造的思考だけでなく，6つの要因である「知識」，「知的能力」，「思考スタイル」，「モチベーション」，「パーソナリティ特性」，「社会環境」に対する介入が必要であるというのが彼（女）らの主張である。

　第1の要因である知識は，独創的な仕事を行うために必要な特定の領域の基礎的知識を意味する。特定の領域の知識を獲得するには10年単位の膨大な時間が必要であるため，その領域に対し，長期間にわたり関わる必要がある。一方，知りすぎることは変化に対する感受性をにぶくし，変化への対応を遅らせる可能性もある。創造的な人物は，知識による固定観念を持つことはなく，常に変化を希求し，変化に対して柔軟である。

　第2の要因である知的能力は，統合力，分析力，具現化力を含んでいる。統合力は，新しい組み合わせや，問題の新しい見方ができるかどうかを意味する。分析力は，アイデアの価値や可能性を判断する能力である。具現化力は，新しいアイデアを他者に提示し，理解させることができるかどうかである。こうした3つの知的能力はそれぞれ独立しているが，従来の知能検査（IQテストなど）は，分析力のみに焦点をあてており，残り2つの知的能力は，十分に測定されてこなかった。

　第3の要因である思考スタイルとは，人が持つ知的能力の使い方の好みのことである。具体的には，物事を新しいやり方で行いたいと考える立案型スタイル，決まったやり方で物事を進めようとする順守型スタイル，アイデアを生み出すのではなく，分析したり批評したりする評価型スタイルという3つの思考スタイルが指摘されている。創造的な人は，立案型スタイルを好み，新しいやり方を選択する傾向にあるとされる。

　第4の要因であるモチベーションが低ければ，知識，知的能力，思考スタイルがそろっていても，十分な創造性は発揮されないのである。

第6章　複合的アプローチ

　第5の要因であるパーソナリティ特性では，リスクをいとわない，障害を克服することに積極的である，曖昧さへの耐性，自己効力感といった特性が指摘される。

　第6の要因である社会環境は，創造的な人にとって，どの程度リスクがあるかどうかを決定する。人は，一般的には変化を嫌い，慣れ親しんだものを好み，新しいものが有益だと分かっていても，拒否反応を示すことがある。また，人は，他人の成果やアイデアに対する否定的コメントを，肯定的コメントよりも知的だと判断する否定的傾向に傾きがちである。その結果，新しいアイデアを否定することが頻繁に起こってしまう。たとえば，ブレイン・ストーミングのように否定的コメントをあえて禁止することは，創造性を促進する環境につながる。

　これら6つの要因を高めるために，Sternberg et al.（1997）は，企業はなにをすべきかについて，以下のような提案をしている。

①ある領域の知識を獲得するには，10年単位の時間が必要であり，企業は長期的視野を持って，従業員に接しなくてはならない。

②知的能力には，統合力，分析力，具現化力の3要素が必要であるが，アイデアや成果のライフサイクルに応じて，それぞれの要素の重要度は変化していく。アイデアの生成では統合力が，アイデアの評価では分析力が，アイデアの実行には具現化力が主に必要とされる。したがって，企業はライフサイクルに応じて，必要な要素を持った従業員をプロジェクトメンバーに加える必要がある。

③創造的な人は，立案型スタイルの思考スタイルを好む。一方，ビジネスの現場では，順守型スタイルが奨励されており，創造性を阻害する要因となる。思考スタイルは，報酬を獲得できる場合に強化されるため，人は，報酬を得られる思考スタイルをとる傾向にある。したがって，企業は，立案型スタイルに十分な報酬を与える必要がある。

④人は，楽しいことをやっている時がもっとも創造的である。楽しいことでなければ，膨大なエネルギーや時間を費やすことはないだろう。したがって，企業は，モチベーションを高めるために，楽しいと感じられる

ようなプロジェクトを提供する必要がある。

⑤他人と違うやり方で物事を行う人は，周りから変人扱いされがちである。しかし，このようなパーソナリティ特性を持つ人が，これまで気づかなかった環境変化への対応を促すきっかけとなる。したがって，企業は，組織内部に多様なパーソナリティ特性を持つ人材を維持することに注意を払うべきである。

⑥企業は，将来を正確に予測することはできないため，創造的なアイデアに伴うリスクをコントロールする必要がある。混沌とした環境をコントロールすることは難しいが，混沌とした社会環境では，創造性が促進され，ヒット商品が生み出される可能性も高くなる。

以上のように，創造性を高める要因に対して投資することによって，企業の創造性を向上させることができるというのが，創造性の投資理論と呼ばれるものである。

さらに，Sternberg（2003）は，創造性を意思決定としてとらえ，創造的意思決定の開発は可能であるという理論を展開している。具体的には，以下の21個の創造性開発手法を提示する。

①問題を再定義する

問題を解決するのではなく，問題を新たな視点から見つめなおすことである。これは創造的思考の主な要素である拡散的思考能力を応用することを意味する。

②前提条件を問い直し，分析する

創造的な人は，問題解決にあたり，問題そのものの前提条件を問い直す。前提条件の再検討の結果，他人とは異なる前提条件で問題解決を図り，文化的，技術的な進歩を遂げることもある。これは，創造的思考のうち，特に分析的側面を応用する必要性を意味している。

③創造的アイデアを売り込む

創造的アイデアが有用であることを他人に説得することは，アイデアの具現化という実践プロセスにおいて特に重要となる。

第6章　複合的アプローチ

④アイデア生成を奨励する

　アイデア生成を奨励する環境には，建設的で前向きな批判があり，悪意のある批判は存在しない。

⑤知識は諸刃の剣である

　知識がなければ，現状が理解できず，独りよがりの創造性になってしまうが，知識がありすぎると思考の幅が狭まり，創造性を阻害してしまう。

⑥障害を認識させ，乗り越えさせる

　他人と異なることをするのが創造性であるが，それは同時に，周りの人からの反感や抵抗を招いてしまう。反感や抵抗に打ち勝った偉人の話を聞かせ，打ち勝つ努力を賞賛し，レジリエンスを開発する必要がある。

⑦思慮のある冒険を奨励する

　生命を脅すようなリスクを冒すのではなく，適度なリスクを冒すことが創造性につながる。たとえば，どの領域を研究するかを決める際には，研究成果が得られる見込みが不透明であっても，ある程度のリスクを冒す必要があるだろう。

⑧曖昧さへの耐性を奨励する

　創造性の発揮には，グレーゾーンがつきものである。たとえば，科学者は，自身の理論について結果が出るまでは半信半疑である。その間，曖昧さや不安定性に耐える必要がある。

⑨自己効力感を醸成する

　創造性の発揮には，思考能力やコンピテンシーだけでなく，成功するという強い自信，すなわち，やればできるという自己効力感が重要である。

⑩好きなことをやる

　創造的な人のほとんどは，自分自身が従事していることが心から好きである。これは内発的に動機づけられているということでもある。

⑪短期的満足を重要視しない

　創造的であることは，短期的には見返りがないことが多く，長期間の忍耐を強いられることが多い。したがって，短期的な見返りがないことを受容することが，長期的に成功するために必要である。

165

⑫創造性発揮のロールモデルを示す

　創造性を発揮するように他者から命令されるよりも，創造性を発揮した人の話を聞き，ロールモデルとして認知し，どのようにすれば創造的になれるかを自分自身で学ぶことが重要である。

⑬アイデアを交配する

　創造的アイデアは，領域を超えた思考の材料を結合することで生まれることがある。したがって，様々な領域を俯瞰した学際的な思考をすることは有益である。

⑭創造的に考えるための時間を与える

　多くの創造的アイデアは，急いでいるときには生まれない。創造性の発揮には，インキュベーションのための時間が必要である。

⑮創造性の指導と評価を行う

　創造的に考える機会を提供するような研修，講義，課題が必要である。

⑯創造性に報いる

　創造性は，そもそも主観的に評価される性質のものであるから，創造性評価に過度の客観性は望めない。したがって，たとえ他者が知っていることであっても，本人にとって新奇なことであれば，それは創造的である。このような日常的な創造性発揮も評価されるべきである。

⑰失敗を許容する

　フロイトなどの偉人は，彼に続く研究者達に新しい思考基盤を提供している。彼の理論は，結果的に間違っていたが，独自の理論を展開するというリスクを冒すことは創造性の発揮に必要である。したがって，周囲が失敗を許容することが重要である。

⑱成功と失敗の両方に責任を持つ

　創造的であることは，自分のアイデアに責任を持つことでもある。自分のアイデアに対する批判を受け入れながらも，アイデアそのものに対する自信やプライドも必要である。

⑲創造的コラボレーションを奨励する

　人は，グループで職務を行うことがしばしばあるが，こうしたグループでの協働が創造性を生み出すこともある。

第6章　複合的アプローチ

⑳他者の視点から物事を見る

　別の見方をすることによって視野が広がるため，他者の視点を理解し，尊重し，適切に反応することが重要である。

㉑個人と環境とのマッチングを最適化する

　創造的であると評価されるには，個人と環境のマッチングが必要である。同じ成果であっても，時代や社会がそれを受容することも，拒絶することもある。環境が異なれば，創造的であるとも，創造的でないとも判断されるのである。したがって，自分が環境と適合していていない場合には，他の環境に移動するか，環境そのものを変える必要がある。

　上述の創造性開発手法は，投資理論に基づき，知識，知的能力，思考スタイル，モチベーション，パーソナリティ特性，社会環境という6つの要因を高めるための手法を示している。ただし，それぞれの手法に関する実証分析は行われておらず，あくまでもSternbergらによる理論的提言にとどまっている。それぞれの手法の効果については，今後の検証を待たなければならない点に，創造性の投資理論の限界があるといえよう。

◇ 2　相互作用モデル

　Woodman et al.（1993）は，これまでの創造性研究を網羅し，提唱されてきた諸要因をまとめた相互作用モデルを提示している。このモデルは，個人，グループ，組織の3つのレベルと，創造性を理解するうえでの4つの次元「創造的人物」，「成果物」，「プロセス」，「状況」に属する数多くの要因が相互に作用し，創造的成果に結びつくというものである。

　まず，彼（女）らは，個人レベルの創造性に作用する要因として，「経歴」，「パーソナリティ特性」，「能力」，「内発的モチベーション」，「専門知識」を指摘している。こうした個人レベルの要因は，社会的環境要因との間で互いに影響を及ぼしあうとされる。個々の創造性が活発に生み出されるグループにおいては，創造性を刺激するような社会的影響が生まれる。こうしたグループからの影響を受けた個人が創造性を発揮し，それが，さらにグループ

167

の創造性にも影響を与えると考えられる。こうした循環的な相互作用が繰り返されることで，創造性が発揮されるのである。

次に，グループにおける創造性に作用する要因として，King & Anderson (1990) は，「民主的で協力的なリーダーシップ」，「集団凝集性」，「グループの寿命」，「グループメンバーの多様性（Andrews, 1979）」，「有機的組織」などを指摘している。また，Payne (1990) は，「リソース」，「リーダーシップ」，「グループサイズ」，「集団凝集性」，「コミュニケーションパターン」，「グループ多様性」をあげている。特に，グループにおけるコミュニケーションに関して，コミュニケーションの活発なグループの方が，そうでないグループよりも，有能な人の意見を重視し，創造的タスクの成果を高める（Bottger & Yetton, 1987）とされる。コミュニケーションによりグループで共有される情報は，人々が職場においてどんな要因を重視し，現状の中でそれらの要因をいかに評価しているかを示す手掛かりやシグナルとなり（Griffin, 1983; Salanick & Pfeffer, 1978），組織における創造的プロセスに影響を及ぼす可能性があるからである。特に，高い創造性を要する構造化されていない問題解決においては，構造化されたルーティンタスクよりも，社会的要因に影響を受けやすい（Bateman, Griffin & Rubinstein, 1987）ため，コミュニケーションが社会的要因を通じて，創造性に影響を与える。

また，グループの創造性は，個人の創造性によって規定されるものの，そのグループに属する個人全員の創造性の単なる集合体（総和）ではない。加えて，個人の創造性は，グループの創造性をとおして，組織の創造性に影響するとされる。

さらに，組織の創造性に作用する要因として，Burkhardt & Brass (1990) や Tushman & Nelson (1990) らは，組織構造，政策，風土を指摘している。また，Cummings (1965) をはじめ，Cummings & O'Connell (1978) や Basadur et al. (1982) の研究では，組織は，リスクをとること，自由なアイデアを交配すること，対立を認めること，従業員の参加を認めること，外的ではなく内的報酬によって処遇することなどを，奨励するべきであると示唆されるものの，こうした観点での実証研究は，Amabile (1983b) を除き，十分に蓄積されていない。

第6章　複合的アプローチ

　以上のように，Woodman et al.（1993）は，個人，グループ，組織の3つ
のレベルにおける創造性に作用する要因を指摘し，個人，グループ，組織そ
れぞれの要因が相互に作用しながら，組織の創造的成果物が生まれると想定
する創造性の相互作用モデルを提示したのである。この創造性の相互作用モ
デルに基づき，以下の命題と仮説が導出されている。

　命題1　個人の創造的成果は，特定のパーソナリティ特性，個々の創造性
　　　　　を促進／阻害する社会的影響の関数である。

この命題より，さらに4つの仮説が導出されている。

　仮説1a：個人の創造的成果は，オープンな情報共有を支持するグループ
　　　　　　規範によって促進される。
　仮説1b：個人の創造的成果は，（組織に対して）高い順応を期待する集
　　　　　　団規範によって阻害される。
　仮説1c：個人の創造的成果は，リスクをとることを支持する組織文化に
　　　　　　よって促進される。
　仮説1d：個人の創造的成果は，創造的成果が厳密に評価され，外的報酬
　　　　　　にしっかりと反映される報酬システムによって阻害される。

　命題2　グループの創造的成果は，グループメンバーの創造的成果，創造
　　　　　性を促進／阻害する特定のグループ特性（規模など），グループ
　　　　　への組織的影響（組織文化など）の関数である。

この命題より，さらに4つの仮説が導出されている。

　仮説2a：グループの創造的成果は，グループの多様性によって促進され
　　　　　　る。
　仮説2b：グループの創造的成果は，独裁的なリーダーシップスタイルを
　　　　　　とることによって阻害される。

169

仮説 2 c：グループの創造的成果は，集団凝集性と逆 U 字の曲線関係にある。

仮説 2 d：グループの創造的成果は，参加型組織構造や組織文化によって促進される。

命題 3　組織の創造的成果は，組織を構成するグループ，創造性を促進／阻害する特定の組織特性の関数である。

この命題より，さらに 4 つの仮説が導出されている。

仮説 3 a：組織の創造的成果は，十分なリソースの利用可能性によって促進される。

仮説 3 b：組織の創造的成果は，情報の流れやコミュニケーションチャネルを制限することによって阻害される。

仮説 3 c：組織の創造的成果は，有機的組織デザインを採用することによって促進される。

仮説 3 d：組織の創造的成果は，周囲との情報交換の制限によって阻害される。

　以上のように，相互作用モデルにおいては，創造性を，個人，グループ，組織という 3 つのレベルでとらえ，それぞれの創造性を規定する要因も，パーソナリティ特性，集団特性，組織特性から重層的に抽出している。ただし，提示された命題や仮説の検証は，今後の研究に託されている。

◇ 3　統合モデル

　Shalley & Gilson（2004）は，従業員の創造性を促進／阻害する社会環境要因に関する文献レビューを行った結果，創造性は，「パーソナリティ特性」，「認知スタイル」，「認知能力」，「専門領域の知識」，「モチベーション」，「社会環境」という 6 つの要因によって規定されると指摘する。さらに，これら

の要因は，個人，職務，グループ，組織という4レベルでとらえることが適切であると述べている。

まず，個人レベルの要因として，「広い興味」，「独立した判断」，「自律性」，「独創性があるという強い自意識」，拡散的思考や判断の留保などの「創造性に関連するスキル」，「広く深い専門知識」，「経験」，「内発的モチベーション」，「リスクをとること」などが指摘されている。これらは，先に指摘したの6つの要因のうち，社会環境要因を除く5つの要因に関わるものである。

次に，職務レベルの要因として，「職務特性」，「役割期待と目標」，「十分なリソース」，「報酬」，「上司のサポート」，「仕事の外部評価」が指摘されている。

職務特性は，仕事の複雑性や挑戦性を意味し，内発的モチベーションを高めることによって創造性を促進するとされる。役割期待と目標とは，創造的な目標が，創造的成果を促進することを意味し，Unsworth, Wall & Carter (2005) も，創造性に価値をおいた明確な目標設定の重要性を指摘している。

十分なリソースは，時間 (Amabile & Gryskiewicz, 1987; Katz & Allen, 1988) や物質的リソース (Katz & Allen, 1988)，情報提供をしてくれる人 (Mumford et al., 2002) などの広範なリソースを意味する。ただし，時間や物質的リソースは，潤沢すぎるとかえって創造性を阻害してしまうため，適度が望ましいとされる。その理由として，Baer & Oldham (2006) は，次のように指摘している。日常的な業務が忙しく，創造的なアイデアを考える暇がないとすれば，誰もが，時間的制約を創造性に対する阻害要因としてとらえる。一方，創造的な活動にある程度の時間的制約を与えることは，認知能力をアイデア生成に集中させる効果を持ち，結果的に創造性を促進することもあり得る。したがって，時間的制約や他のリソースの制約と創造性の関係は，逆U字曲線となると予想される。さらに，時間的制約は組織風土と創造性との関係を調整する要因だとする主張 (Hsu & Fan, 2010) もある。台湾の国立研究所に所属する研究者を対象に，創造的な組織風土では，時間制約が創造性を阻害する一方で，創造的でない組織風土では時間的制約が創造性を促進することが明らかになった。同様に上司からのフィードバックが時間的制約と創造性の関係を調整するという指摘 (Noefer et al., 2009) もあ

る。上司からのフィードバックが活発であれば時間的制約は創造性を促進することが明らかになっている。以上を踏まえると，時間的制約と創造性との関係を単純な線形的な関係でとらえることは適切ではないだろう。

　報酬に関しては，外的報酬は，創造性を促進しないとされるが，個々の有能さや創造的行為に対する賞賛を含むかたちで提供される報酬であれば，創造性にポジティブな影響を及ぼすとされる。

　上司のサポートに関しては，Oldham & Cummings（1996）の指摘にもあるように，支持的で非統制的な上司のサポートは，創造性を促進する。その理由として，George & Zhou（2007）は，上司と部下の公正感と信頼の醸成をあげている。上司が，部下を尊重し支持的であれば，上司と部下の相互の公正感や信頼が高まり，創造性の発揮に伴うリスクを冒してもよいと部下が考えるため，創造性が促進されるというのである。また，上司の知識レベルが高く，有能で，専門家として部下から尊敬されていれば，部下が改善提案を生み出すことが促進され，創造性の発揮が促進される。同様に，上司から価値ある存在として尊重されているかどうかを相互作用的公正感と呼ぶが，相互作用的公正感が高いほど部下は上司から支持されている感覚を持つため，結果的に創造性が高まる（Young, 2012）。

　仕事の外部評価に関しては，Zhou（1998）が指摘するように，外部からの評価は，創造性を阻害するとは限らず，情報提供を含んだ建設的な評価やフィードバックは，創造性を促進する。

　さらに，Shalley & Gilson（2004）は，グループレベルの要因として，「社会的状況」と「集団構成」を指摘している。社会的状況の要素として，創造的であると周りから評価されること（Tierney & Farmer, 2002），モデリング行動（Meichenbaum, 1975），他の分野の人とのコミュニケーション（Ancona & Caldwell, 1992）が指摘されており，それぞれが創造性にポジティブな影響を及ぼすと予想される。集団構成とは，メンバーの多様性であり，メンバーの多様性がアイデアの多様性を産みだし，創造性を促進する（Ancona & Caldwell, 1992; Hoffman, 1959）と考えられる。

　最後に，組織レベルの要因として，「組織風土」と「人的資源管理施策」が指摘されている。組織風土とは，組織の安定志向，オープンな組織構造

（Ancona & Caldwell, 1992），組織における公正感（West & Anderson, 1996；特に手続き的公正は Streicher et al., 2012; Simmons,2011）などを含んでおり，組織の安定志向は，創造性にネガティブな影響を及ぼし，組織の開放性や公正感は，ポジティブな影響を及ぼすとされる。人的資源管理施策としては，選抜，育成，評価の各場面で創造性を促進する施策が必要であり，創造性が評価されることを従業員に伝える施策を戦略的に構築することが重要である。

　以上のように，個人，職務，グループ，組織という4つのレベルからとらえられる6つの要因によって創造性を説明するモデルは，Sternberg et al.（1997）による投資理論のモデルに類似しているが，構造化という点においていくばくかの進展がみられるといえる。その後，創造性を多様な側面からとらえる複合的アプローチは Sternberg & Karami（2022）などでも継承される。彼らは創造性を8つのP要因（purpose：目的, press：環境からの圧力, person：パーソナリティ, problem：創造性発揮が必要とされる課題, process：創造性発揮の認知過程, product：成果, propulsion：創造性の伝播普及, public：創造性を観察する大衆）でとらえる8P理論を提唱する。こうした8つの要因から多面的に創造性をとらえることで，一部の側面のみ取り上げる傾向のあった従来の理論的な欠点を克服できると主張する。ただし，要因を増やし，網羅的にとらえようとするアプローチは，多様な側面に囚われるあまり焦点がぼやけてしまい，理論の実践への応用を妨げる懸念もあることには留意すべきであろう。

◇ 4　我が国における複合モデル

　こうした複合的アプローチが注目される潮流の中で，我が国の研究を紹介しよう。ネット求人事業を営む民間企業を調査対象とした和多田（2010）の研究では，先行研究において創造性に影響を与えると指摘された要因，および，定性的調査（和多田，2007）より抽出された要因を参考に，日本のビジネスの現場や調査対象企業に適したかたちで独自に質問項目を設計している。質問票は，図表6-1に示されるように，創造性に影響を与えると考えられ

図表6-1　和多田（2010）における創造性の概念モデル

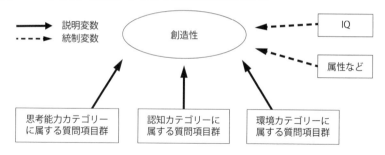

　る，思考能力カテゴリーに属する質問項目群，認知カテゴリーに属する質問項目群，環境カテゴリーに属する質問項目群より構成され，創造性を規定する要因を複数の視点から包括的にとらえようと試みている。これらの質問項目は，調査実施を行うにあたり，経営学を専門にする大学教員や，調査先企業の人事部やテスト開発・教育事業部に所属する専門家4人により，質問内容の妥当性や回答のしやすさといった観点から検証されている。さらに，プレテストを実施し，回答者が質問項目を正確に理解できているかどうかについても配慮している。

　創造性は，調査対象者の直属の上司による評定によって測定された。複数の上司が，共通の評価軸を用いて，公正，かつ，厳密に部下を評価できるよう様々な工夫が施された。また，和多田（2010）で取り扱っている構成概念は，広義の創造性ではなく，ビジネスに資する狭義の創造性である。そこで，創造性が，業績を測定する変数と相関しているか確認するため，業績を測定する外的基準変数として人事考課を採用している。一方，創造性規定要因は，創造性に関係する変量とのみ相関を持つべきである。したがって，創造性規定要因尺度によって測定される変数は，IQテストなどの一般的な知的能力を測定するテストによって，測定される変量とは異なった作用をもっていなければならない。こうした背景より，IQテストが統制変数として採用されている。以上の分析モデルを示したのが，図表6-2である。

　分析モデルを検証するため，和多田（2010）は，仮説として「創造性を規定する因子をより高く持つ者ほど，ビジネスにおける創造性が高い」を設定

図表 6-2　分析モデル

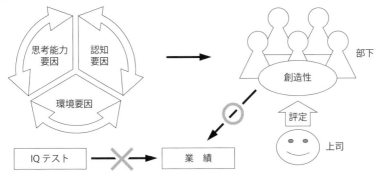

出所：和多田（2010）より筆者修正

図表 6-3　分析結果のまとめ

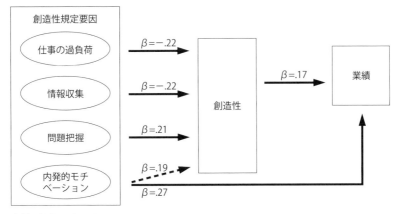

出所：和多田（2010）

し，創造性規定要因を独立変数，創造性を従属変数とする階層的重回帰モデルを構築している。さらに，回帰モデルの中に，性別，中途採用，在職月数，IQ テスト得点といった統制変数を投入することで，創造性規定要因と創造性との関連をより明確にとらえられるようにしている。

分析結果をまとめ，分かりやすく図示したものが図表 6-3 である。ここでは，創造性規定要因，創造性，業績という 3 つのブロックが記載されてい

る。創造性規定要因は，「仕事の過負荷」，「情報収集」，「問題把握」，「内発的モチベーション」という4つの因子から構成され，それぞれが創造性や業績に影響している場合には，矢印が付記されている。ただし，実線は統計的に有意な関係を，破線は統計的には有意でないが，分析結果よりポジティブな影響が示唆される関係を意味している。この図表から分かるように，内発的モチベーションが統計的に有意とならなかったものの，そのほかの要因はおおむね従来の複合的アプローチを支持する結果が得られている。創造性を向上させるには，これまで概観してきた複合的アプローチによる介入が有益であることが示唆される。図表6-3に示される創造性を規定する要因群をいかに向上させるかが，ビジネスにおける創造性発揮を促進する施策を検討する際の重要なヒントとなるだろう。

第6章　複合的アプローチ

◼️◼️COLUMN 6　ポジティブ心理学と創造性

　創造性をめぐる研究は心理学，教育学，経営学，そして生理学と様々な分野を巻き込みながら展開してきた。当初の創造性研究は心理学や教育学の分野を中心に展開してきたが，近年では経営学，特に心理学との親和性の高い組織行動論でも活発に取りあげられるようになってきた。

　歴史的にも心理学が創造性研究の基盤を提供してきたが，心理学そのものが2000年代以降大きく方向性を変えてきている。ポジティビティ，またはポジティブ心理学と呼ばれる大きなベクトル変化がみられる。古典的な心理学は人のネガティブな側面に焦点をあて，いかにしてネガティブな状態をニュートラルな状態に復元するか，治療するかという観点から研究を行ってきたといえる。一方，ポジティブ心理学では人の持つポジティブな側面に焦点をあてて，潜在能力や自己意識を積極的に開放し，開発することに注力する。

　たとえば，学習性無力感というネガティブな変数を取り扱う古典的心理学に対して，効力感や希望というポジティブな変数を取り扱うポジティブ心理学のように両者の目指す方向は逆向きである。古典的研究で目指した心の問題・障害をいかに治療し，心理的平穏な状態を取り戻すかという観点は重要であることは論を俟たない。一方で，人の持つ可能性を刺激し，成長を促すことで幸福や健康を目指すことも同様に重要である。

　人の持つポジティブな側面のひとつとして，創造性をとらえることができる。本書でも，創造性の発揮するポテンシャルは誰でも一定のレベルで持ち合わせていると想定している。生まれ持ったポテンシャルをいかに引き出し，顕在化させるかがクリエイティビティ・マネジメントといえるだろう。すなわち，クリエイティビティ・マネジメントは2000年代以降興隆しているポジティブ心理学という大きな学問上の変化と整合しているといえ，ポジティブ心理学の進展と共に活性化していくと予想される。

　ポジティブ心理学という大きなベクトルを組織に応用した研究分野はポジティブ組織行動と呼ばれる。その中心的な概念として本書で紹介した心理的資本が生み出された。心理的資本が創造性をはじめとする望ましい，ポジティブな変数に影響を与えるという仮定に立ち，多くの実証研究が進んでいる。同時に心理的資本を提唱したLuthans, Yousseff & Avolio（2015）は創造性も心理的資本の中核的な要素になりうると指摘している。心理的資本を構成するホープ，エフィカシー，レジリエンス，オプティミズムに，クリエイティビティを加えるべきか否かは今後の研究の進展を待たねばならないが，こうした指摘がなされることは創造性がポジティブ

心理学，ポジティブ組織行動と親和性が高く，その代表的な概念であることを再認識させる。

　経営実践において，創造性を議論する際には，以上のような心理学上の大きな変化を踏まえ，ネガティブな状態や課題に注力するだけでなく，従業員のポジティブな側面をいかに刺激し，伸ばすかというポジティブ志向が重要となる。不良品の発生を徹底的に削減することを目指す精緻な生産管理・品質管理を目指すマイクロ・マネジメントと人の潜在能力の顕在化は本質的に異なる。新たなアイデアや挑戦を引き出す上で，ネガティブな側面に目を向けることはむしろ可能性を阻害する可能性が高い。経営実践においても古典的マネジメントを脱し，ポジティブ・マネジメントへ変革することが従業員のポテンシャルを開放し，結果的にクリエイティビティやイノベーションの活性化につながるのではないだろうか。

終　章

創造性研究の
課題と展望

◇ 1　創造性研究のまとめ

　本書では，創造性に関するこれまでの研究蓄積を，創造性の定義と測定および有用性，そして，パーソナリティ，思考能力，認知，社会環境，複合的アプローチという 5 つの研究アプローチに分類して概観してきた。その結果，従来の研究蓄積を以下のようにまとめることができた。

　第 1 章では，創造性研究が，予想以上に長い歴史を有していることを指摘した。キリスト教文化以前から，創造性は，ごく限られた天才のみに神から与えられた知的能力としてとらえられていた。ところが，このような見方は自然科学の発展と共に否定され，合理主義や個人主義が発達するにつれて，創造性に対するアプローチも科学的なものとなっていった。その後，創造性研究の課題は，創造性の定義とはなにか，創造性の高いパーソナリティ特性はなにか，創造性を後天的に高めることができるのか，といった現代的なリサーチクエスチョンへと変遷していった。

　創造性の定義に関しては，19世紀の時点で，アイデアとアイデアを結びつけることやイマジネーションの重要性がすでに指摘され，Binet らによる萌芽期の創造性研究においては，拡散的思考能力がすでに着目されていた。

　創造性の高い個人特性としては，活発なイマジネーション，同定，連想，推論に関する高い能力，真実への探求心，非常なエネルギッシュさ，卓越性に対する欲求などが指摘されている。また，思考や行動の決まりきった型か

179

らの逸脱や拡散という点から，創造性の高さを測定できることが19世紀まで
の諸研究によって指摘され，その後，Guilford らに受け継がれ，現代の創造
性の研究へと展開していった。

　創造性の開発可能性に関しては，創造性が遺伝的要素だけで規定されるの
ではなく，本人の努力や訓練といった後天的要素によって，高められる可能
性が示唆された。一方，天才と時代背景との関係を解明する研究もあり，遺
伝的要素によって創造性の潜在レベルは規定されるが，その顕在化にあたっ
ては，個人を取り巻く環境，より広くとらえれば，時代や時代精神といった
マクロ環境が重要な役割を果たすことが指摘された。

　1900年代になると，心理学的アプローチによって，個人間の知的能力の相
違が注目されるようになった。知的能力の相違が，創造性発揮における差異
を生み出す源泉であるというのである。知的能力に関しては，創造性と IQ
との相違が注目されるようになり，たとえば，Getzels & Jackson は，IQ と
創造性の相違を定量的に分析し，両者は異なった知的能力であることを明ら
かにしている。同時に，IQ は，収束的思考や安全欲求との関連が深く，創
造性は，拡散的思考や成長欲求との関係が深いことも示唆されている。

　Sternberg は，創造性を新奇性・高品質・タスク適合性という３条件をク
リアする成果物を生み出す能力ととらえ，創造性と知性や知恵との相違を明
らかにしている。Sternberg による創造性の定義は，従来からの創造性研究
において共通して指摘されてきた新奇性に加え，ビジネスでも応用できる高
品質・タスク適合性という条件を付加している点に特徴がある。高品質・タ
スク適合性は，Csikszentmihalyi，Amabile，恩田らが指摘する有用性と同義
であるととらえられる。すなわち，創造性とは，新奇性と有用性という２つ
の基準を満足させる成果物を生み出す知的能力であると定義することができ
るのである。このように創造性をとらえるならば，Sternberg が指摘するよ
うに，創造性と知性や知恵と相違していると結論づけることは合理的である。

　創造性の成果物をどのように測定するかについては，十分な合意があると
はいい難い。Amabile らは，一致評価（CAT）と呼ばれる手法を用い，成
果物による創造性の測定を試みているが，成果物を創造的かどうか判断する
には主観的な評価によらざるを得ないと結論づけている。そのほかにも，

終　章　創造性研究の課題と展望

Carson et al.（2005）によって，成果物を回答者が自己評定する尺度（CAQ）が開発されている。この尺度は，自己評定によって成果物が測定できるため，Amabile の手法に比べて遙かに実施が容易であるという点で優れている。しかし，実施分野が芸術や科学に限定されている点に問題がある。

　一方，成果物による測定とは異なり，創造性を発揮する人に注目し，創造的パーソナリティ特性や創造的行動に焦点をあてた尺度開発も，先行研究において数多くみられた。実験室実験とは異なり，ビジネスの現場では，成果物による創造性の測定は困難である。そこで，近年の創造性研究，特に，ビジネスを対象にした実証研究では，創造的行動によって創造性の高さを測定することが主流になっている。加えて，可能な限りバイアスを少なくし，客観性を高めるために，他者評定（多くの場合は，上司評定）による創造性評価が一般的である。こうした創造性の測定手法の開発は，今後も信頼性と妥当性を高めることを念頭に活発に行われるべきだろう。

　創造性の有用性については，現状では十分な検証が行われていないと指摘せざるをえない。ビジネスの現場に限らず，創造性の有効性が頻繁に指摘されるにもかかわらず，果たして創造性が業績にポジティブに影響するのかどうかについて，定量的に実証した先行研究は，十分とはいえない。特に，我が国においては，野村（1967）に加えて，和多田（2010）の定量研究がみられるに過ぎないのが現状である。

　以上のように，創造性そのものに着目した有史以来の諸研究を概観してきた。創造性は，天才論に基づく生まれながらの特殊な才能であるという解釈から，新奇性と有用性を兼ね備えた成果物を生み出す知的能力のひとつであるという認識へと変遷してきた。同時に，創造性は，IQ テストで測定される収束的思考能力とは異なる知的能力であり，拡散的思考能力との関連が深いことも，大方の合意が得られている。一方で，創造性の測定や機能的有用性については，今後の実証研究が蓄積されることが望まれていることが確認できた。

　第 2 章では，創造性を規定するパーソナリティ特性に関する諸研究を概観した。多くの研究者が，高い創造性を持つ人物のパーソナリティ特性について研究を進めており，それぞれの研究者が，創造的パーソナリティ特性の測

181

定尺度を開発し，定量分析を行っていることが明らかになった。創造性研究のアプローチのうち，パーソナリティアプローチに関する研究は，相対的に研究蓄積が豊かであるといえる。

Barron（1955）は，独創的な人とそうでない人では，パーソナリティ特性にどのような相違がみられるのかについて定量的に分析している。その結果，判断の独立性，複雑なパーソナリティ，複雑性への選好，遠慮がなく支配性が強い，衝動の抑圧への拒否といったパーソナリティ特性が，独創性の高さに関係していることが明らかになった。

MacKinnon（1962）は，全米から創造的な建築家を選抜し，インタビューやアンケートなどの調査を行い，彼（女）らに共通する特性を指摘した。彼（女）らのパーソナリティ特性として，肯定的な自己評価，女性性，複雑さや非対称性への傾倒，MBTI における知覚および直観の割合が非常に高いこと，細部にこだわらない性格，論理や審美への高い価値観，連想の非日常性を抽出した。加えて，創造性を育む家庭環境として，両親の子供に対する十分な尊重・信頼，両親の子供に対する自立期待，両親と子供との適度な距離感，規律や戒律，引越し，遺伝的特質を指摘するに至っている。ただし，こうした指摘は，その内容が多岐に渡り，十分に整理・分類されているとはいい難い。また，MacKinnon の研究対象は，建築家という限定された職業であり，一般的なビジネスパーソンにそのまま適用できないといった問題を抱えている。

Gough（1979）は，高い創造性を発揮する人とそうでない人とのパーソナリティ特性が相違しているという前提に立ち，どのような相違がみられるのかを分析した。その結果，30個のチェックリストによって，創造性の高さを判断することができると主張している。このチェックリストを CPS 尺度と命名し，専門家が評価した創造性の高さと CPS 得点の間に正の相関があることを指摘している。CPS 得点の高い人ほど，創造性が高いと評価されるというのである。

Kirton（1976）は，文献レビュー，観察，および，インタビューに基づき，個人の問題解決に対する態度特性を，イノベーターとアダプターという2種類のタイプに分類することを提唱している。こうした態度特性を測定するた

終　章　創造性研究の課題と展望

めにKAI尺度を開発し，様々なプロフィールを持つ532人のデータを用いて，尺度の妥当性や信頼性を検証した。もっとも創造性の高い人の態度特性をイノベーターと定義し，その逆の特性としてアダプターを定義したのである。Kirtonは，アダプターとは，物事を改善する能力を持つ人のことであり，イノベーターとは，物事を違ったやり方で処理する人であると定義している。したがって，イノベーターは，創造性の高い人の特性であると解釈できる。KAI尺度は，独創性，効率性，ルール・グループ調和性という3つの下位次元のうち，独創性が高い者ほど，イノベーターとしての特性を表している。一方，効率性や，ルール・グループ調和性の高い者は，アダプターとしての特性を表している。KAI尺度を用い実証研究も複数あり，その中にはビジネスの現場を対象にした研究もある。たとえば，Puccio et al.（2000）は，イギリス産業界でKAI尺度と創造性との正の相関を見いだし，同様な結果はHouz et al.（2003）でも得られているのである。

　Basadur & Finkbeiner（1985）は，ある民間企業の様々な部署に属する36人のミドルマネジャーを対象に調査を行い，創造性態度尺度として，アイデア創出が好きである，アイデアを早い段階で批判的に評価しない，新しいアイデアを大切にする，創造的思考は一風変わっていると信じているという4次元を抽出している。

　さらに，Runco & Basadur（1993）は，アイデア生成が好きであるという次元とアイデアを早い段階で批判的に評価しないという次元について，創造性との関係を分析している。その結果，2つの次元は，創造性の質と量のどちらとも正の相関関係を持つことが明らかになった。Basadur & Hausdorf（1996）が大学生を対象に定量分析を行った結果，新しいアイデア価値を認める，創造的思考は風がわりである，忙しくてアイデアを出す暇がないという3つの次元が抽出されたがその信頼性は十分とはいえなかった。以上のように，創造性態度尺度の有効性は認められるが，その次元構成については，さらなる改善が必要となるだろう。

　Glynn & Webster（1992）は，職場におけるAPS尺度の開発とその妥当性，他の変数との相関を実証分析している。彼（女）らの指摘するAPS尺度とは，パーソナリティ特性の1側面であり，楽しさを増すために，生真面

目でない，面白いやり方で物事を行う傾向として定義されている。APS 得点の高い個人は，内的に動機づけられ，自分の目標に向かうプロセスを好み，目標の意味を対象や行動に求める傾向にあり，外部からのルールや制約から独立し，コミットメントや職務関与の度合いも強いとされる。

　APS 尺度と創造性の関係については，Csikszentmihalyi らが指摘するように，正の相関が予想される。たしかに APS 尺度は，CPS 尺度と正の相関関係にあることが明らかになり，APS 尺度が創造性と相関していることが示唆された。

　さらに，Nassif & Quevillon（2008）は，パーソナリティ尺度として定評のある MMPI-2 から創造性と関連していると予想される質問項目を抽出し，31項目からなる C Scale を開発した。TTCT によって測定した創造性とは正の相関がみられ，尺度の妥当性や信頼性は，ある程度，確認されている。しかし，MMPI-2 から31項目を抽出する過程において，次元構成に関する理論的説明が不十分であることや，学生データによる分析にとどまっていることなどの問題があった。

　以上のように，パーソナリティ特性に着目した創造性研究は，数多く行われてきたが，現在では，創造性に影響を及ぼす他の要因が確認されたこともあり，パーソナリティ特性は，数ある焦点のうちのひとつでしかない（Runco, 2004）。こうした背景から，学術誌に掲載された創造性研究論文に占めるパーソナリティ関連論文の割合は減少傾向にあり，社会環境要因や創造性の開発や発達といった教育的研究への注目が増えているという指摘（Feist & Runco, 1993）もある。

　第 3 章では，思考能力と創造性との関係について先行研究を概観し，思考能力アプローチのルーツは，Guilford にあることを示した。Guilford は，知能は重要な資源であり，知能自体を理解することによって，知的な活動をコントロールすることができるようになると考えた。そこで，知能を体系的に理解することが必要であるという立場から研究を進め，その集大成として知能構造モデルを提示するに至った。このモデルでは，情報は，コンテンツ，所産，操作という 3 側面からとらえられている。コンテンツとは，頭脳を働かせる対象の内容を意味し，視覚，聴覚，記号，意味，行動という 5 つに分

終　章　創造性研究の課題と展望

類される。所産とは，情報が伝えるものを意味している。換言すれば，頭脳
を働かせることによって，なにが得られるのかを示している。具体的には，
単位，クラス，関係，体系，変換，含みの6つに分類される。操作とは，心
理的操作を意味しており，頭脳の働きに関する分類である。操作は，認知，
記憶，拡散的思考，収束的思考，評価の5つに分類される。こうして，情報
は，最終的に150の領域に分類されている。知能は，なんらかの形で情報を
処理することであると考え，150の情報の領域それぞれに知能が対応してい
るという仮定に基づき構築されたモデルが，知能構造モデルである。ただし，
知能構造モデルは従来の研究内容を包含した概念であるが，150にものぼる
すべての知能の存在が実証されているわけではないことには留意すべきであ
る。

　Torrance は，Guilford の知能構造モデルに基づきながら，拡散的思考能
力と創造性との関連に焦点を絞った研究を行った。Torrance は，創造性が，
IQ テストなどで測定される知能とは異なる知的能力であり，拡散的思考能
力の高さに密接に関連するという前提に立って研究を進めた。最終的に，創
造性は，流暢性，柔軟性，独創性，綿密性の4次元から構成されており，そ
れらを測定する尺度として，TTCT が提唱された。TTCT は，1958年に開
発がはじまり，8年間の研究を経て，言語テスト A/B と図形テスト A/B の
4つのバッテリーから構成され，完成し，その後，複数回の改訂を経ている。
そして，現在でも創造性測定における代表的な尺度であり続けている。

　TTCT の4次元の妥当性については，数多くの定量研究が蓄積されてい
た。TTCT の妥当性研究は，弁別妥当性を検証するものと外的基準妥当性
を検証するものとに分類される。これまでの定量研究をまとめると，
Torrance が主張する4つの因子が独立して抽出されるわけではなく，
TTCT で測定できるのは流暢性の1次元であり，流暢性は言語テストで測
定される部分と図形テストで測定される部分の2種類に分類されるというの
である。一方，TTCT の外的基準妥当性については，TTCT の4次元のう
ち一部の次元については確認された。TTCT の一部の次元は，TTCT 以外
の創造性測定尺度，創造的パーソナリティ特性，創造的行動と有意な相関を
持っていたからである。ただし，相関係数の数値は十分に高いものとはいえ

ない点，独創性や綿密性に比べ，流暢性の創造性との相関が低い点に課題が
残っていると考えられる。さらに，Kanter（1983）は，流暢性をコント
ロールすることによって，TTCT の抱える測定問題の改善を試みている。
その結果，比率得点による流暢性のコントロールによって，TTCT 得点と
創造性の相関は頑健になると主張する。また，TTCT が測定するとされる
4 次元のうち，流暢性は創造性と正の相関を示すが，綿密性や独創性はむし
ろ負の相関を持っていることを明らかにしている。

　以上のように，TTCT は長い歴史を持った創造性テストであり，これま
での定量研究によって，信頼性や妥当性に関する情報も相当蓄積されている。
同時に，そのことによって，TTCT の課題や問題点が浮き彫りとなり，
TTCT の次元構成や妥当性のさらなる向上が求められている。

　最近では，TTCT 一辺倒だった思考能力アプローチに，コンピテンシー
アプローチと呼ばれる新たな研究が登場した。Epstein et al.（2008）は，誰
もが創造性の開発可能性を持っており，実際に創造性を発揮できるかどうか
は，コンピテンシーによると考えた。今後のさらなる追試が必要であるが，
どちらかといえば潜在的な要素である拡散的思考能力中心の思考能力アプ
ローチに対し，より顕在的な要素であるコンピテンシーに注目した思考能力
アプローチに，今後の展開が期待される。

　第 4 章では，創造性を規定する認知要因に焦点をあて，これまでの創造性
研究を振り返った。モチベーション，自己効力感，感情などの認知要因を取
りあげ，創造性との関連を詳細に検討した。Amabile et al.（1994）は，内
発的モチベーション，および，外発的モチベーションの測定尺度を開発し，
創造性とモチベーションの相関を実証分析している。その結果，内発的モチ
ベーションが高いほど，KAI 尺度，CPS 尺度，および，他者評定によって
測定された創造性も高くなること，逆に外発的モチベーションが高いほど，
創造性は低くなることを指摘した。Shalley & Perry-Smith（2001）におい
ても，同様の結果が確認された。Amabile を中心とした認知アプローチ研
究初期においては，内発的モチベーションは創造性を促進するが，外発的モ
チベーションは創造性を阻害するという単純な分析枠組みで研究が進められ
ていたともいえる。

終　章　創造性研究の課題と展望

　一方，Zhang & Bartol（2010）は，心理的エンパワーメントこそが内発的モチベーションを規定し，結果的に創造性を高めるという仮説を検証した。定量分析の結果，心理的エンパワーメントの向上が内発的モチベーションを高め，創造性を促進するという関係性を明らかにした。

　Tierney & Farmer（2002）は，創造性を発揮できる能力があるという認識を創造的自己効力感と定義し，内発的モチベーション，創造的自己効力感，創造性との関係を調査した。分析の結果，ブルーカラーであれ，ホワイトカラーであれ，創造的自己効力感が創造性を有意に向上させることが示された。さらに，全般的自己効力感と創造的自己効力感との弁別妥当性も確認され，両者が共に高い場合に，もっとも創造性が高くなることも確認された。彼（女）らの研究による貢献は，創造的自己効力感の創造性に与える効果に限定されるのではない。Amabile を中心に頻繁に指摘される内発的モチベーションが創造性を促進するという過程を，創造的自己効力感という概念を用いて説明したことにある。つまり，彼（女）らによれば，内発的モチベーションにより学習や試行錯誤が活発になり，その結果として，従業員の創造的自己効力感が高まる。こうした創造的自己効力感の高揚が，創造性の発揮に必要な努力や行動を引き出し，創造性が発揮されると考えたのである。同様の結果が，Choi（2004）によっても得られている。さらに創造的自己効力感が創造性を刺激するプロセスに関する分析（Li et al., 2021）も近年行われるようになっている。

　さらに，内発的モチベーションや外発的モチベーションの創造性に対する媒介効果が，Prabhu et al.（2008）によって検証された。その結果，内発的モチベーションは，創造性を直接的に向上させるという直接効果だけでなく，特定のパーソナリティ特性と創造性との関係を媒介するという間接効果も確認できた。外発的モチベーションに関しても，創造性を単に阻害するのではなく，調整効果によって，創造性を促進する可能性があることも確認された。

　以上のように，創造性とモチベーション（特に，内発的モチベーション）の関係に関する研究蓄積は，豊富であると判断できる。同時に内発的モチベーションと創造性を単純に結びつけるアプローチから，両者の間のブラックボックスを解明する方向での進展がみられた。そこでは，内発的モチベー

187

ションが創造性を向上させるメカニズムに焦点があてられている。加えて，内発的モチベーションを高める認知要因の探索も展開されていることも指摘できる。

　次に，モチベーション以外の認知要因に着目した研究を概観した。まず，Farmer et al. (2003) は，創造的に振る舞えるかどうかは，自分自身が創造的であると認識しているかどうかが重要となると考え，創造的役割意識と創造性の関係について，実証研究を行い，創造的役割意識を強く持つ人ほど，創造性が高くなると結論づけている。また，創造的役割意識を規定する要因として，過去に創造的に振る舞えたという認識や，同僚から創造性発揮を期待されることなどが抽出された。

　そして，感情と創造性の関連を分析した研究を取り上げた。危機的状況，すわなちネガティブな感情が創造性を促進するという主張（George & Zhou, 2001）と，リラックスしたポジティブな感情が創造性を刺激するという主張（Amabile et al., 2005）が存在することが示された。一方で，肯定的か，否定的かという二者択一ではなく，両価感情という，興奮や幸せといった肯定的な感情と不満や悲しみといった否定的な感情を同時に経験することこそが，創造性に資するという研究もみられた。たとえば，Fong (2006) が，両価感情と非日常的な連想との関係を定量分析した結果，両価感情は，概念間の異遠な組み合わせに対する認識を促進すること，両価感情が非日常的であると認識されているほど，異遠連想への感受性を高めることが明らかになった。この結果は，単純に危機的な状況やリラックスした状況が創造性を促進するというよりも，むしろ両者が混在する状況が創造性を促進すること，そうした混在する状況が非日常的であることが創造性に資することを示唆している。

　また，希望や幸福についても創造性との関係を概観した。幸福や希望という心理的状態は，創造性を高めることが明らかになり，職場の人間関係に満足し肯定的な感情をもつことは，創造性の発揮という点では望ましい状況であることが示された。Zhou & George (2001) は，イノベーションや創造性が重要になっている現状を考えれば，職務不満足を肯定的にとらえることも可能ではないかと考えた。つまり，職務不満足を現状への不満ととらえ，そ

終　章　創造性研究の課題と展望

の不満が現状からの変化や変革に結びつくのではないかと考えたのである。分析の結果，ソーシャル・サポートが強い場合には，創造性は，職務不満足によって促進されることが示された。つまり，職務不満足が創造性の発揮につながるためには，同僚の支持やフィードバック，組織による創造性の奨励といった状況要因が重要な役割を持つことが示された。

　さらに，目標志向と創造性の関係について，Hirst et al.（2009）は学習目標志向とパフォーマンス目標志向という2次元から検証を行った。分析の結果，学習目標志向が，創造性にポジティブな影響を及ぼしていることが明らかになった。また，チーム学習が活発な状況では，個々の学習目標志向と創造性の関係は，学習目標志向が中程度の時に最大となる一方，チーム学習が低調な状況では，学習目標志向と創造性の関係は，単調増加の関係にあることが示された。さらに，チーム学習が活発な状況では，個々のパフォーマンス接近目標志向と創造性との関係はポジティブであるが，チーム学習が低調な状況では，両者の関係は無相関であった。したがって，個人の目標志向（学習目標志向，パフォーマンス接近目標志向，パフォーマンス回避目標志向）と創造性の関係は，チーム学習という状況要因に対し依存的であることが示唆された。

　ポジティブ心理学やポジティブ組織行動の興隆から心理的資本と創造性の関係についても言及した。心理的資本と創造性とのポジティブな関係を示す実証研究が蓄積されつつあり，創造性の規定要因としての心理的資本の妥当性はかなりの程度高いことが明らかになっている。くわえて，心理的資本を組織風土と創造性との関係に媒介する要因ととらえる研究（Hsu & Chen, 2017）も注目されており，今後は心理的資本を創造性の規定要因として取り上げるだけにとどまらず，先行研究で明らかにされた他の規定要因と創造性との関係を結びつける媒介要因や調整要因としても，心理的資本は有望であることが示唆される。

　以上のように，認知アプローチでの研究から，モチベーション，自己効力感，役割意識，感情，希望，幸福，職務満足，目標志向そして，心理的資本が創造性に影響を及ぼすことが示された。

　第5章では，社会環境要因こそが創造性の発揮を促進したり，阻害したり

するのではないかという社会環境アプローチを概観した。代表的な研究者である Amabile（1983a, 1996, 1998）は，社会環境要因が創造性の発揮に影響を与える際，内発的モチベーションが媒介するという仮説に基づき研究を進めている。Amabile は，専門知識，創造性スキル，タスクモチベーションの3要素によって，創造性は規定されると指摘した。また，創造性は，高い内発的モチベーションがあってこそ生み出され，創造性の発揮によって，内発的モチベーションがよりいっそう高まり，学習が促進され，専門知識やスキルが向上するという好循環を想定している。つまり，内発的に動機づけられる状況は，創造性を促進し，外発的に動機づけられる状況は，創造性を阻害するということである。これを Amabile は，創造性の内発的モチベーション仮説と呼んだ。

　内発的モチベーションを高め，創造性を促進する社会的環境とはどのようなものなのかについては，KEYS 尺度にまとめられている。ただし，KEYS の信頼性は，定量的に検証されており，十分に信頼性の高い尺度であることが明らかになっているが，一部の次元（「自律性」，「十分なリソース」，「過度な仕事負荷」）では，統計的に有意な結果を見出せなかった。

　KEYS 尺度以外にも創造性に資する社会環境要因を測定する尺度としていくつか提示されているが，CCQ（SOQ），SSSI，CEP は，信頼性や妥当性が十分に検証されていない状況である。TCI 尺度はある程度の信頼性や妥当性が確保されており，今後の展開が期待できることが明らかになった。加えて，KEYS は個人を測定単位として，創造性を測定しているが，TCI 尺度はチームを測定単位とし，チームのイノベーションを測定対象にしているという特徴を持つ。今後は，チームや組織の創造性という観点から，創造性研究が展開される可能性が高いが，これまでの研究蓄積を振り返ると，KEYS のような個人の創造性を対象にするアプローチが依然として主流であることは否定できない。

　さらに，KEYS をはじめ，社会環境要因の測定尺度に共通してみられる特徴として，促進要因に過度に焦点があてられ，阻害要因の探求が不足気味であることが指摘できる。社会環境要因を測定する尺度を今後展開する上で，これまであまり注目されなかった創造性の阻害要因にも留意する必要がある

終　章　創造性研究の課題と展望

だろう。そもそも，創造性を一般的，かつ，日常的な知的活動とするならば，誰もが創造性を発揮できる可能性がある（Ilha Villanova & Pina e Cunha, 2021）。そうであれば，社会環境要因のうち，促進要因を高めるだけでなく，創造性を発揮する機会を阻害する要因を取り除くことも，重要かつ有効であると考えられる。

　第6章では，創造性が，パーソナリティ特性，思考能力，認知，社会環境という様々な要因によって複合的に影響をうけるとする複合的アプローチを概観した。Sternberg et al.（1997）は，創造性を高めようとする様々な研修や教育プログラムがうまくいかない理由として，プログラムの焦点が創造的思考のみにあるからではないかと指摘し，創造性を高めるには，創造的思考だけでなく，知識，知的能力，思考スタイル，モチベーション，パーソナリティ特性，環境という6つのリソースに対する投資が必要であると主張した。さらに，Sternberg（2003）は，創造性の投資理論を援用しながら，21の創造性開発の手法を提唱しているが，それぞれの手法に関する実証分析が行われているわけではなく，理論的な提言に留まっている。

　次に，Woodman et al.（1993）の相互作用モデルは，個人，グループ，組織という3つのレベルのパーソナリティ特性，成果物，プロセス，状況の相互作用によって，創造性の発揮が規定されるというものである。Woodman et al.（1993）の相互作用モデルでは，パーソナリティ特性，集団特性，組織特性といったマルチレベルの創造性規定要因が提示されており，複合的アプローチとしての特徴がみられる。しかしながら，相互作用モデルにおいて，その仮説や命題の検証が行われておらず，相互作用が創造性にどのように影響を及ぼしているかについては，今後の研究によって，検証されなければならない（Zhou & Shalley, 2003）のである。

　また，Shalley & Gilson（2004）は，従業員の創造性を促進／阻害する状況要因に関する文献レビューを行い，創造性は，パーソナリティ特性，認知スタイル，認知能力，専門領域の知識，モチベーション，社会環境によって規定され，これら6つの要因は，個人，職務，グループ，組織という4レベルでとらえることが適切であると主張した。4レベルからとらえられる6つの要因によって創造性を説明する統合モデルは，Sternbergのモデルに類似

しているだけでなく，Woodman et al. の相互作用モデルが基礎となっている。Woodman et al.（1993）は，現実の組織において創造性プロセスがどのように機能するのか，いまだにほとんど分かっていないと指摘すると共に，その主な原因は，多くの創造性研究者が断片的なアプローチをとってきたことによるとしている。創造性発揮という複雑なプロセスにおいて，相互作用的な観点を持たなかったことが，創造性研究の不完全さを助長しているというのである。

したがって，Shalley & Gilson の統合モデルは，従来ばらばらに研究されてきた多様な創造性規定要因を整理するだけでなく，それらの相互作用までも分析していこうという特徴を持っている。こうした特徴は，以降で提示する本書の分析モデルと共通しており，創造性のさらなる理解にとって，重要で有益なアプローチである。

こうした統合モデルに基づく数少ない実証研究のひとつが，我が国のベンチャー企業を調査対象とした和多田（2010）の研究である。この研究では，先行研究や定性的調査（和多田，2007）に基づき，抽出された要因を測定する独自の質問項目を設計し，定量調査を実施した。質問票は，大きく，思考能力，認知，環境から構成され，創造性を規定する要因を複数の視点から包括的にとらえようと試みている。分析の結果，創造性を規定する要因として，「仕事の過負荷」など4つの因子が確認され，創造性を規定する要因を複合的にとらえる研究アプローチの有用性が示唆された。今後は，本章第3節に提示する複合的モデルである創造性の分析モデルの構築に加えて，その検証作業の積み重ねが期待される。

◇ 2　創造性に関する先行研究の限界と本書の立場

本節では，これまで概観した先行研究の限界を提示しながら，今後の創造性研究の方向性と共に，本書の立場を明確にしておきたい。

第1に，天才論の限界である。古典的な創造性研究は，創造性の発揮を才能のある限られた人にだけ許された「ギフト」としてとらえていた。したがって，遺伝学的天才とそうでない人との相違を研究することもあった。と

終　章　創造性研究の課題と展望

ころが，その後の研究では，創造性の発揮は，遺伝的にその限界が規定されるとしても，現実にどの程度創造性が発揮されるかについては，様々な要因が影響すると考えられている。パーソナリティ特性，思考能力，認知，環境といった遺伝的要素以外の要因が影響するとすれば，創造性の発揮を，ギフト以外のなんらかの要因によってコントロールすることが可能となる。

　また，天才論や遺伝的な研究では，時代を変えるような世紀の大発明としての創造性をイメージしながら研究が行われていた。確かに，センセーショナルな創造性の発揮は，万人から納得の得やすいものであるが，定量的な調査や追試による信頼性の確保という点においては限界があり，創造性研究の対象としては取り扱いが困難である。現代の創造性研究では，非日常的な創造性ではなく，日常の創造性を研究対象にする方向に進んでいる（Amabile, 2017）ことからも，天才論の限界が指摘できるだろう。したがって，本書では，創造性を遺伝のみで規定されない概念であるととらえ，日常的な創造性に影響を与えると考えられる規定要因を探索することが重要であると考えている。

　第2に，創造性と，知性や知恵といった他の知的能力との弁別性である。知性や知恵もビジネスの現場で活躍するためには必要である。しかし，創造性と知性や知恵を同義としてとらえたり，創造性は知性の一部だと考えたりするのは，知性や知恵の拡大解釈であり，創造性の存在を矮小化することになると考えられる。創造性が，知性や知恵とは異なることは，Sternbergをはじめ様々な研究者によって指摘されている。特に，IQテストで測定される知性とは異なる知的能力であることは，定量的な分析によっても検証されている。しかしながら，創造性と知性や知恵との相違について具体的な内容を指摘した研究は非常に少なく，その次元構成にまで踏み込んだ定量的調査は皆無であろう。つまり，現時点で合意が得られていることは，創造性がIQテストで測定されるような狭義の知性とは異なった知的能力を表す概念であるということだけである。どのように両者が異なっているかということまでは，従来の研究蓄積では十分に明らかにされていない。したがって，本書では，いわゆるIQテストで測定される知性と創造性が異なった知的能力を表す概念であること，そして，ビジネスにおける成果により大きな影響を

193

及ぼす要因がIQテストで測定される知性ではなく創造性である，という立場をとる。

　第3に，ビジネスフィールドを対象とした実証研究の不十分さと創造性尺度の信頼性の低さがあげられる。従来の研究蓄積は，児童や芸術家を対象とした研究が多い一方で，ビジネスパーソンを対象にした定量分析は十分とはいえない。その理由として，たとえば，古典的なアプローチでは，発見や発明に焦点があてられ，創造性の高い人と偉人とを，ほぼ同義にとらえていたことが指摘できる。また，古典的な研究に引き続いて展開された心理学的アプローチでは，研究手法の厳密性が重要視されたため，実験室での定量研究が好まれたことも指摘できよう。実験室実験の強みは，明確に構成概念を操作し，ノイズを除去し，研究対象以外の諸条件をコントロールできることである。しかし，実験室実験であると，研究対象が児童や学生に偏りがちになり，その対象にあわせて，創造性の測定もアナグラムやストーリー作成といった単純な方法を採用しなくてはならなくなる。一方，ビジネスを対象にすると，研究条件をコントロールすることが不可能となり，理論的な厳密性よりも実践的インプリケーションに重点を置いた研究になってしまう。つまり，創造性を測定する際に，ビジネスの現場における成人を対象とした測定が厳密に行われていないことが，これまでの研究蓄積の限界の根本的な原因であったとも考えられる。このことが，創造性発揮の規定要因を探索する上でも障害となり，理論的厳密性を欠いた実践的インプリケーションや，厳密ではあるが実践的なインプリケーションの乏しい研究を生み出していると推察される。したがって，ビジネスの現場に適合した創造性の測定尺度の必要性，その信頼性と妥当性の確保が，今後の創造性研究の重要な一歩となることが指摘できよう。

　第4に，ビジネスの現場における思考能力の測定に関する信頼性の低さと，創造的思考プロセスの理論的背景の脆弱さが指摘できる。思考能力については，Guilfordの知能構造モデルによって，理論的な基盤がある程度確立していると考えられる。また，Torranceは，知能構造モデルを基礎としたTTCTを構築し，拡散的思考能力を構成するTTCTの4次元は，その後の研究でも頻繁に採用され，我が国でもS-Aテストとして活用されている。

終　章　創造性研究の課題と展望

しかし，TTCT による測定では，用途テストやストーリー作成が用いられており，ビジネスにおける創造性を予測できるかどうかについては，十分に検証されていない。また，4次元の構成概念妥当性や信頼性にも疑問が付されている。一方，本書では詳しく触れなかったが，拡散的思考能力を向上させるための手法やマネジメントスタイル，それらを教えてくれる研修などは数多くあるが，これらの手法やマネジメントスタイルと拡散的思考能力の向上との関係性を定量的に分析した研究は，ほとんど見あたらない。理論的な厳密性よりも，実践での応用が盛んであるのが現状である。

　第5に，創造性の測定方法のゆらぎが指摘できる。創造性の測定については，十分な信頼性，妥当性といった基準をクリアできていないと考えられる。たとえば，創造性の高さを判断する際，ある研究では主観的な自己評定がなされ，別の研究では，複数の専門家による客観的な他者評定がなされるといった例が数多くある。さらに，成果物による測定と，行動やパーソナリティ特性による創造性の測定の両方が行われ，時として，その混同がみられる。近年の定量的研究では，複数の創造的行動を照射した質問項目に対する自己評定によって，回答者の創造性の高さを測定することが多いが，これらの質問項目が真に創造性を測定しているかについては慎重に検証すべきと考える。

　成果物に注目した創造性の測定では，Amabile が，一致評価と呼ばれる手法を用いて，創造性の測定を試みている。これは測定手法について正面から議論している数少ない研究のひとつである。Amabile は，ある程度の経験者による他者評定によって，信頼できる創造性の測定が可能だと指摘しているが，ビジネスにおける創造性の測定方法として，利用可能性が高いとはいえない。なぜなら，ビジネスにおける個々の成果物をどのようにとらえるかは容易ではないからである。たとえば，財務指標などを用いて成果物の測定をしても，果たして，それが当該個人の努力によるものなのか，チームや部署としての集団的成果なのか，市況によるものなのかを判別することは困難である。ましてや，Amabile が提唱するある程度の経験者の外部観察者によって成果物の創造性を測定することは，ビジネスにおいてはほとんど不可能である。

確かに，創造性の高さを数値に置き換えることは容易でないが，創造性を
どのように測定するかについては，今後さらなる研究の発展が求められる。
近年の創造性研究の流れに従えば，創造性を発揮していると思われる行動を
評価することが有効な方法であろう。ただし，自己評定による主観的評価は，
えてして社会的望ましさによる偏りが生じやすいと考えられるため，本人を
よく知る立場にある第三者による他者評定が適切である。つまり，企業組織
においては直属の上司や同僚による行動評定が，現時点ではもっとも信頼性
の高く，実施しやすい創造性の測定手法であるといえる。もちろん，どのよ
うな行動を評価項目として採用するかについては，精査が必要であり，ビジ
ネスにおいて創造性を発揮したエピソードを丹念に分析するなどして，創造
的行動を抽出する作業が要求されることはいうまでもない。

　こうした丹念な質的研究の数少ない例としては，まず，Hargadon &
Sutton（1997）があげられる。彼（女）らは，工業デザインの業界で，観察，
インタビュー，対話記録文書の収集を2年半にわたり行い，エスノグラ
フィー手法を用いて分析している。ビジネスにおける創造性の発揮は，グラ
ウンデッド・セオリーの構築が適しているともいえる（Eisenhardt, 1989）。
また，和多田（2010）では，先行研究で使用されてきた尺度を網羅すると共
に，和多田（2007）で得られた定性的データより，日本のビジネスフィール
ドにおける創造的人物像を探索している。同時に，それらを照射する項目の
設計が行われ，定量的調査により，創造性に資する要因を抽出している。

　質的な研究だけでなく長期的な研究も，これまでほとんど行われていな
かった。例外的に，Amabile & Conti（1999）では，企業のダウンサイジン
グに伴う創造性の変化について，長期的な研究が行われているが，こうした
継続的な調査が，創造性の動態を明らかにするためには必要である。ただし，
こうしたケーススタディや長期的研究は，コストやリサーチサイトへのアク
セスの限界があるため，必ずしも万能な研究手法ではないことも指摘してお
きたい。

　第6に，認知アプローチや社会環境アプローチにおいて，内発的モチベー
ションが過度に強調されていることが指摘できる。認知アプローチでは，内
発的に動機づけられるタイプの人ほど創造性が高いとされている。また，

終　章　創造性研究の課題と展望

Amabile の研究をはじめとする社会環境アプローチでは，内発的モチベーションに影響を与える様々な社会環境要因に注目し，研究が進められている。Amabile は，内発的モチベーション以外に創造性を規定する要因として，専門知識やスキルの存在を指摘している。このような要因を分析モデルに組み込まずに，単に内発的モチベーションと創造性の関係のみを取りあげる研究アプローチは，十分とはいえない。一方，すべての説明変数を取りあげるアプローチでは，説明力が高くなったとしても，その解釈は複雑になるだろう。創造性研究の取っかかりとして，ある変数に焦点をあてることは自然であるが，本書では，内発的モチベーション以外の認知変数にも焦点をあてる必要があると考える。たとえば，自己効力感や心理的エンパワーメントといった認知要因と創造性との関連を取りあげた先行研究が散見されるようになったが，今後もこうした研究アプローチが創造性研究には求められるだろう。本書の立場からも，内発的モチベーションのみに焦点を絞ることを避け，より広く創造性規定要因を探求していく必要性を指摘したい。

　第 7 に，複合的アプローチにおけるモデルの未整理さが指摘できる。これまで，多様な視点から創造性研究をレビューしてきたが，いまだに創造性がどのようなプロセスにおいて，どのように機能するかということが，実際の組織においてはほとんど分かっていないという指摘もある（George, 2008）。たとえば，Woodman et al.（1993）は，この問題の原因として，測定の問題が検討されなかったこと，実社会の組織において実証的研究による一般化がなされてこなかったこと，複数の要因が，個人・グループ・組織という階層を横断して相互作用する理論的枠組みの検討がなされなかったことを指摘している。特に，これまでの創造性研究の失敗の最も主要な原因は，多くの創造性研究者が，たったひとつのドメインにおいて断片的なアプローチをとってきたことにあり，複雑な社会システムにおいて相互作用的な見方を取り入れてこなかったことが，創造性研究の不完全さを助長しているとも指摘している。同様に，Brown（1989）も，これまでの様々な創造性研究の動向として，多くの構成要素の中でひとつの要素だけに焦点をあてる傾向にあると指摘している。つまり，こうした課題や不完全さに取り組んだのが，複合的アプローチである。複合的アプローチは，種々の研究アプローチを統合した

ものであり，創造性の発揮を促進する要因を幅広く取り扱っている点に特徴がある。しかし，考えられうるだけの要因を列挙しただけのモデルが多く，各要因と創造性との相関について，定量的な裏づけのないものがほとんどである。たとえば，Sternberg & Lubart（1991）や Sternberg et al.（1997）の創造性を高める6つのリソースや，Sternberg の創造性開発の手法についても，実証分析が行われているわけではない。

　第8に，国際的な比較研究の不足が指摘できる。これまでの研究を振り返ると，せいぜい2，3カ国のサンプルを収集し，アメリカで開発された分析モデルが他国でも適用できるかどうかという観点より研究が進められてきた（Zhou & Shalley, 2003）。こうした研究アプローチは有益であるが，各国ごとの文化的相違などを反映した綿密な研究が今後は重要となるだろう。たとえば，ホフステッドの個人主義が創造性の高さとポジティブに相関する一方で不確実性回避は創造性とは相関しないという指摘（Rinne, Steel & Fairweather, 2013）や個人主義や集団主義がアイデアの生成と実行にそれぞれ異なる影響を及ぼすといった指摘（Yao et al., 2012），儒教的価値観が創造性を抑制するといった指摘（Kim et al., 2011）など多様な文化的相違に関する実証研究がみられるようになっている。

　以上の限界を踏まえ，本書では，実験室実験での創造性測定にとどまらず，ビジネスの現場で活躍している成人を対象に，創造性の測定とその規定要因の探求を行うことが今後の創造性研究での展開において，有益であると判断している。そのためには，ビジネスにおいて妥当性を持つ創造性の定量的な測定を基礎とし，創造性を規定する要因と創造性との因果モデルをマルチレベルで構築すると共に，そのモデルを定量的な手法で検証することが必要である。こうしたアプローチは，Woodman et al.（1993）や Shalley & Gilson（2004）の提唱した複合的アプローチに分類されると考えられる。本書においても，分析モデルを次節で提示し，その詳細について言及する。

◇3　本書における創造性の分析モデル

　これまでの先行研究とその検討を踏まえ，本書の考える創造性の分析モデ

終　章　創造性研究の課題と展望

ルを本節では提示していきたい。分析モデルの提示にさきだち，まずは本書
での創造性の定義を改めて明確にしておく必要があるだろう。

　本書で採用する創造性とは，いうまでもなくビジネスにおける創造性であ
り，第1章でも述べたように新奇性と有用性という要素を含んだ概念である
と定義する。単に目新しい，新奇であることだけではなく，同時に何らかの
成果や有効性を持つことを創造性の定義とすることは，ビジネスにおける創
造性と芸術における創造性を区分する明確な条件であると考えている。個人
の美的センスの発露の結果としてのアートと市場価値のあるビジネスプラン
の作成とは有用性という観点で，異なる創造性を想定していると考えること
が望ましいと考えている。

　また，本書で定義する創造性は，いわゆる天才論が指摘するような発見や
発明（Big-C）を意味しているわけではなく，日常的な職務の中で発揮され
る創造性（little-c）を主に想定している概念である。レオナルド・ダ・ヴィ
ンチやエジソンのような天才を組織の中で計画的に育成し，革新的な創造性
の発揮を意識的に促していくことは確率的に困難であり，もっと身近で扱い
やすい創造性に焦点をあてた創造性を想定しているのである。ただし，日々
の学習の中での個人的な気づきをも含むほど広くはとらえていない。たとえ
ば，新人がマニュアルを読むことで新たな知見を得ることは個人的な新奇性
ではあるが，組織や集団という複数の中では新奇とはいえない。このレベル
での創造性は本書で定義する創造性の範疇にはないのである。まとめれば，
本書の創造性はビジネスにおける日常的な活動の中で生まれる新奇性と有用
性を持ったアイデアや成果であると定義することができるだろう。

　以上の定義を踏まえて本書の提示する創造性の分析モデルをみていこう。
本書では，創造性を規定する要因は，パーソナリティ特性，思考能力，認知，
環境に区分できると考える。これらの創造性規定要因と創造性との関係を図
示したものが，図表　終－1である。この図が明示するように，本書の基本
的な研究枠組みは，創造性がパーソナリティ特性，思考能力，認知，環境と
いう4つの要因によって規定されると仮定するものである。すなわち，従来
の研究蓄積の分類に従えば，複合的アプローチに含まれる分析モデルである。

　それでは，本書の分析モデルを詳細にみていこう。この図をみると，まず，

199

図表 終-1　本書の提示する創造性分析モデル

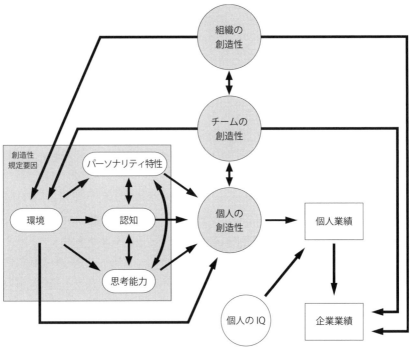

成果変数として，創造性を配置している。ここで示された創造性とは，いうまでもなくビジネスにおける創造性であり，先ほど定義したものを意味している。したがって，従業員の誰しもが，創造性を発揮するチャンスがあると考えている。また，本書の着目する創造性は，ビジネスにおける創造性であるから，創造性の発揮が最終的に業績や成果に結びつくことを仮定している。つまり，単なるアイデアや思いつきにとどまるものではない。なんらかの形で成果へとつながり，企業業績に資する機能的有効性を有するのである。

また，創造性の発揮は個人に限定されない。リスクをとる規範や変革型リーダーシップ（Carmeli et al., 2014; Shin & Eom, 2014），チームの目標志向（Gong et al., 2013），メンバー間のタスクコンフリクトや参加の安全性（Fairchild & Hunter, 2014），チームの能動性（Kim et al., 2022）がチーム

の創造性を規定する。たとえば，経営トップ（CEO）がアイデアの探索行動を促すようなリーダーシップ行動をとることで，経営幹部チームのアイデアや情報の共有が促進され，チームの創造性が高まることが指摘されている（Carmeli & Paulus, 2015）。チームでのブレイン・ストーミングによってアイデアの実用性や市場性といった質が高まるという主張（McMahon et al., 2016）もある。

　ただし，チームメンバーの創造的自己効力感が高すぎることがコミットメントのエスカレーション，批判的意識の欠如につながり，チームの創造性に悪影響を及ぼすことに加え，チームの創造性的自己効力感と創造性との逆U字型の関係性も示唆される（Park et al., 2021）。さらにチーム内競争を生み出すような報酬分配のルール（Navaresse et al., 2014）やチーム内の格差や対立（Curşeu, 2010）はチームの創造的成果を高めないことも示されている。

　チームメンバーの多様なパーソナリティの組み合わせ（Sharif, 2017），メンバーの文化的多様性（Li et al., 2017），メンバーの認知的多様性（Shin et al., 2012）といったチームのパーソナリティ特性が創造性に影響を与えることも明らかになってきている。外向性や開放性といった個人レベルでの創造性に親和的なパーソナリティ特性がチームレベルでは異なった振る舞いを持つ可能性も十分に考えられる。たとえば，メンバーすべてが外向性の高いチームとメンバーの外向性がばらつくチームでは果たして前者のチーム創造性が高いのであろうか。個人レベルでは外向性の高いメンバーを集めることが有利だと予想されるが，チームレベルでは，外向性が高いメンバーばかりではチームの多様性がなくなり，創造性が刺激されないことが懸念される。

　また，たとえ多様性が創造性を促進するとしてもそこには単純な因果関係があると考えるのではなく，チーム内で多様性が有益であるといった集団規範や変革型リーダーシップの存在が多様性と創造性との関係を調整する（Shin et al, 2012）といった背後にある第3の変数にも留意することが求められる。

　一人一人の創造性発揮を企業業績に結びつけるためには，個人レベルと集団（チーム，組織）レベルとの相違を踏まえ，個人の創造性がチーム，組織

の創造性に有機的に統合され，イノベーションとして実装されることが求められる。個人の創造性からチームの創造性，組織の創造性，イノベーションというサイクルがスムースに回っていくことが最終的な企業業績へ結びつくのである。

　ここで，創造性を規定する説明変数群を詳しくみていこう。これらは，個人のレベルから社会環境のレベルまで含む形で提示されている。それぞれの説明変数群は，それぞれ直接的に創造性に影響を及ぼすという関係を仮定している。さらに，環境が，パーソナリティ特性，思考能力，認知それぞれに影響を及ぼすことによって，間接的に創造性を規定しているという関係も想定されている点に留意していただきたい。環境要因は，直接的に創造性に影響すると同時に，間接的にも創造性に影響を与えるという意味では，他の3つの要因とはやや異なる機能を有しているといえる。また，認知変数に属するモチベーションなどは，パーソナリティ特性と創造性の関係に媒介，または，調整することも考慮されている。従来の社会環境アプローチにおいては，環境変数群とモチベーションとの関係は研究されてきたが，本書の分析モデルは，環境とパーソナリティ特性，および，環境と思考能力との関係をも包含しているのである。なぜなら，長期的に考えれば，環境が認知だけでなく，能力開発やパーソナリティの形成に一定の影響を及ぼすことは容易に想像できるからである。さらに，パーソナリティ特性は，認知に影響を及ぼすことや，思考能力と認知は相互に作用する可能性も分析モデルにおいて示されている。こうした先行要因によって規定される創造性の発揮はさらに認知や社会環境要因にも影響を及ぼすことが予想される。以上のように説明変数間の相互作用を包含することで，本書の分析モデルはより実践的，かつ，理論的に頑強なものとなるだろう。

　さらに，ここで提示した分析モデルは，今後展開される定性調査や定量調査によるデータ分析を踏まえ，信頼性と妥当性が検証される必要がある。モデルの適合性や，再現可能性を確認しつつ，モデルそのものの理論的精緻化を探究していくことが求められる。

終　章　創造性研究の課題と展望

◇ 4　今後の研究課題

　これまで，従来の研究をまとめ，その限界と課題，そして本書の分析モデルを提示してきた。したがって，従来の研究蓄積の課題に対応するかたちで，今後の研究方向や本書の主張も自ずと明らかになるだろう。以下に，理論の精緻化とビジネスでの応用に向けた研究課題を提示したい。

　第1に，ビジネスにおける創造性の定義や創造性発揮の場面について，具体的な定性データを蓄積することである。ビジネスにおいて創造性を発揮する具体的な場面に関して，インタビュー調査による濃密なデータを収集することである。そのためには，創造性が高いとされる経営者やビジネスパーソンに，具体的，かつ，実践的な出来事を語ってもらうこと，彼（女）らのイメージしている創造性や創造性の高い人物像を，インタビュー形式で尋ねることが必要だと考えている。こうした定性データを蓄積することが，ビジネスにおける創造性の定義やその発揮プロセスに関する実践的な知見を得る方法となろう。その結果，実践的，かつ，具体的な創造性の姿が明らかになり，天才論などで注目された芸術や文学的な創造性発揮とは異なる創造性について分析する基礎が提示されると考えられる。

　第2に，ビジネスにおいて創造性の高い経営者の視点から創造性を把握することである。これは，ビジネスにおける創造性の定義などを明らかにすることの次のステップにあたる。ビジネスでの創造性発揮が単なるアイデアの乱発でなく，組織全体のパフォーマンスやチームのパフォーマンスに結びつくことを検証することである。ビジネスにおける創造性発揮が，企業業績にポジティブな影響を与えることを確認するためにも，経営者にとって納得感のある創造性を定義，測定する必要がある。この課題に対しては，経営者に対するインタビュー調査によって，経営者のイメージするビジネスでの創造性の発揮を整理することが有効だと考える。

　同時に，マネジャーにとっても，納得感のある創造性の測定が必要である。個々の従業員にとって，日常的に接するマネジャーが創造性を正当に評価できないならば，創造性の発揮を唱えることは，むしろ逆効果となるだろう。

203

マネジャーは創造性が現状を否定し，上司自身の立場を危うくするものであるいう認識によって，創造性を評価することに躊躇する（Staw, 1995）ことも指摘されている。こうした障壁を打破するためにも，納得感のある測定手法の研究が必要不可欠となる。

　第3に，創造性と知性や知恵との相違について，より具体的に明らかにすることである。従来，ビジネスでの成果を予測する知的能力として，いわゆるIQが採用されてきた。IQテストで測定できる知性は，収束的思考能力のみであるが，今後企業の長期的な存続や競争力の維持にとって重要な知的能力は，創造性である（Zhou & Shalley, 2003）。そうであれば，創造性がどのように把握され，どのような側面から評価されているかについて，知性や知恵との相違を念頭に，分析を進めることが求められよう。創造性，知性，知恵の混同を避けるためにも，インタビュー調査による定性データから，創造性と他の知的能力を明確に分類することが必要である。この分類が，その後の研究において，創造性測定尺度の基礎になることはいうまでもない。こうした分類に，近年急速に発達している神経科学の知見を活用することも可能となりつつある。PETやfMRIといった手法でニューロンの活動を電子的に測定することで，創造性の発揮とそうでない場合の大脳の活性レベルを色分けして分析できる。ただしその差分は全体の3％ほどであり，その3％の中で創造性発揮という認知行動が行われたと推論するのは危険でもある（Sawyer, 2011）。また，PETやfMRIは被験者が静止状態で行われるため，一般的作業でのデータ取得は極めて困難であることや高価といった課題も多い。将来，こうした制約が解消されると予想されるが，現時点ではその活用可能性は高くないといえる。

　第4に，ビジネスで，創造性の高い人がどのようなパーソナリティ特性を有しているかを定量データから明らかにすることである。パーソナリティ特性と創造性を結びつけるアプローチは，十分な研究蓄積があるが，従来の研究では必ずしもビジネスに限定した分析がなされたわけではない。本書の立場としては，第1および第2の研究課題と併せて，ビジネスにおける創造性発揮とパーソナリティ特性との関連を追求すべきだと考える。発見された事実は，創造性を予測する変数群のひとつとなるだけでなく，変数を構成する

終　章　創造性研究の課題と展望

質問項目作成の有益な基礎データとなるだろう。

　第5に，ビジネスにおける創造性発揮に必要な思考能力やスキルについて，より具体的な創造性規定要因の候補を抽出し，その検証を行うことである。これは思考能力アプローチに基づく研究課題である。従来の研究蓄積は，Guilford の知能構造モデルを基礎に拡散的思考能力に焦点を絞っているが，拡散的思考能力の測定は，TTCT の次元構成や測定方法において，信頼性や弁別妥当性に対する疑問が付されているのが現状である。また，知能構造モデルや Torrance モデルは，理論的に精緻になっているものの，ビジネスにおける実践という点では物足りない。したがって，インタビューによる定性データに基づき，今一度ビジネスにおける創造性発揮に資する思考プロセスや思考能力を探索する必要があると考える。こうして抽出された創造的能力の要因は，創造性規定要因を測定する尺度を作成する際の基礎的データとなるだろう。

　第6に，ビジネスにおける創造性発揮に必要な認知変数はどのようなものなのかを明らかにすることである。認知アプローチにおける先行研究の多くは，内発的モチベーションに過度の焦点があてられ，内発的モチベーションと創造性の直接的な関係を探求してきた。近年では，両者の直接的な関係ではなく，両者の間を媒介するメカニズムやモチベーションの規定要因まで探求されるようになってきている。さらに，自己効力感，感情，職務満足といったモチベーション以外の認知変数に関する研究も徐々に出現している。本書においても，ビジネスフィールドにおける創造性発揮と内発的モチベーションとの関係にとどまらず，たとえば，外発的モチベーション，自己効力感，心理的エンパワーメント，心理的資本などの理論的定義の定まった多様な認知変数と創造性との関係に焦点をあてていくことが必要だと考える。これは，創造性の予測変数のひとつとなる認知変数の特定につながるだろう。

　第7に，ビジネスにおける創造性発揮に必要な社会環境要因を抽出し，検証することである。Amabile を中心とする環境アプローチでは，内発的モチベーションを促進／阻害する外的要因として社会環境要因をとらえ，それらが間接的に創造性に影響を与えると考えられている。そこでは，社会環境要因は，内発的モチベーションの規定要因としてのみとらえられている。本

205

書の立場からは，こうした内発的モチベーションに過度に依存することは控えるべきであると考える。たとえば，学習志向の強いチームでは，自然にメンバーの学習が促進され，個々の思考能力やスキルを高めることは十分に予想される。また，創造性を支持するリーダーシップや職場の雰囲気が，自己効力感や心理的エンパワーメントを刺激することや，リスク回避の気持ちを軽減させることも，十分に予測できるだろう。つまり，社会環境要因は，内発的モチベーションのみに影響を及ぼすのではなく，パーソナリティ特性，思考能力やスキル，その他の認知要因にも影響を及ぼし，創造性と関連すると考えられる。

　加えて，上述した社会的側面だけでなく，物理的な環境要因に関する研究も，これまでの研究では看過されてきた領域である。たとえば，オフィス空間における創造性を促進する特定の要因が明らかになれば，創造性を促進するオフィスデザインを設計する有力な示唆が得られるだろう（Zhou & Shalley, 2003）。さらに，オフィス空間を超えて，組織構造までをもその範疇にとらえることができる。創造性と組織デザインに関する研究も，今後の展開が期待される領域である。

　第8に創造性の発揮が環境，認知，思考能力といった創造性の規定要因に影響を及ぼす可能性にも留意すべきだろう。たとえば，創造的な行動を積極的に取ることで，本人のポジティブな感情が促進されることが明らかになっている（Li, Yang et al., 2022）。本書ではこれまで，創造性を最終的な結果変数としてとらえ，創造性をいかにして促進するかに焦点をあてて先行研究を振り返ってきたが，近年創造性が説明変数となる分析モデルを検証する研究も散見されるようになってきた。すなわち，創造性の発揮がゴールではなく，その後の一人一人の肯定的な感情やウェルビーイング（Rasulzada & Dackert, 2009）につながっていくという新たな研究動向といえる。2000年代以降進展したポジティブ組織行動やポジティブ心理学研究を背景としてこれからの展開が期待される。

終　章　創造性研究の課題と展望

◆ 5　実践的含意：創造性を発揮できる組織づくりに向けて

　最後に，本書を通じて，提示できる実践的含意を記述し，締めくくりとしたい。

　第1に，ビジネスにおける創造性の重要性があらためて確認できただろう。本書を含め，これまでの創造性研究を振り返ると，創造性が企業組織にとって，重要なリソースであることは明らかである。企業の長期的な存続や成長を考えるならば，創造性を促進することが有効な手段であるといえる。一方で，重要なリソースである創造性を企業の従業員がどの程度発揮できているかを，客観的，かつ，正確に把握するシステムが，現在の企業にはない（George & Zhou, 2001）といわざるを得ない。

　創造性を発揮することは，ある一面では，現状を否定し，打破することでもある。必然的に周囲からの反発も予想されよう。したがって，周囲からの肯定的なフィードバックや支持が創造性の発揮を促すことは明らかである。また，創造性が，企業の存続や競争力の確保という観点から戦略的に重要だと認識するならば，高い創造性には相応の評価と処遇も必要である。そのためには，本書で示した創造性研究の知見を人的資源管理の諸施策に応用することが求められるだろう。従来の評価制度や報酬制度が，創造性の発揮との整合性を持っているとは思えない。効率性や協調性を重視した評価や処遇システムでは，有用性や独創性を重視する創造性を適切に評価し，報酬を提供することは困難だといえるだろう。

　第2に，創造性を促進する処遇のあり方について指摘できる。先ほど，創造性評価の重要性を指摘したが，報酬制度についても創造性との整合性を考えねばならない。ただし，処遇を考えるうえで，Amabileらが指摘する外的報酬によるクラウディングアウト効果を考慮しなければならない。彼（女）らは，内発的モチベーションを重視し，外的報酬による内発的モチベーションに対する阻害効果を指摘している。創造性発揮に対して，外的報酬を明確に結びつける報酬制度は必ずしも，創造性の促進につながらない。特に，あらかじめ創造性発揮の対価として外的報酬を約束するシステムは，

207

こうした阻害効果が働きやすい。アイデアの数に応じて，直接報奨金を支払うようなやり方は，内発的モチベーションを阻害し，アイデアの数のみに努力の対象を限定させてしまう。結果的に，新奇性や有用性という観点からは，望ましい結果が生まれないだろう。したがって，創造性に対する報酬制度としては，統制的機能をできるだけ回避する制度が望ましく，情報的機能に焦点をあてることが重要である。報酬そのものに動機づけられるのではなく，報酬の提供が心理的エンパワーメントや自己効力感を刺激するような仕組みが求められよう。たとえば，ストックオプションや利益配分制度のように，個人の創造性発揮と直接的に結びつかない報酬制度は，長期的なコミットメントを高め，内発的モチベーションを阻害しにくいため，外的報酬であっても創造性を妨げる傾向が弱い（Zhou & Shalley, 2003）だろう。

　第3に，職場における上司のリーダーシップや対人関係について指摘できる。社会環境アプローチや認知アプローチで指摘されたように，上司によるサポートや創造性の奨励，支持的な雰囲気は，創造性を促進する。これは，従業員を甘やかすという意味ではなく，創造性が，現状の否定からはじまることが多く，周りから否定的にとらえられがちであることに関係している。周りから否定的にとらえられるような創造性発揮に際して上司がサポートすること，たとえ現状批判であっても新たな提案やアイデアを生み出すことを上司が奨励すること，すなわち，職場や企業が創造性を評価するという環境は，創造性を発揮しようという従業員に力強いメッセージとなる。こうした流れを踏まえ，変革型リーダーシップにくわえ，インクルーシブ・リーダーシップ（Carmeli et al., 2010; Javed et al., 2019, 2021）や部下の強みに焦点をあてるリーダーシップ（Ding & Quan, 2021）が創造的自己効力感や心理的安全性の刺激を通じて，部下の革新的行動を高めるという一連のプロセスを確認する研究や，虐待的（abusive）リーダーシップ（Liu et al., 2012）や交換型リーダーシップ（Chua, Lim & Wiruchnipawan, 2022）が部下の創造性を阻害する研究もみられるようになった。こうした研究が増えていることは創造性発揮における上司の支援的行動の重要性を改めて認識させる。

　第4に，創造的な人材の選抜や採用について指摘できる。パーソナリティアプローチや思考能力アプローチの先行研究を振り返ると，創造性の発揮が

終　章　創造性研究の課題と展望

期待される個人を従業員として採用することが望ましいように思える。もちろん，他の条件がすべて同じであると仮定すれば，そうした選抜システムも有効である。ただし，創造的なパーソナリティ特性や思考能力を持った人物は，創造性を発揮する可能性が相対的に高いだけであるという点に留意すべきである。つまり，ポテンシャルとしての創造性が高いということであって，創造性発揮が必ずしも約束されるわけではない。そのプロセスには，様々な外的要因や，モチベーションや自己効力感といった個人の内的要因が媒介しているのである。したがって，創造的な人材の選抜・採用といった人的資源管理上の施策を実施する前に，従業員のポテンシャルを引き出す条件である環境要因や認知要因を改めて検証することが必要となる。創造性の資質を十分に引き出せる環境があってこそ，創造性の資質を選抜や採用に応用することが意味をなすといえる。

　第5に，創造性開発のための教育訓練が指摘できる。特に，思考能力アプローチにおいては，創造性に資する能力についての研究が蓄積されてきた。そこでは，拡散的思考能力を測定する方法が検討され，拡散的思考能力が創造性を左右する有力な要因であることも指摘された。したがって，創造性を促進するためには，こうした能力を高める必要がある。たとえば，概念の拡張を目的とするトレーニング方法（SCAMPER）はアイデアの独創性を改善し，概念の組み合わせを目的とするトレーニング方法（ランダムコネクション）や認知の柔軟性を目的とするトレーニング方法（スキーマバイオレーション）はアイデアの流暢性とアイデアの柔軟性を促進する（Gu et al., 2022）ことが検証されている。こうした最新の検証結果を参考にすることが有益だろう。これまでの企業における教育訓練の内容は，拡散的思考能力をはじめとする創造性を発揮する知的能力の開発に焦点をおいていないのではないだろうか。今後，創造性を高めるという観点から，教育訓練のあり方を再検討することも必要であろう。また，こうした教育訓練の導入や実施は，職場の創造性を育む雰囲気を醸成し，従業員自身が創造的であろうとする意識を高める。創造性開発という側面だけでなく，創造性発揮と整合的な環境作りにもつながる。

　第6に，創造性を人の本来持つ潜在能力，可能性としてとらえることをと

おして，ポジティブ組織行動と整合的な人的資源管理施策を構築する必要性が指摘できる。そこでは，できるだけミスを少なくするような TQC 活動で重視される発想とは真逆の思考が求められる。できるだけミスを少なくするようにプレッシャーを受ければ，多くの人は新たなアイデアを開示したり，これまでとは異なるやり方を試したりすることに躊躇する。

　創造性の発揮は本質的にこれまでのやり方やルールの否定と深く関連するため，失敗を許容しない人的資源管理制度の下では，誰しも挑戦に消極的になるだろう。ポジティブ組織行動で目指される潜在能力や可能性の発揮には，挑戦によるミスや挫折経験は将来の探索や成長のために有益である。自己効力感やレジリエンスを持つ人はミスをしないことよりも，何か新しいことに積極的に挑戦する拡張的な行動を示すのである。こうした挑戦的な行動が結果的に創造性を生み出し，最終的には組織レベルでのイノベーションにつながるのである。

　創造性を促進する人的資源管理制度を構築しようとするなら，厳格な KPI 設定のようなマネジメントではなく，挑戦に前向きになれるような，ミスに対して寛大なマネジメントを志向し，それに適合した制度に変革すべきである。

　以上，本書の実践的含意を提示した。特に，人的資源管理という側面と関連づけながら，含意を記述したのは，創造性の主体が「人」だからである。また，創造的な人こそが，現代のような VUCA 社会において，もっとも貴重なリソースである。人の生み出す創造性を，いかに測定し，評価し，処遇するか。そして，従業員の創造性を適切に開発することによって，競争優位につながる好循環を実現することこそ，創造的な人材育成に他ならない。創造性は人にのみ発揮できるものだとすれば，創造性の高い人材を育成することこそ，創造性の促進につながる王道であるといえる。すなわち，創造的な人材育成は，創造性マネジメントの中核をなす重要な機能であるといえる。日本企業がこれまであまり得意としてこなかった，創造的人材育成機能の重要性を改めて指摘し，本書の結びとしたい。

210

参考文献

欧文献

Abbey, A., & Dickson, J. W.(1983). "R & D Work Climate and Innovation in Semiconductors," *Academy of Management Journal*, Vol. 26, pp. 362-368.

Acar, S., Tadik, H., Myers, D., Van der Sman, C., & Uysal, R.(2021). "Creativity and Well-being: A Meta-analysis," *The Journal of Creative Behavior*, Vol. 55, No. 3, pp. 738-751.

Adams, J. L.(1974). *Conceptual Blockbusting*, W. W. Norton & Company (恩田彰訳『創造的思考の技術』ダイヤモンド社、1983年).

Ahearne, M., Mathieu, J., & Rapp, A.(2005). "To Empower or Not to Empower Your Sales Force? An Empirical Examination of the Influence of Leadership Empowerment Behavior on Customer Satisfaction and Performance," *Journal of Applied Psychology*, Vol. 90, pp. 945-955.

Aiken, L. S., & West, S. G.(1991). *Multiple Regression: Testing and Interpreting Interactions*, Sage.

Alge, B. J., Ballinger, G. A., Tangirala, S., & Oakley, J. L.(2006). "Information Privacy in Organizations: Empowering Creative and Extrarole Performance," *Journal of Applied Psychology*, Vol. 9, pp. 221-232.

Allen, N. J., & Meyer J. P.(1996). "Affective, Continuance, and Normative Commitment to the Organization: An Examination of Construct Validity," *Journal of Vocational Behavior*, Vol. 49, No. 3, pp. 252-276.

Alston, D. J.(1971). "A Comparison of Motor Creativity with Verbal Creativity and Figural Creativity of Black Culturally Deprived from Children," *Dissertation Abstracts International*, No. 32, 2458A (University Microfilms No. 71-26, 932).

Althuizen, N., Wierenga, B., & Rossiter, J.(2010). "The Validity of Two Brief Measures of Creative Ability," *Creativity Research Journal*, Vol. 22, No. 1, pp. 53-61.

Amabile, T. M. (1979). "Effects of External Evaluation on Artistic Creativity," *Journal of Personality and Social Psychology*, Vol. 37, pp. 221-233.

Amabile, T. M.(1982). "Children's Artistic Creativity: Detrimental Effect of Competition in a Field Setting," *Personality and Social Psychology Bulletin*, No. 8, pp. 573-578.

Amabile, T. M.(1983a). *The Psychology of Creativity*, Springer-Verlag.

Amabile, T. M.(1983b). "The Social Psychology of Creativity: A Componential Conceptualization," *Journal of Personality and Social Psychology*, No. 45, pp. 357-376.

Amabile, T. M.(1985). "Motivation and Creativity: Effect of Motivational Orientation on Creative Writers," *Journal of Personality and Social Psychology*, Vol. 48, pp. 393-399.

Amabile, T. M.(1988). "A Model of Creativity and Innovation in Organizations," in Stew, B. M. & Cummings, L. L.(Eds.), *Research in Organizational Behavior*, Vol. 10, pp. 123-167.

Amabile, T. M.(1990). "Within You, Without You: The Social Psychology of Creativity, and Beyond," in Runco, M. A. & Albert, R. S.(Eds.), *Theories of Creativity*, Sage, pp. 61-91.

Amabile, T. M.(1992). "Social Environments That Kill Creativity," in Gryskiewicz, S. S. & Hills, D.

A., *Readings in Innovation*, CCL, pp. 1-18.

Amabile, T. M.(1996). *Creativity in Context: Update to the Social Psychology of Creativity*, Westview Press.

Amabile, T. M.(1998). "How to Kill Creativity," *Harvard Business Review On Breakthrough Thinking*, Vol. 76, No. 5, pp. 77-87.

Amabile, T. M.(2017). "In Pursuit of Everyday Creativity," *The Journal of Creative Behavior*, Vol. 51, No. 4, pp. 335-337.

Amabile, T. M., Barsade, S. G., Mueller, J. S., & Staw, B. M.(2005). "Affect and Creativity at Work," *Administrative Science Quarterly*, Vol. 50, pp. 367-403.

Amabile, T. M., & Conti, R.(1999). "Changes in the Work Environment for Creativity During Downsizing," *Academy of Management Journal*, Vol. 42, No. 6, pp. 630-640.

Amabile, T. M., Conti, R., Coon, H., Lazenby J., & Herron, M.(1996). "Assessing the Work Environment for Creativity," *Academy of Management Journal*, Vol. 39, No. 5, pp. 1154-1184.

Amabile, T. M., & Gitomer, J.(1984). "Children's Artistic Creativity: Effects of Choice in Task Materials," *Personality and Social Psychology Bulletin*, No. 10, pp. 209-215.

Amabile, T. M., Goldfarb, P., & Blackfield, S. C.(1990). "Social Influences on Creativity: Evaluation, Cognition, and Surveillance," *Creativity Research Journal*, No. 3, pp. 6-21.

Amabile, T. M., & Gryskiewicz, S. S.(1987). *Creativity in the R & D Laboratory*, CCL.

Amabile, T. M., & Grysliewicz, N. D.(1989). "The Creative Environment Scales: Work Environment Inventory," *Creativity Research Journal*, Vol. 2, pp. 231-253.

Amabile, T. M., Hill, K. G., Hennessey, B. A., & Tighe, E. M.(1994). "The Work Preference Inventory: Assessing Intrinsic and Extrinsic Motivational Orientations," *Journal of Personality and Social Psychology*, Vol. 66, No. 5, pp. 950-967.

Amabile, T. M., Schatzel, E. A., Moneta, G. B., & Kramer, S. J.(2004). "Leader Behaviors and the Work Environment for Creativity: Perceived Leader Support," *The Leadership Quarterly*, Vol. 15, pp. 5-32.

Amabile, T. M., & Sensabaugh, S. J.(1992). "High Creativity Versus Low Creativity: What Makes the Difference?" in Gryskiewicz, S. S. & Hills, D. A., *Readings in Innovation*, CCL, pp. 19-28.

Ancona, D. G., & Caldwell, D. F.(1992). "Demography and Design: Predictors of New Product Team Performance," *Organization Science*, No. 3, pp. 321-341.

Anderson, H. H.(1959) *Creativity and its Cultivation: Addresses Presented at the Interdisciplinary Symposia on Creativity*, Harper.

Anderson, N. R., & West, M. A.(1994). *Team Climate Inventory: Manual and Users' Guide*, Nfer Nelson.

Andrews, F. M.(1979). *Scientific Productivity*, Cambridge University Press.

Andrews, F. M., & Farris, G. F.(1967). "Supervisory Practices and Innovation in Scientific Teams," *Personnel Psychology*, Vol. 20, pp. 497-575.

Andrews, F. M., & Farris, G. F.(1972). "Time Pressure and Performance of Scientists and Engineers: A Five Years Panel Study," *Organizational Behavior and Human Performance*, Vol. 8, pp. 185-200.

Arieti, S.(1967). *Creativity: Magic Synthesis*, Basic Books（加藤正明・清水博之訳『創造力—原初

からの統合―』新曜社，1980年）．

Austin, J. H.(1978). *Chase, Chance and Creativity*, Columbia University Press（横井晋訳『ある神経学者の歩いた道―追求・チャンスと創造性―』金剛出版，1989年）．

Avey, J. B., Lynn Richmond, F., & Nixon, D. R.(2012). "Leader Positivity and Follower Creativity: An Experimental Analysis," *The Journal of Creative Behavior*, Vol. 46, No. 2, pp. 99-118.

Baer, M., Leenders, R. T. A. J., Oldham, G. R., & Vadera, A. K.(2010), "Win or Lose the Battle for Creativity: The Power and Perils of Intergroup Competition," *Academy of Management Journal*, Vol. 53, No. 4, pp. 827-845.

Baer, M., & Oldham, G. R.(2006). "The Curvelinear Relation between Experienced Creative Time Pressure and Creativity: Moderating Effect of Openness to Experience and Support for Creativity," *Journal of Applied Psychology*, Vol. 91, pp. 963-970.

Baer, M., Oldham, G. R., Jacobsohn, G. C., & Hollingshead, A. B.(2008). "The Personality Composition of Teams and Creativity: The Moderating Role of Team Creative Confidence," *The Journal of Creative Behavior*, Vol. 42, No. 4, pp. 255-282.

Bailey, R. L.(1978). *Disciplined Creativity:For Engineers*, Butterworth-Heinemann（磯部昭二・松井昌夫共訳『技術者のための創造性開発訓練法』開発社，1982年）．

Bailyn, L.(1985). "Autonomy in the Industrial R & D Laboratory," *Human Resource Management*, No. 24, pp. 129-146.

Bain, M., & Pirola-Merlo, A.(2001). "The Innovation Imperative: The Relationships between Team Climate, Innovation, and Performance in Research and Development Teams," *Small Group Research*, Vol. 32, No. 1, pp. 55-73.

Bandura, A.(1969). *Principles of Behavior Modification*, Holt, Renehart & Winston.

Bandura, A.(1997). *Self-efficacy: The Exercise of Control*, Freeman.

Barron, F.(1955). "The Disposition Toward Originality," *The Journal of Abnormal and Social Psychology*, Vol. 51, pp. 478-485.

Barron, F., & Harrington, D. M.(1981). "Creativity, Intelligence, and Personality," *Annual Review of Psychology*, No. 32, pp. 439-476.

Barron, R. M., & Kenny, D. A.(1986). "The Moderator-mediator Variable Distinction in Social Psychological Research: Conceptual, Strategic and Statistical Considerations," *Journal of Personality and Social Psychology*, Vol. 51, pp. 1173-1182.

Barron, R. S.(1986). "Distraction-conflict Theory: Progress and Problems," in Berkowitz L.(Ed.), *Advances in Experimental Social Psychology*, Vol. 19, pp. 1-40.

Bartis, S., Szymanski, K., & Harkins, S. G.(1988). "Evaluation and Performance: A Two Edged Knife," *Personality and Social Psychology Bulletin*, Vol. 14, pp. 242-251.

Basadur, M. S., & Finkbeiner, C. T.(1985). "Measuring Preference for Ideation in Creative Problem-Solving Training," *The Journal of Applied Behavioral Science*, Vol. 21, No. 1, pp. 37-49.

Basadur, M. S., Graen, G. B., & Green, G. B.(1982). "Training in Creative Problem Solving: Effects on Ideation and Problem Finding in an Applied Research Organization," *Organizational Behavior and Human Performance*, Vol. 30, pp. 41-70.

Basadur, M. S., Graen, G. B., & Scandura, T. A.(1986). "Training Effects on Attitudes toward Divergent Thinking among Manufacturing Engineers," *Journal of Applied Psychology*, Vol. 71,

pp. 612-617.

Basadur, M. S., & Hausdorf, P. A.(1996). "Measuring Divergent Thinking Attitudes Related to Creative Problem Solving and Innovation Management," *Creativity Research Journal*, Vol. 9, No. 1, pp. 21-32.

Basadur, M. S., Wakabayashi, M., & Graen, G. B.(1990). "Attitudes toward Divergent Thinking Before and After Training: Focusing upon the Effect of Individual Problem Solving Styles," *Creativity Research Journal*, Vol. 3, pp. 22-32.

Bateman, T. S., Griffin, R. W., & Rubinstein, D.(1987). "Social Information Processing and Group-included Shifts in Response to Task Design," *Group & Organizaton Studies*, Vol. 12, pp. 88-108.

Becker, M.(1995). "Nineteenth-Century Foundations of Creativity Research," *Creativity Research Journal*, Vol. 8, No. 3, pp. 219-229.

Beghetto, R. A., & Kaufman, J. C.(2007). "Toward a Broader Conception of Creativity: A Case for 'Mini-c' Creativity," *Psychology of Aesthetics, Creativity, and the Arts*, Vol. 1, No. 2, p. 73.

Beghetto, R. A., Kaufman, J. C., & Hatcher, R.(2016). "Applying Creativity Research to Cooking," *The Journal of Creative Behavior*, Vol. 50, No. 3, pp. 171-177.

Beittel, K. R.(1964). "Creativity in the Visual Arts in Higher Education," in Taylor, C. W.(Eds.), *Widening Horizons in Creativity*, Wiley.

Bender, S. W., Nibbelink, B., Towner-Thyrum, E., & Vredenburg, D.(2013). "Defining Characteristics of Creative Women," *Creativity Research Journal*, Vol. 25, No. 1, pp. 38-47.

Bergman, J.(1979). "Energy Levels: An Important Factor in Identifying and Facilitating the Development of Giftedness in Young Children," *Creative Child and Adult Quarterly*, No. 4, pp. 181-188.

Bethune, G. W.(1837). *Genius*, Mentz.

Binet, A., & Henri, V.(1896). "La Psychologie Individuelle (Individual Psychology)," *Annee Psychologique*, No. 2, pp. 411-465.

Bledow, R., Rosing, K., & Frese, M.(2013). "A Dynamic Perspective on Affect and Creativity," *Academy of Management Journal*, Vol. 56, No. 2, pp. 432-450.

Boersma, F. J., & O'Bryan, K.(1967). "An Investigation of the Relationship between Creativity and Intelligence under Two Considerations of Testing," *Journal of Personality*, No. 36, pp. 341-348.

Bottger, P. C. & Yetton, P. W.(1987). "Improving Group Performance by Training in Individual Problem Solving," *Journal of Applied Psychology*, Vol. 72, pp. 651-657.

Boyatzis, R.(1982). *The Competent Manager: A Model for Effective Performance*, Wiley.

Brabandere, L.(2005). *The Forgotten Half of Change*, Dearborn Trade Publishing（森澤篤監訳・秋葉洋子訳『BCG流非連続思考法』ダイヤモンド社，2006年）.

Brain, N., & Marcy, B.(1999). *The People Advantage*, Macmillan Press（堀博美訳『人材価値評価―コンピテンシー重視人事の実践―』東洋経済新報社，2001年）.

Briggs, K., & Myers, I.(1976). *The Myers-Briggs Type Indicator*, Consulting Psychologists Press.

Brown, R. T.(1989). "Creativity: What Are We to Measure?," in Glover, J. A., Ronning, R. R. & Reynolds, C. R.(Eds.), *Handbook of Creativity*, Plenum Press, pp. 3-32.

参考文献

Browne, M. W., & Cudeck, R.(1989). "Single Sample Cross-validation Indices for Covariance Structures," *Multi-variate Behabioral Research*, Vol. 24, pp. 445-455.

Bunce, D., & West, M. A.(1995). "Self Perceptions of Group Climate as Predictors of Individual Innovation at Work," *Applied Psychology: An International Review*, Vol. 44, pp. 199-215.

Burkhardt, M. E., & Brass, D. J.(1990). "Changing Patterns or Patterns of Change: The Effect of a Change in Technology on Social Network Structure and Power," *Administrative Science Quarterly*, Vol. 35, pp. 104-127.

Burringham, C., & West, M. A.(1995). "Individual, Climate, and Group Interaction Processes as Predictors of Work Team Innovation," *Small Group Research*, Vol. 36, pp. 106-117.

Callero, P. L.(1985). "Role-identity Salience," *Social Psychology Quarterly*, Vol. 48, pp. 201-215.

Cambell, J. A., & Willis, J.(1978). "Modifying Components of Creative Behavior in the Natural Environment," *Behavior Modification*, Vol. 2, pp. 549-564.

Campbell, D.(1960). "Blind Variation and Selective Retention in Creative Thought as in Other Knowledge Process," *Psychologist Review*, No. 67, pp. 380-400.

Carmeli, A., McKay, A. S., & Kaufman, J. C.(2014). "Emotional Intelligence and Creativity: The Mediating Role of Generosity and Vigor," *The Journal of Creative Behavior*, Vol. 48, No. 4, pp. 290-309.

Carmeli, A., & Paulus, P. B.(2015). "CEO Ideational Facilitation Leadership and Team Creativity: The Mediating Role of Knowledge Sharing," *The Journal of Creative Behavior*, Vol. 49, No. 1, pp. 53-75.

Carmeli, A., Reiter-Palmon, R., & Ziv, E.(2010). "Inclusive Leadership and Employee Involvement in Creative Tasks in the Workplace: The Mediating Role of Psychological Safety," *Creativity Research Journal*, Vol. 22, No. 3, pp. 250-260.

Carmeli, A., Sheaffer, Z., Binyamin, G., Reiter-Palmon, R., & Shimoni, T.(2014). "Transformational Leadership and Creative Problem-solving: The Mediating Role of Psychological Safety and Reflexivity," *The Journal of Creative Behavior*, Vol. 48, No. 2, pp. 115-135.

Carson, S. H., Peterson, J. B., & Higgins, D. M.(2005). "Reliability, Validity, and Factor Structure of the Creative Achievement Questionnaire," *Creativity Research Journal*, Vol. 17, No. 1, pp. 37-50.

Chang, Y. S., Chien, Y. H., Yu, K. C., Lin, H. C., & Chen, M. Y. C.(2016). "Students' Innovative Environmental Perceptions and Creative Performances in Cloud-based M-learning," *Computers in Human Behavior*, Vol. 63, pp. 988-994.

Charyton, C., Basham, K. M., & Elliott, J. O.(2008). "Examining Gender with General Creativity and Preferences for Creative Persons in College Students within the Sciences and the Arts," *The Journal of Creative Behavior*, Vol. 42, No. 3, pp. 216-222.

Chase, C. I.(1985). "Review of the Torrance Tests of Creative Thinking," in Mitchell Jr., J. V.(Ed.), *The Ninth Mental Measurements Yearbook*, University of Nebraska, Buros Institute of Mental Measurements, pp. 1631-1632.

Chen, B., Hu, W., & Plucker, J. A.(2016). "The Effect of Mood on Problem Finding in Scientific Creativity," *The Journal of Creative Behavior*, Vol. 50, No. 4, pp. 308-320.

Cho, S. H., Nijenhuis, J. T., Van Vianen, A. E., KIM, H. B., & Lee, K. H.(2010). "The Relationship

Between Diverse Components of Intelligence and Creativity," *The Journal of Creative Behavior*, Vol. 44, No. 2, pp. 125-137.

Choi, J. N.(2004). "Individual and Contextual Predictors of Creative Performance: The Mediating Role of Psychological Processes," *Creativity Research Journal*, Vol. 16, No. 2-3, pp. 187-199.

Chua, R. Y., Lim, J. H., & Wiruchnipawan, W.(2022). "Unlocking the Creativity Potential of Dialectical Thinking: Field Investigations of the Comparative Effects of Transformational and Transactional Leadership Styles," *The Journal of Creative Behavior*, Vol. 56, No. 2, pp. 258-273.

Clark, P. M., & Mirels, H. L.(1970). "Fluency as Pervasive Elements in the Measurement of Creativity," *Journal of Educational Measurement*, Vol. 7, pp. 83-86.

Cohen, J., & Cohen, P.(1983). *Applied Multiple Regression/Correlation Analysis for the Behavioral Sciences 2nd ed.*, Erlbaum.

Cohen, W. M., & Levinthal, D. A.(1990). "Absorptive Capacity: A New Perspective on Learning and Innovation," *Administrative Science Quarterly*, No. 35, pp. 128-152.

Cohen-Meitar, R., Carmeli, A., & Waldman, D. A.(2009). "Linking Meaningfulness in the Workplace to Employee Creativity: The Intervening Role of Organizational Identification and Positive Psychological Experiences," *Creativity Research Journal*, Vol. 21, No. 4, pp. 361-375.

Costa, P. T., & McCrae, R. R.(1992). *Revised NEO Personality Inventory （NEO PI-R) and NEO Five-Factor Inventory （NEO-FFI) Professional Manual*, Psychologocal Assessment Resources.

Cox, C. M.(1926). *The Early Mental Traits of Three Hundred Geniuses*, Stanford University Press.

Cropley, A. J.(1967). *Creativity*, Longmans.

Csikszentmihalyi, M.(1975). "Play and Intrinsic Rewards," *Journal of Humanistic Psychology*, No. 15, pp. 41-63.

Csikszentmihalyi, M.(1988). "Society, Culture, and Person: A Systems View of Creativity," in Sternberg, R. J.(Eds.), *The Nature of Creativity*, Cambridge University Press, pp. 325-339.

Csikszentmihalyi, M.(1996). *Creativity : Flow and the Psychology of Discovery and Invention*, Harper Collins Publishers.

Cunningham, J. B., & MacGregor, J. N.(2014). "Productive and Re-productive Thinking in Solving Insight Problems," *The Journal of Creative Behavior*, Vol. 48, No. 1, pp. 44-63.

Cummings, L. L.(1965). "Organization Climates for Creativity," *Academy of Management Jounal*, Vol. 3, pp. 220-227.

Cummings, L. L., & O'Connell, M. J.(1978). "Organizational Innovation," *Journal of Business Research*, No. 6, pp. 33-50.

Curşeu, P. L.(2010). "Team Creativity in Web Site Design: An Empirical Test of a Systemic Model," *Creativity Research Journal*, Vol. 22, No. 1, pp. 98-107.

Dabrowski, K.(1938). "Types of Increased Psychic Excitability," *Biuletyn Instytut Higieny Psychicnzej*, pp. 9-21.

Dahmen-Wassenberg, P., Kämmerle, M., Unterrainer, H. F., & Fink, A.(2016). "The Relation Between Different Facets of Creativity and the Dark Side of Personality," *Creativity Research Journal*, Vol. 28, No. 1, pp. 60-66.

Darwin, C.(1859). *On the Origin of Species by Means of Natural Selection*, Hayes Barton.

参考文献

Dauw, D. C.(1965). "Life Experiences, Vocational Needs and Choices of Original Thinkers and Good Elaborators," *Dissertation Abstracts*, No. 26, 5223（University Microfilms Order No. 65-15, 250).

Davis, C. D., Kaufman, J. C., & McClure, F. H.(2011). "Non-cognitive Constructs and Self-reported Creativity by Domain," *The Journal of Creative Behavior*, Vol. 45, No. 3, pp. 188-202.

De Bono, E.(1967). *New Think*, The Perseus Books Group（白井實訳『水平思考の世界―電算機時代の創造的思考法―』講談社，1969年).

Deci, E. L. & Ryan, R. M.(1985). *Intrinsic Motivation and Self-determination in Human Behavior*, Plenum.

De Jesus, S. N., Rus, C. L., Lens, W., & Imaginário, S.(2013). "Intrinsic Motivation and Creativity Related to Product: A Meta-analysis of the Studies Published Between 1990-2010," *Creativity Research Journal*, Vol. 25, No. 1, pp. 80-84.

Dellas, M., & Gaiser, E. L.(1970). "Identification of Creativity: The Individual," *Psychological Bulletin*, No. 73, pp. 55-73.

Deweck, C. S., & Leggett, E. L.(1988). "A Social-Cognitive Approach to Motivation and Personality," *Psychological Review*, Vol. 95, pp. 256-273.

Dewett, T.(2007). "Linking Intrinsic Motivation, Risk Taking, and Employee Creativity in an R & D Environment," *R & D Management*, Vol. 37, No. 3, pp. 137-208.

Dewey, J.(1933). *How We Think*, D. C. Health.

Dijksterhuis, A., & Meurs, T.(2006). "Where Creativity Resides: The Generative Power of Unconscious Thought," *Consciousness and Cognition*, Vol. 15, pp. 135-146.

Dijksterhuis, A., & Nordgren, L. R.(2006). "A Theory of Unconscious Thought," *Perspectives on Psychological Science*, Vol. 1, pp. 95-109.

Ding, H., & Quan, G.(2021). "How and When Does Follower's Strengths-based Leadership Relate to Follower Innovative Behavior: The Roles of Self-efficacy and Emotional Exhaustion," *The Journal of Creative Behavior*, Vol. 55, No. 3, pp. 591-603.

Dixon, J.(1979). "Quality Versus Quantity: The Need to Control for the Fluency Factor in Originality Scores from the Torrance Tests," *Journal for the Education of the Gifted*, No. 2, pp. 70-79.

Edmondson, A.(1999). "Psychological Safety and Learning Behavior in Work Teams," *Administrative Science Quarterly*, Vol. 44, pp. 350-383.

Eisenberg, J., & Thompson, W. F.(2011). "The Effects of Competition on Improvisers' Motivation, Stress, and Creative Performance," *Creativity Research Journal*, Vol. 23, No. 2, pp. 129-136.

Eisenberger, R., & Armeli, S.(1997). "Can Salient Reward Increase Creative Performance without Reducing Intrinsic Creatice Interest?" *Journal of Personality and Social Psychology*, Vol. 72, pp. 652-663.

Eisenberger, R., & Rhoades, L.(2001). "Incremental Effects of Rewards on Creativity," *Journal of Personality and Social Phychology*, Vol. 81, No. 4, pp. 728-741.

Eisenhardt, K. M.(1989). "Building Theories from Case Study Research," *Academy of Management Review*, Vol. 14, No. 4, pp. 532-550.

Ekvall, G.(1996). "Organizational Climate for Creativity and Innovation," *Europian Journal of*

Work and Organizational Psychology, Vol. 5, No. 1, pp. 105-123.

Ekvall, G., Arvonen, J., & Waldenstrom-Lindblad (1983). *Creative Organizational Climate: Construction and Validation of a Measuring Instrument (Report No. 2)*, Swedish Council for Management and Organizational Behavior.

Elliot, E. S. & Deweck, D. S.(1988). "Goals: An Approach to Motivation and Achievement," *Journal of Personality and Social Psychology*, Vol. 54, pp. 5-12.

Elliot, J. M.(1964). "Measuring Creative Abilities in Public Relations and in Advertising Work," in Taylor, C. W.(Eds.), *Widening Horizons in Creativity*, Wiley. pp. 396-400.

Epstein, R.(1991) "Skinner, Creativity, and the Problem of Spontaneous Behavior," *Psychological Science*, Vol. 6, pp. 362-370.

Epstein, R.(1996a). *Cognition, Creativity, and Behaviour: Selected Essays*, Praeger.

Epstein, R.(1996b). *Creativity Games for Trainers*, McGraw-Hill.

Epstein, R.(1999). "Generativity Theory and Creativity," in Runco, M. A. & Pritzker, S.(Eds.), *Encyclopedia of Creativity*, Academic Press, pp. 759-766.

Epstein, R.(2000). *The Big Book of Creativity Games*, McGraw-Hill.

Epstein, R., & Phan, V.(2012). "Which Competencies Are Most Important for Creative Expression?," *Creativity Research Journal*, Vol. 24, No. 4, pp. 278-282.

Epstein, R. Schmidt, S. M., & Warfel, R.(2008). "Measuring and Training Creativity Competencies: Validation of a New Test," *Creativity Research Journal*, Vol. 20, No. 1, pp. 7-12.

Evans, J. R.(1991). *Creative Thinking in the Decision and Management Sciences*, South-Western.

Fairchild, J., & Hunter, S. T.(2014). "'We've Got Creative Differences': The Effects of Task Conflict and Participative Safety on Team Creative Performance," *The Journal of Creative Behavior*, Vol. 48, No. 1, pp. 64-87.

Fange, V.(1959). *Professional Creativity*, Prentice Hall (加藤八千代・岡村和子訳『創造性の開発』岩波書店、1963年).

Farmer, S. M., Tierney, P., & Kung-McIntyre, K.(2003). "Employee Creativity in Taiwan: An Application of Role Identity Theory," *Academy of Management Journal*, Vol. 46, No. 5, pp. 618-630.

Feist, G. J.(1998). A Meta-Analysis of Personality in Scientific and Artistic Creativity, *Personality and Social Psychology Review*, Vol. 2, No. 4, pp. 290-309.

Feist, G. J.(1999). "Affect in Artistic and Scientific Creativity," in Russ, S. W.(Eds.), *Affect Creative Experience and Psychological Adjustment*, Brunner/Mazel, pp. 93-108.

Feist, G. J., & Runco, M. A.(1993). "Trends in the Creativity Literature: An Analysis of Research in the Journal of Creative Behavior (1967-1989)," *Creativity Research Journal*, Vol. 6, pp. 271-286.

Fernández-Abascal, E. G., & Díaz, M. D. M.(2013). "Affective Induction and Creative Thinking," *Creativity Research Journal*, Vol. 25, No. 2, pp. 213-221.

Finke, R. A. Ward, T. B., & Smith, S. M.(1992). *Creative Cognition*, Massachusetts Institute of Technology (小橋康章訳『創造的認知―実験で探るクリエイティブな発想―』森北出版、1999年).

Flashery, A. W.(2004). *The Midnight Disease*, Owl's Agency (吉田利子訳『書きたがる脳―言語と

創造性の科学―』ランダムハウス講談社，2006年）．

Fleming, E. S., & Weintraub, S.(1962). "Attitudinal Rigidity as a Measure of Creativity in Gifted Children," *Journal of Educational Psychology*, No. 53, pp. 81-85.

Fogas, J. P.(1992). "Affect in Social Judgements and Decisions: A Multiprocess Approach," in Zanna, M.(Eds.), *Advances in Experimental Social Psychology*, Academic Press, pp. 227-276.

Fong, C. T.(2006). "The Effect of Emotional Ambivalence on Creativity," *Academy of Management Journal*, Vol. 49, No. 5, pp. 1016-1030.

Fredrickson, B. L.(2001). "The Role of Positive Emotions in Positive Psychology: The Broadenand-build Theory of Positive Emotions," *American Psychologist*, Vol. 56, pp. 218-226.

Friedman, R. S.(2009). "Reinvestigating the Effects of Promised Reward on Creativity," *Creativity Research Journal*, Vol. 21, No. 2-3, pp. 258-264.

Frorida, R.(2005). *The Fight of The Creative Class*, Harper Collins Publishers（井口典夫訳『クリエイティブ・クラスの世紀―新時代の国，都市，人材の条件―』ダイヤモンド社，2007年）．

Furnham, A., & Bachtiar, V.(2008). "Personality and Intelligence as Predictors of Creativity," *Personality and Individual Differences*, Vol. 45, No. 7, pp. 613-617.

Fusi, G., Lavolpe, S., Crepaldi, M., & Rusconi, M. L.(2021). "The Controversial Effect of Age on Divergent Thinking Abilities: A Systematic Review," *The Journal of Creative Behavior*, Vol. 55, No. 2, pp. 374-395.

Gagne, M., & Deci, E. L.(2005). "Self-determination Theory and Work Motivation," *Journal of Organizational Behavior*, No. 26, pp. 331-362.

Gallate, J., Wong, C., Ellwood, S., Roring, R. W., & Snyder, A.(2012). "Creative People Use Nonconscious Processes to Their Advantage," *Creativity Research Journal*, Vol. 24, No. 2-3, pp. 146-151.

Galton, F.(1869). *Hereditary Genius: An Inquiry into its Law and Consequences*, Macmillan.

Galton, F.(1883). *Inquiries into Human Faculty and its Development*, Macmillan.

George, J. M.(2007). "Dialectics of Creativity in Complex Organizations," in Davila, T., Epstein, M. J. & Shelton, R.(Eds.), *The Creative Enterprise: Managing Innovative Organizations and People*, Vol. 2, pp. 1-15.

George, J. M.(2008). "Creativity in Organizations," *The Academy of Management Annals*, Vol. 1 pp. 439-477.

George, J. M., & King, E. B.(2007). "Potential Pitfalls of Affect Convergence in Teams: Functions and Dysfunctions of Group Affective Tone," in Mannix, E. A., Neale, M. A. & Anderson, C. P. (Eds.), *Research on Managing Groups and Teams: Affect and Groups*, Vol. 10, Emerald Group Publishing pp. 97-123.

George, J. M., & Zhou, J.(2001). "When Openness to Experience and Consciousness Are Related to Creative Behavior: An Interactional Approach," *Journal of Applied Psychology*, Vol. 86, pp. 513-524.

George, J. M., & Zhou, J.(2002). "Understanding When Bad Moods Foster Creativity and Good Ones Don't: The Role of Context and Clarity of Feelings," *Journal of Applied Psychology*, Vol. 87, pp. 687-697.

George, J. M., & Zhou, J.(2007). "Dual Tuning in a Supportive Context: Joint Contributions of

Positive Mood, Negative Mood, and Supervisory Behaviors to Employee Creativity," *Academy of Management Journal*, Vol. 50, pp. 605-622.

Getzels, J. W., & Jackson, P. W.(1962). *Creativity and Intelligence: Explorations with Gifted Students*, Wiley.

Gilson, L. L., Lim, H. S., D'Innocenzo, L., & Moye, N.(2012). "One Size Does Not Fit All: Managing Radical and Incremental Creativity," *The Journal of Creative Behavior*, Vol. 46, No. 3, pp. 168-191.

Glaser, B. & Strauss, A.(1967). *The Discovery of Grounded Theory*, Aldin (後藤隆・大出春江・水野節夫訳『データ対話型理論の発見—調査からいかに理論をうみだすか—』新曜社, 1996年).

Glynn, M. A., & Webster, J.(1992). "The Adult Playfulness Scale: An Initial Assessment," *Psychological Reports*, Vol. 71, pp. 83-103.

Goff, K.(2001). *Creativity for Success: Unleash the Power of Creativity*, Little Ox Books.

Goldberg, P.(1983). *The Intuitive Edge*, Jeremy P. Tarcher (品川嘉也監修, 神保圭志訳『直観術—コンピュータを超える発想マニュアル—』工作舎, 1990年).

Gong, Y., Huang, J., & Farh, J.(2009). "Employee Learning Orientation, Transformational Leadership and Employee Creativity: The Mediating Role of Employee Creative Self-efficacy," *Academy of Management Journal*, Vol. 52, No. 4, pp. 765-778.

Gong, Y., Kim, T. Y., Lee, D. R., & Zhu, J.(2013). "A Multilevel Model of Team Goal Orientation, Information Exchange, and Creativity," *Academy of Management Journal*, Vol. 56, No. 3, pp. 827-851.

Gough, H. G.(1962). "Techniques for Identifying the Creative Research Scientist," in Conference on The Creative Person, Berkeley: University of California Institute of Personality Assessment and Research.

Gough, H. G.(1979). "A Creative Personality Scale for the Adjective Check-List," *Journal of Personality and Social Psychology*, No. 37, pp. 1398-1405.

Grant, A. M., & Berry, J. W.(2011). "The Necessity of Others is the Mother of Invention: Intrinsic and Prosocial Motivations, Perspective Taking, and Creativity," *Academy of Management Journal*, Vol. 54, No. 1, pp. 73-96.

Gregory, C. E.(1967). *The Management of Intelligence: Scientific Problem Solving and Creativity*, McGraw-Hill.

Griffin, R. W.(1983). "Objective and Social Sources of Information in Task Redesign: A Field Experiment," *Administrative Science Quarterly*, Vol. 28, pp. 184-200.

Gu, X., Ritter, S. M., Delfmann, L. R., & Dijksterhuis, A.(2022). "Stimulating Creativity: Examining the Effectiveness of Four Cognitive-based Creativity Training Techniques," *The Journal of Creative Behavior*, Vol. 56, No. 3, pp. 312-327.

Guilford, J. P.(1954). *Psychometric Methods*, McGraw-Hill (秋重義治訳『精神測定法』培風館, 1959年).

Guilford, J. P.(1967). *The Nature of Human Intelligence*, McGraw-Hill.

Guilford, J. P.(1968). *Intelligence, Creativity, and their Eeducational Implications*, R. R. Knapp.

Guilford, J. P.(1977). *Way Beyond the IQ*, Creative Education Foundation.

Hair, J. F., Anderson, R. E., Tatham, R. L. & Black, W. C.(1998). *Multi-variate Data Analysis 5th*

参考文献

ed., Prentice Hall.

Haller, C. S., Courvoisier, D. S., & Cropley, D. H. (2011). "Perhaps There is Accounting for Taste: Evaluating the Creativity of Products," *Creativity Research Journal*, Vol. 23, No. 2, pp. 99-109.

Halpin, G., Halpin, G., & Tarrance, W. P. (1974). "Relationships between Creative Thinking Abilities and a Measure of the Creative Personality," *Educational and Psychological Measurement*, No. 34, pp. 75-82.

Hannam, K., & Narayan, A. (2015). "Intrinsic Motivation, Organizational Justice, and Creativity," *Creativity Research Journal*, Vol. 27, No. 2, pp. 214-224.

Hargadon, A., & Sutton, R. I. (1997). "Technology Brokering and Innovation in a Product Development Firm," *Administrative Science Quarterly*, Vol. 42, No. 4, pp. 716-749.

Hargadon, A. B., & Bechky, B. A. (2006). "When Collections of Creatives Become Creative Collectives: A field Study of Problem Solving at Work," *Organization Science*, Vol. 17, pp. 484-500.

Harris, M. B., & Evans, R. C. (1974). "The Effects of Modeling and Instructions on Creative Responses," *Journal of Psychology: Interdisciplinary and Applied*, Vol. 86, No. 1, pp. 123-130.

Harvard Business Review Anthology (1987). *The Frontiers of Strategic Thinking*, Harvard Business School Press (DIAMONDO ハーバード・ビジネス・レビュー編集部編訳『戦略思考力を鍛える』ダイヤモンド社, 2006年).

Harvard Business Review Anthology (2004). *Innovation for New Products*, Harvard Business School Press (DIAMONDO ハーバード・ビジネス・レビュー編集部編訳『製品開発力と事業構想力』ダイヤモンド社, 2006年).

Harvard Business School Press (2003). *Harvard Business Essentials, Managing Creativity and Innovation*, Harvard Business School Publishing (石原薫訳『ハーバード・ビジネス・エッセンシャルズ〈6〉創造力』講談社, 2003年).

Harvey, O. J., Hoffmeister, J. K., Coats, C., & White, B. J. (1970). "A Partial Evaluation of Torrance's," *The Journal of Creative Behavior*, Vol. 37, pp. 17-41.

Hasirci, D., & Demirkan, H. (2003). "Creativity in Learning Environments: The Case of Two Sixth Grade Art-Rooms," *The Journal of Creative Behavior*, Vol. 37, No. 1, pp. 17-41.

Hassan, M. A. (1985). "Construct Validity of Torrance Tests of Creative Thinking: A Confirmatory Factor Analytic Study," UMI Dissertation Services.

Hastie, K. L. (1992). "Establishing a Corporate Environment for Stimulating Innovation," in Gryskiewicz, S. S. & Hills, D. A., *Readings in Innovation*, CCL, pp. 139-156.

Haven, G. A. (1965). "Creative Thought, Productivity, and the Self-Concept," *Psychological Reports*, Vol. 16, pp. 750-752.

He, Y., Yao, X., Wang, S., & Caughron, J. (2016). "Linking Failure Feedback to Individual Creativity: The Moderation Role of Goal Orientation," *Creativity Research Journal*, Vol. 28, No. 1, pp. 52-59.

Heausler, N. L., & Thompson, B. (1988). "Structure of the Torrance Tests of Creative Thinking," *Educational and Psychological Measurement*, Vol. 48, pp. 463-468.

Herrmann, D., & Felfe, J. (2013). "Moderators of the Relationship Between Leadership Style and Employee Creativity: The Role of Task Novelty and Personal Initiative," *Creativity Research*

Journal, Vol. 25, No. 2, pp. 172-181.

Herrmann, N.(1996). *The Whole Brain Business Book*, McGraw-Hill（髙梨智弘監訳『ハーマンモデル―個人と組織の価値創造力開発―』東洋経済新報社，2000年）.

Hirst, G., Knippenberg, D. V., Chen, C., & Sacramento, C. A.(2011). "How Does Bureaucracy Impact Individual Creativity? A Cross-Level Investigation of Team Contextual Influences on Goal Orientation-Creativity Relashionships," *Academy of Management Journal*, Vol. 54, No. 3, pp. 624-641.

Hirst, G., Knippenberg, D. V., & Zhou, J.(2009). "A Cross-level Perspective on Employee Creativity: Goal Orientation, Team Learning Behavior, and Individual Creativity," *Academy of Management Journal*, Vol. 52, No. 2, pp. 280-293.

Hocevar, D.(1979a). "The Unidimensional Nature of Creative Thinking in Fifth Grade Children," *Child Study Journal*, Vol. 9, pp. 273-278.

Hocevar, D.(1979b). "Ideational Fluency as a Confounding Factor in the Measurement of Originality," *Journal of Educational Psychology*, Vol. 71, No. 2, pp. 191-196.

Hocevar, D.(1979c). "A Comparison of Statistical Infrequency and Subjective Judgement as Criteria in the Measurement of Originality," *Journal of Personality Assessment*, Vol. 43, No. 3, pp. 297-299.

Hocevar, D.(1979d). *The Development of the Creative Behavior Inventory*, Paper presented at the annual meeting of the Rocky Mountain Psychological Association (ERIC Document Reproduction Service No. ED 170 350).

Hocevar, D.(1981). "Measurement of Creativity," *Journal of Personality Assessment*, Vol. 45, No. 5, pp. 450-464.

Hocevar, D., & Bachelor, P.(1989). "A Taxonomy and Critique of Measurements Used in the Study of Creativity," in Glover, J. A., Ronning, R. R. & Reynolds, C. R.(Eds.), *Handbook of Creativity*, Plenum, pp. 53-75.

Hoffman, L.(1959). "Homogeneity and Member Personality and its Effect on Group Problem Solving," *Journal of Abnormal Psychology*, No. 58, pp. 206-214.

Hong, S. W., & Lee, J. S.(2015). "Nonexpert Evaluations on Architectural Design Creativity Across Cultures," *Creativity Research Journal*, Vol. 27, No. 4, pp. 314-321.

Hong, E., Peng, Y., O'Neil Jr, H. F., & Wu, J.(2013). "Domain-general and Domain-specific Creative-thinking Tests: Effects of Gender and Item Content on Test Performance," *The Journal of Creative Behavior*, Vol. 47, No. 2, pp. 89-105.

Horikami, A., & Takahashi, K.(2022). "The Tripartite Thinking Model of Creativity," *Thinking Skills and Creativity*, 44, 101026.

Houz, J. C., Selby, E., Esquivel, G. B., Okoye, R. A., Peters, K. M., & Treffinger, D. J.(2003). "Creativity Styles and Personal Type," *Creativity Research Journal*, Vol. 15, No. 4, pp. 321-330.

Hsu, M. L., & Chen, F. H.(2017). "The Cross-level Mediating Effect of Psychological Capital on the Organizational Innovation Climate-employee Innovative Behavior Relationship," *The Journal of Creative Behavior*, Vol. 51, No. 2, pp. 128-139.

Hsu, M. L., & Fan, H. L.(2010). "Organizational Innovation Climate and Creative Outcomes: Exploring the Moderating Effect of Time Pressure," *Creativity Research Journal*, Vol. 22, No. 4,

pp. 378-386.

Huang, C. E., & Liu, C. H. S.(2015). "Employees and Creativity: Social Ties and Access to Heterogeneous Knowledge," *Creativity Research Journal*, Vol. 27, No. 2, pp. 206-213.

Ilha Villanova, A. L., & Pina e Cunha, M. (2021). "Everyday Creativity: A Systematic Literature Review," *The Journal of Creative Behavior*, VoL. 55, No. 3, pp. 673-695.

Insel, P. M., & Moos, R. H.(1975). *Work Environment Scale*, Consulting Psychologists Press.

Isaksen, S. G., Lauer, K. J., & Ekvall, G.(1999). "Situational Outlook Questionnaire: A Measure of the Climate for Creativity and Change," *Psychology Reports*, Vol. 85, pp. 665-674.

Isen, A. M., Daubman, K. A. & Nowicki, G. P.(1987). "Positive Affect Facilitates Creative Problem Solving," *Journal of Personality and Social Psychology*, Vol. 52, pp. 1122-1131.

James, K., Brodersen, M., & Eisenberg, J.(2004). "Workplace Affect and Workplace Creativity: A Review and Preliminary Model," *Human Performance*, Vol. 17, pp. 169-194.

Janssen, O., & Van Yperren, N. W.(2004). "Employees' Goal Orientations, the Quality of Leader-Member Exchange, and the Outcomes of Job Performance and Job Satisfaction," *Academy of Management Journal*, Vol. 47, pp. 368-384.

Jaussi, K. S., & Randel, A. E.(2014). "Where to Look? Creative Self-efficacy, Knowledge Retrieval, and Incremental and Radical Creativity," *Creativity Research Journal*, Vol. 26, No. 4, pp. 400-410.

Javed, B., Fatima, T., Khan, A. K., & Bashir, S.(2021). "Impact of Inclusive Leadership on Innovative Work Behavior: The Role of Creative Self-efficacy," *The Journal of Creative Behavior*, Vol. 55, No. 3, pp. 769-782.

Javed, B., Naqvi, S. M. M. R., Khan, A. K., Arjoon, S., & Tayyeb, H. H.(2019). "Impact of Inclusive Leadership on Innovative Work Behavior: The Role of Psychological Safety," *Journal of Management & Organization*, Vol. 25, No. 1, pp. 117-136.

Jett, Q. R., & George, J. M.(2003). "Work Interrupted: A Closer Look at the Role of Interruptions in Organizational Life," *Academy of Management Review*, Vol. 28, pp. 494-507.

Jevons, W. S.(1877). *The Principles of Science: A Treatise on Logic and Scientific Method*, Macmillan.

Johansson, F.(2004). *The Medici Effect: Breakthrough Insights at the Intersection of Ideas, Concepts, and Cultures*, Harvard Business School Press（幾島幸子訳『メディチ・インパクト』ランダムハウス講談社, 2005年）.

Kanter, S. H.(1983). *An Investigation of the Concurrent Validity of Selected Subsets of Torrance Tests of Creative Thinking among Individuals at High Levels of Recognition in Art and Science*, UMI Dissertation Information Service.

Kastounis, B.(1976). "Additional Validity on 'Something about Myself'," *Perceptual and Motor Skills*, No. 43, p. 222.

Katz, R., & Allen, T. J.(1988). "Project Performance and Locus of Influence in the R&D Matrix," in Katz, R.(Eds.), *Managing Professionals in Innovative Organizations: A Collection of Readings*, Ballinger, pp. 469-484.

Kaufman, J. C., Baer, J., & Cole, J. C.(2009). "Expertise, Domains, and the Consensual Assessment Technique," *The Journal of Creative Behavior*, Vol. 43, No. 4, pp. 223-233.

Kaufman, J. C., & Baer, J.(2012). "Beyond New and Appropriate: Who Decides What is Creative?," *Creativity Research Journal*, Vol. 24, No. 1, pp. 83-91.

Kaufman, J. C., & Beghetto, R. A.(2009). "Beyond Big and Little: The Four C Model of Creativity," *Review of General Psychology*, Vol. 13, No. 1, pp. 1-12.

Kay, P.(1989). *An Act Frequency Study of Exit, Voice, Loyalty and Neglect*. Unpublished honors thesis, Department of Psychology, Queen's University, Kingston, Ontario.

Khatena, J., & Torrance, E. P.(1976). *Khatena-Torrance Creative Perception Inventory*, Stoelting Company.

Khattab, A. M., Clark, F., Hocevar, D., & Benson, J.(1981). "Confirmatory Factor Analysis of Torrance Tests of Creative Thinking under Four Testing Conditions," Paper presented at the conference of the American Educational Research Association.

Kim, H. H., Choi, J. N., & Sy, T.(2022). "Translating Proactive and Responsive Creativity to Innovation Implementation: The Roles of Internal and External Team Behaviours for Implementation," *Creativity and Innovation Management*, Vol. 31, No. 2, pp. 162-178.

Kim, K. H.(2006). "Can We Trust Creativity Test? A Review of the Torrrance Test of Creative Thinking," *Creativity Research Journal*, Vol. 18, No. 1, pp. 3-14.

Kim, K. H.(2008). "Meta-analyses of the Relationship of Creative Achievement to both IQ and Divergent Thinking Test Scores," *The Journal of Creative Behavior*, Vol. 42, No. 2, pp. 106-130.

Kim, K. H., & Cramond, B.(2004). "Confirmatory Factor Analyses of the Torrance Tests of Creative Thinking," Paper presented at the 51st annual convention of the National Association for Gifted Children.

Kim, K. H., Lee, H. E., Chae, K. B., Anderson, L., & Laurence, C.(2011). "Creativity and Confucianism among American and Korean Educators," *Creativity Research Journal*, Vol. 23, No. 4, pp. 357-371.

Kimberley, J. R.(1981). "Managerial Innovation," in Nystorm, P. C. & Starbuck, W. H.(Eds.), *Handbook of Organizational Design*, Oxford University Press, pp. 84-104.

King, N., & Anderson, N.(1990). "Innovation in Working Groups," in West, M. A. & Farr, J. L. (Eds.), *Innovation and Creativity at Work*, Wiley, pp. 81-100.

Kirton, M.(1976). "Adaptors and Innovators: A Description and Measure," *Journal of Applied Psychology*, Vol. 61, pp. 622-629.

Kitron, M.(Ed.), (1994). *Adaptors and Innovators: Style of Creativity and Problem Solving Rev. ed.*, Routledge.

Kline, P.(1993). *Handbook of Psychological Testing*, Routledge.

Kline, R. B.(1998). *Principles and Practices of Structural Equation Modeling*, Guilford Press.

Koestler, A.(1964). *The Act of Creation*, A. D. Peters and Co.(大久保直幹・松本俊・中山未喜共訳 『創造活動の理論（上・下）』ラテイス，1966年，1967年).

Koestler, A.(1981). "The Three Domains of Creativity," in Dutton, D. & Krausz, M.(Eds.), *The Concept of Creativity in Science and Art*, M. Nijhoff, pp. 1-18.

Koester, N., & Burnside, R. M.(1992). "Climate for Creativity: What to Measure? What to Say About It?" in Gryskiewicz, S. S. & Hills, D. A., *Readings in Innovation*, CCL, pp. 69-77.

Kousoulas, F.(2010). "The Interplay of Creative Behavior, Divergent Thinking, and Knowledge

Base in Students' Creative Expression During Learning Activity," *Creativity Research Journal*, Vol. 22, No. 4, pp. 387-396.

Krahe, B.(1992). *Personality and Social Psychology: Towards a Systhesis*, Sage（堀毛一也編訳『社会的状況とパーソナリティ』北大路書房，1996年）.

Krippendorff, K.(1980). *An Introduction to its Methodology*, Sage（三上俊治・椎野信雄・橋元良明訳『メッセージ分析の技法―内容分析への招待―』勁草書房，1989年）.

Krumm, G., Lemos, V., & Filippetti, V. A.(2014). "Factor Structure of the Torrance Tests of Creative Thinking Figural Form B in Spanish-speaking Children: Measurement Invariance Across Gender," *Creativity Research Journal*, Vol. 26, No. 1, pp. 72-81.

Kuhn, T. S.(1963). "The Essential Tension: Traditional and Invention in Scientific Research," in Barron, F. & Taylor, C. W.(Eds.), *Scientific Creativity: Its Recognition and Development*, Wiley. pp. 341-354.

Lee, F., Edmondson, A. C., Thomke, S., & Worline, M.(2004). "The Mixed Effects of Inconsistence on Experimentation in Organizations," *Organization Science*, Vol. 15, pp. 310-326.

Lee, H., & Kim, K. H.(2010). "Relationships Between Bilingualism and Adaptive Creative Style, Innovative Creative Style, and Creative Strengths among Korean American Students," *Creativity Research Journal*, Vol. 22, No. 4, pp. 402-407.

Leon, S. A., Altmann, L. J., Abrams, L., Gonzalez Rothi, L. J., & Heilman, K. M.(2014). "Divergent Task Performance in Older Adults: Declarative Memory or Creative Potential?" *Creativity Research Journal*, Vol. 26, No. 1, pp. 21-29.

Lewin, K.(1936). *Principles of Topological Psychology*, McGraw-Hill.

Leytham, G.(1990). *Managing Creativity*, Peter Francis Publishers.

Li, C. R., Lin, C. J., Tien, Y. H., & Chen, C. M.(2017). "A Multilevel Model of Team Cultural Diversity and Creativity: The Role of Climate for Inclusion," *The Journal of Creative Behavior*, Vol. 51, No. 2, pp. 163-179.

Li, C. R., Yang, Y., Lin, C. J., & Xu, Y.(2021). "Within-person Relationship Between Creative Self-efficacy and Individual Creativity: The Mediator of Creative Process Engagement and the Moderator of Regulatory Focus," *The Journal of Creative Behavior*, Vol. 55, No. 1, pp. 63-78.

Li, H., Yang, H., Li, Y., & Zhu, J.(2022). "The Effect of Multi-level Dialectical Emotion on Creativity," *Journal of Creativity*, Vol. 32, No. 3, 100030.

Li, P., Zhang, Z. S., & Zhang, Y.(2022). "How Creative Self-concept Leads to Happiness: A Multilevel Chain Mediating Model," *The Journal of Creative Behavior*, Vol. 56, No. 4, pp. 540-552.

Liao, H., Liu, D., & Loi, R.(2010). "Looking at Both Side of the Social Exchange Coin: A Social Cognitive Perspective on the Joint Effects of Relationship Quality and Differentiation on Creativity," *Academy of Management Journal*, Vol. 53, No. 5, pp. 1090-1109.

Lieberman, J. N.(1965). "Playfulness and Divergent Thinking: An Investigation of their Relationship at the Kindergarten Lever," *Journal of Genetic Psychology*, No. 107, pp. 219-224.

Lieberman, J. N.(1977). *Playfulness*, Academic Press.

Litchfield, R. C.(2008). "Brainstorming Reconsidered: A Goal-Based View," *Academy of Management Review*, Vol. 33, No. 3, pp. 649-668.

Liu, D., Liao, H., & Loi, R.(2012). "The Dark Side of Leadership: A Three-level Investigation of the Cascading Effect of Abusive Supervision on Employee Creativity," *Academy of Management Journal*, Vol. 55, No. 5, pp. 1187-1212.

Lombroso, C.(1891). *The Man of Genius*, Walter Scott.

Lowenfeld, V.(1957). *Creative and Mental Growth 3rd ed.*, Micmillan（竹内清・堀ノ内敏・武井勝雄訳『美術による人間形成—創造的発達と精神的成長—』黎明書房，1963年）.

Luthans, F., Avolio, B. J., Avey, J. B., & Norman, S. M.(2007). "Positive Psychological Capital: Measurement and Relationship with Performance and Satisfaction," *Personnel Psychology*, Vol. 60, No. 3, pp. 541-572.

Luthans, F., Norman, S. M., Avolio, B. J., & Avey, J. B.(2008). "The Mediating Role of Psychological Capital in the Supportive Organizational Climate-Employee Performance Relationship," *Journal of Organizational Behavior: The International Journal of Industrial, Occupational and Organizational Psychology and Behavior*, Vol. 29, No. 2, pp. 219-238.

Luthans, F., Youssef, C. M., & Avolio, B. J.(2006). *Psychological Capital: Developing the Human Competitive Edge*, Oxford University Press.

Luthans, F. F, Youssef-Morgan, C. M., & Avolio, B. J. (2015). *Psychological Capital and Beyond*. Oxford University Press（開本浩矢・加納郁也・井川浩輔・高階利徳・厨子直之訳『こころの資本—心理的資本とその展開—』中央経済社，2020年）.

Luthans, F., & Youssef-Morgan, C. M.(2017). "Psychological Capital: An Evidence-based Positive Approach," *Annual Review of Organizational Psychology and Organizational Behavior*, Vol. 4, pp. 339-366.

Luthe, W.(1976). *Creativity Mobilization Technique*, Grune & Stratton（内山喜久雄訳『創造性開発法—メス・ペインティングの原理と技法—』誠信書房，1981年）.

Machado, F., Rego, A., Leal, S., & Cunha, M. P. E.(2009). "Are Hopeful Employees More Creative? An Empirical Study," *Creativity Research Journal*, Vol. 21, No. 2-3, pp. 223-231.

MacKinnon, D. W.(1962). "The Nature and Nurture of Creative Talent," *American Psychologist*, Vol. 17, pp. 484-495.

MacKinnon, D. W.(1977). "Foreword," in Parnes, S. J., Noller, R. B. & Bioni, A. M.(Eds.), *Guide to Creative Action*, Charles Scriber's Sons.

MacKinnon, D. P., Lockwood, C. M., Hoffman, J. M., West, S. G., & Sheets, V.(2002), "A Comparison of Methods to Test Mediation and other Intervening Variable Effects," *Psychological Methods*, Vol. 7, pp. 83-104.

Madaus, G. F.(1967). "Divergent Thinking and Intelligence: Another Look at a Conrtoversial Question," *Journal of Educational Measurement*, No. 4, pp. 227-235.

Madjar, N., Oldham, G. R., & Pratt, M. G.(2002). "There's No Place Like Home? The Contributions of Work and Nonwork Creativity Support to Employees' Creative Performance," *Academy of Management Journal*, Vol. 45, pp. 757-767.

Malakate, A., Andriopoulos, C., & Gotsi, M.(2007). "Assessing Job Candidates' Creativity: Propositions and Future Research Directions," *Creativity and Innovation Management*, Vol. 16, pp. 307-316.

Manske, M. R., & Davis, G. A.(1968). "Effects of Simple Instructional Biases upon Performance in

198 the Unusual Uses Test," *Journal of General Psychology*, Vol. 79, pp. 25-33.

March, J., & Simon, H.(1958). *Organizations*, Wiley.

Martinsen, Ø. L., & Diseth, Å.(2011). "The Assimilator-explorer Cognitive Styles: Factor Structure, Personality Correlates, and Relationship to Inventiveness," *Creativity Research Journal*, Vol. 23, No. 3, pp. 273-283.

Maslow, A. H.(1964). *Religions, Values and Peak-Experiences*, Peter Smith（佐藤三郎・佐藤全弘訳『創造的人間—宗教・価値・至高・経験—』誠信書房, 1972年）.

Mathisen, G. E., Martinsen, Ø., & Einarsen, S.(2008). "The Relationship Between Creative Personality Composition, Innovative Team Climate, and Team Innovativeness: An Input – Process – Output Perspective," *The Journal of Creative Behavior*, Vol. 42, No. 1, pp. 13-31.

Matlin, M. W., & Zajonc, R. B.(1968). "Social Fascination of Word Associations," *Journal of Personality and Social Psychology*, Vol. 10, pp. 455-460.

Mayfield, M., & Mayfield, J.(2010). "Developing a Scale to Measure the Creative Environment Perceptions: A Questionnaire for Investigating Garden Variety Creativity," *Creativity Research Journal*, Vol. 22, No. 2, pp. 162-169.

Mayo, A. J., & Nohria, N.(2005). *In their Time: The Greatest Business Leaders of the Twentieth Century*, Harvard Business School Press.

McCrae, R. R.(1987). "Creativity, Divergent Thinking, and Openness to Experience," *Journal of Personality and Social Psychology*, Vol. 52, pp. 1258-1265.

McGraw, K.(1978). "The Detrimental Effects of Reward on Performance: A Literature Review and a Prediction Model," in Lepper, M. & Greene, D.(Eds.), *The Hidden Costs of Reward*, Erlbaum, pp. 33-60.

McGraw, K., & McCullers, J.(1979). "Evidence of a Detrimental Effect of Extrinsic Incentives on Breaking a Mental Set," *Journal of Experimental Social Psychology*, No. 15, pp. 285-294.

McMahon, K., Ruggeri, A., Kämmer, J. E., & Katsikopoulos, K. V.(2016). "Beyond Idea Generation: The Power of Groups in Developing Ideas," *Creativity Research Journal*, Vol. 28, No. 3, pp. 247-257.

Mednick, S. A.(1962). "The Associative Basis of the Creative Process," *Psychological Review*, Vol. 69, No. 3, pp. 220-232.

Mednick, M. T.(1963). "Research Creativity in Psychology Graduate Students," *Journal of Consulting Psychology*, Vol. 27, pp. 265-266.

Medsker, G. J., Williams, L. J., & Holahan, P. J.(1994), "A Review of Current Practices for Evaluating Causal Models in Organizational Behavior and Human Resources Management Research," *Journal of Management*, Vol. 20, pp. 439-464.

Meichenbaum, D.(1975). "Enahncing Creativity by Modifying What Subjects Say to Themselves," *American Educational Research Journal*, No. 12, pp. 129-145.

Merriam, S. B.(1998). *Qualitative Research and Case Study Applications in Education*, John Willey & Sons（堀薫夫・久保真人・成島美弥訳『質的調査法入門—教育における調査法とケース・スタディー』ミネルヴァ書房, 2004年）.

Michael, L. H., Hou, S. T., & Fan, H. L.(2011). "Creative Self-efficacy and Innovative Behavior in a Service Setting: Optimism as a Moderator," *The Journal of Creative Behavior*, Vol. 45, No. 4,

pp. 258-272.

Michalko, M.(1998). *Cracking Creativity: The Secrets of Creative Genius*, Ten Speed Press（花田知恵訳『すばらしい思考法―誰も思いつかないアイデアを生む―』PHP 研究所，2005年）.

Mieg, H. A., Bedenk, S. J., Braun, A., & Neyer, F. J.(2012). "How Emotional Stability and Openness to Experience Support Invention: A Study with German Independent Inventors," *Creativity Research Journal*, Vol. 24, No. 2-3, pp. 200-207.

Miller, B., Vehar, J. & Firestie, R.(2004). *Creativity Unbound*, The English Agency（弓野憲一監訳，南学・西浦和樹・宗吉秀樹訳『創造的問題解決―なぜ問題が解決できないのか？―』北大路書房，2006年）.

Mumford, M. D., Scott, G. M., Gaddis, B., & Strange, J. M.(2002). "Leading Creative People: Orchestraing Expertise and Relationships," *The Leadership Quarterly*, No. 13, pp. 705-750.

Murray, H. A.(1938). *Explorations in Personality*, Oxford University Press.

Myers, I. B.(1962). *Myers-Briggs Type Indicator Manual*, Educational Testing Service.

Myers, I. B.(2000). *Introduction to Type 5th ed.*, CPP（園田由紀訳『MBTI タイプ入門―MyersBriggs Type Indicator（MBTI）受検結果理解のためのガイド―』金子書房，2000年）.

Nassif, C., & Quevillon, R.(2008). "The Development of a Preliminary Creativity Scale for the MMPI-2: The C Scale," *Creativity Research Journal*, Vol. 20, No. 1, pp. 13-20.

Navaresse, D. O., Yauch, C. A., Goff, K., & Fonseca, D. J.(2014). "Assessing the Effects of Organizational Culture, Rewards, and Individual Creativity on Technical Workgroup Performance," *Creativity Research Journal*, Vol. 26, No. 4, pp. 439-455.

Newell, A., & Simon, H.(1972). *Human Problem Solving*, Prentice Hall.

Newman, A., Round, H., Wang, S., & Mount, M.(2020). "Innovation Climate: A Systematic Review of the Literature and Agenda for Future Research," *Journal of Occupational and Organizational Psychology*, Vol. 93, No. 1, pp. 73-109.

Noefer, K., Stegmaier, R., Molter, B., & Sonntag, K.(2009). "A Great Many Things to Do and not a Minute to Spare: Can Feedback from Supervisors Moderate the Relationship between Skill Variety, Time Pressure, and Employees' Innovative Behavior?" *Creativity Research Journal*, Vol. 21, No. 4, pp. 384-393.

Nunnally, J.(1978). *Psychometric Theory 2nd ed.*, McGraw-Hill.

O'Connor, A. J., Nemeth, C. J., & Akutsu, S.(2013). "Consequences of Beliefs about the Malleability of Creativity," *Creativity Research Journal*, Vol. 25, No. 2, pp. 155-162.

Oech, R.(1983). *A Whach on the Side of the Head*, Warner Books（川島隆太訳『頭脳を鍛える練習帳―もっと「柔軟な頭」をつくる！―』三笠書房，2005年）.

Oech, R.(2001). *Expect the Unexpected*, The Tree Press（川崎和子訳『創造力のスイッチを入れろ！』ダイヤモンド社，2002年）.

Ohly, S., Sonnentag, S., & Pluntke, F.(2006). "Routinization, Work Characteristics and their Relationships with Creative and Proactive Behaviors," *Journal of Organizational Behavior*, Vol. 27, pp. 257-279.

Oldham, G. R.(2003). "Stimulating and Supporting Creativity in Organizations," in Jackson, S. E., Hitt, M. A. & DeNisi, A. S.(Eds.) *Managing Knowledge for Sustained Competitive Advantage*, Josey-Bass, pp. 243-273.

Oldham, G. R., & Cummings, A.(1996). "Employee Creativity: Personal and Contextual Factors at Work," *Academy of Management Journal*, Vol. 39, No. 3, pp. 607-634.

O'Quin, K., & Besemer, S.(1989). "The Development, Reliability, and Validity of the Revised Creative Product Semantic Scale," *Creativity Research Journal*, Vol. 2, pp. 267-278.

Osborn, A. F.(1953). *Applied Imagination*, Creative Education Foundation（上野一郎訳『独創力を伸ばせ』ダイヤモンド社，1958年）.

Park, N. K., Jang, W., Thomas, E. L., & Smith, J.(2021). "How to Organize Creative and Innovative Teams: Creative Self-efficacy and Innovative Team Performance," *Creativity Research Journal*, Vol. 33, No. 2, pp. 168-179.

Parnes, S. J.(1985). *A Facilitating Style of Leadership*, Bearly Limited.

Payne, R.(1990). "The Effectiveness of Research Teams: A Review," in West, M. A. & Farr, J. L.(Eds.), *Innovation and Creativity at Work*, Wiley, pp. 101-122.

Pelz, D. C., & Andrews, F. M.(1966). *Scientists in Organizations*, John Wiley and Sons（兼子宙監訳『創造の行動科学―科学技術者の業績と組織―』ダイヤモンド社，1971年）.

Penaloza, A. A., & Calvillo, D. P.(2012). "Incubation Provides Relief from Artificial Fixation in Problem Polving," *Creativity Research Journal*, Vol. 24, No. 4, pp. 338-344.

Perry-Smith, J. E.(2006). "Social Yet Creative: The Role of Social Relationships in Facilitating Individual Creativity," *Academy of Management Journal*, Vol. 49, pp. 85-101.

Plass, H., Michael, J., & Michael, W.(1974). "The Factorial Validity of the Torrance Tests of Creative Thinking for a Sample of 111 Sixth Grade Children," *Educational and Psychological Measurement*, Vol. 34, pp. 413-414.

Plucker, J. A.(1999). "Is the Proof in the Pudding? Reanalyses of Torrance's (1958 to present) Longitudinal Data," *Creativity Research Journal*, Vol. 12, pp. 103-114.

Plucker, J. A., Qian, M., & Schmalensee, S. L.(2014). "Is What You See What You Really Get? Comparison of Scoring Techniques in the Assessment of Real-world Divergent Thinking," *Creativity Research Journal*, Vol. 26, No. 2, pp. 135-143.

Plucker, J. A., Qian, M., & Wang, S.(2011). "Is Originality in the Eye of the Beholder? Comparison of Scoring Techniques in the Assessment of Divergent Thinking," *The Journal of Creative Behavior*, Vol. 45, No. 1, pp. 1-22.

Podsakoff, P. M, Ahearne, M., & MacKenzie, S. B.(1997) "Organizational Citizenship Behavior and the Quantity and Quality of Work Group Performance," *Journal of Applied Psychology*, Vol. 82, No. 2, pp. 262-270.

Podsakoff, P. M., & Organ, D. W.(1986). "Self-reports in Organizational Research: Problems and Prospects," *Journal of Management*, Vol. 12, pp. 531-544.

Prabhu, V., Sutton, C., & Sauser, W.(2008). "Creativity and Certain Personality Traits: Understanding the Mediating Effect of Intrinsic Motivation," *Creativity Research Journal*, Vol. 20, No. 1, pp. 53-66.

Puccio, G. J., Talbot, R. J., & Joniak, A. J.(2000). "Examining Creative Performance in the Workplace through a Person-Environment Fit Model," *The Journal of Creative Behavior*, Vol. 34, pp. 227-247.

Putnam, R. D.(2000). *Bowling Alone: The Collapse and Revival of American Community*, Simon

& 200 Schuster（柴内康文訳『孤独なボウリング―米国コミュニティの崩壊と再生―』柏書房，
2006年）.

Quinn, E.(1980). "Creativity and Cognitive Complexity," *Social Behavior and Personality*, No. 8,
pp. 213-215.

Rasulzada, F., & Dackert, I. (2009). "Organizational Creativity and Innovation in Relation to
Psychological Well-being and Organizational Factors," *Creativity Research Journal*, Vol. 21, No.
2-3, pp. 191-198.

Ray, M.(2004). *The Highest Goal: The Secret That Sustains You in Every Moment*, Berrett-
koehler Publishers（鬼澤忍訳『ハイエスト・ゴール―スタンフォード大学で教える創造性ト
レーニング―』日本経済新聞社，2006年）.

Redmond, M. R., Mumford, M. D., & Teach, R.(1993). "Putting Creativity to Work: Effects of
Leader Behavior on Subordinate Creativity," *Organizational Behavior and Human Decision
Processes*, Vol. 55, pp. 120-151.

Rego, A., Machado, F., Leal, S., & Cunha, M. P. E.(2009). "Are Hopeful Employees More Creative?
An Empirical Study," *Creativity Research Journal*, Vol. 21, No. 2-3, pp. 223-231.

Reiter-Palmon, R., & Illies, J. J.(2004). "Leadership and Creativity: Understanding Leadership
from a Creative Problem Solving Perspective," *Leadership Quarterly*, Vol. 15, pp. 55-77.

Reiter-Palmon, R., Robinson-Morral, E. J., Kaufman, J. C., & Santo, J. B.(2012). "Evaluation of
Self-perceptions of Creativity: Is It a Useful Criterion?" *Creativity Research Journal*, Vol. 24,
No. 2-3, pp. 107-114.

Ren, F., & Zhang, J.(2015). "Job Stressors, Organizational Innovation Climate, and Employees'
Innovative Behavior," *Creativity Research Journal*, Vol. 27, No. 1, pp. 16-23.

Ribot, T.(1900). "The Nature of the Creative Imagination," *International Monthly*, No. 2, pp. 1-25.

Richards, R.(2007). *Everyday Creativity and New Views of Human Nature: Psychological, Social,
and Spiritual Perspectives*. American Psychological Association.

Richards, R.(2010). "Everyday Creativity," in Kaufman, J. C. & Sternberg, R. J., *The Cambridge
Handbook of Creativity*. pp. 189-215.

Rinne, T., Steel, G. D., & Fairweather, J.(2013). "The Role of Hofstede's Individualism in National-
level Creativity," *Creativity Research Journal*, Vol. 25, No. 1, pp. 129-136.

Robinson, A. G., & Stern, S.(1997). *Corporate Creativity*, Berret-Koeler Publishers（『企業創造力
―組織の可能性を呼びさます6つの条件―』英治出版，2007年）.

Robinson-Morral, E. J., Reiter-Palmon, R., & Kaufman, J. C.(2013). "The Interactive Effects of
Self-perceptions and Job Requirements on Creative Problem Solving," *The Journal of Creative
Behavior*, Vol. 47, No. 3, pp. 200-214.

Roe, A.(1953). "A Psychologocal Study of Eminent Psychologists and Anthropologists and a
Comparison with Biological and Physical Science," *Psychological Monographs*, No. 67 (2, Whole
No. 352).

Rogers, C.(1954). "Towards a Theory of Creativity," Etc: *A Review of General Semantics*, No. 11,
pp. 249-260.

Rosenfeld, R.(1992). "Innovation through Investment in People: The Consideration of Creative
Styles" in Gryskiewicz, S. S. & Hills, D. A., *Readings in Innovation*, CCL, pp. 79-91.

参考文献

Rossman, J.(1931). *The Psychology of the Inventor*, Inventor publishing.

Rossman, J.(1964). *Industrial Creativity: The Psychology of the Inventor 3rd ed.*, University Books.

Rothenberg, A.(1983) "Psychopathology and Creative Cognition: A Comparison of Hospitalized Patients, Nobel Laureates, and Controls," *Arch Gen Psychiatry*, Vol. 40, No. 9, pp. 937-942.

Roweton, W., Farless, J., Donhan, R., Wleklinski, D., & Spencer, M.(1975). "Indices of Classroom Creativity," *Child Study Journal*, No. 5, pp. 151-160.

Rubenson D. L., & Runco, M. A.(1992). "The Psychometric Approach to Creativity," *New Ideas Psychology*, Vol. 10, pp. 131-147.

Rubenson D. L., & Runco, M. A.(1995). "The Psychometric View of Creative Work in Group and Organizations," *Creativity and Innovation Management*, Vol. 4, pp. 232-241.

Runco, M. A.(1991). "The Evaluative, Valuative, and Divergent Thinking of Children," *The Journal of Creative Behavior*, Vol. 25, pp. 311-319.

Runco, M. A.(1992). "Scoring Divergent Thinking Tests Using Total Ideational Output and a Creativity Indexd," *Educational and Psychology Measurement*, Vol. 52, pp. 213-221.

Runco, M. A.(1993). "Congnitive and Psychometric Issues in Creativity Research," in Isaksen, S. G., Murdock, M. C., Firestien, R. L. and Treffinger, D. J.(Eds.), *Understanding and Recognizing Creativity: The Emergence of a Discipline*, Ablex, pp. 331-368.

Runco, M. A.(1997). *The Creativity Research Handbook Vol. 1 :Perspectives on Creativity*, Hampton Press.

Runco, M. A.(2004). "Creativity," *Annual Reviews of Psychology*, Vol. 55, pp. 657-687.

Runco, M. A.(2007). *Creativity Theories and Themes: Research, Development, and Practice*, Elsevier Academic Press.

Runco, M. A., & Basadur, M.(1993). "Assessing Ideational and Evaluative Skills and Creative Styles and Attitudes," *Creativity and Innovation Management*, Vol. 2, No. 3, pp. 166-173.

Runco, M. A., Millar, G., Acar, S., & Cramond, B.(2010). "Torrance Tests of Creative Thinking as Predictors of Personal and Public Achievement: A Fifty-year Follow-up," *Creativity Research Journal*, Vol. 22, No. 4, pp. 361-368.

Salancik, G., & Pfeffer, J.(1978). "A Social Information Processing Approach to Job Attitudes and Task Design," *Administrative Science Quarterly*, Vol. 23, pp. 224-253.

Saltzman, J.(2006). *Shake Brain*, John Wiley & Sons（斉藤裕一訳『シェイク・ブレイン―脳をゆさぶり，創造力をつけろ！―』阪急コミュニケーションズ，2006年）.

Sawyer, K.(2011). "The Cognitive Neuroscience of Creativity: A Critical Review," *Creativity Research Journal*, Vol. 23, No. 2, pp. 137-154.

Schachtel. E. G.(1959). *Metamorphosis: On the Conflict of Human Development and the Psychology of Creativity*, Analytic Press.

Schank, R., & Abelson, R.(1977). *Scripts, Plans, Goals, and Understanding*, Erlbum.

Schein, E. H.(1990). *Career Anchors: Discovering Your Real Values Revised Edition*, John Wiley & Sons（金井壽宏訳『キャリア・アンカー―自分のほんとうの価値を発見しよう―』白桃書房，2003年）.

Scherer, K. R., & Tannenbaum, P. H.(1986). "Emotional Experiences in Everyday Life: A Survey Approach," *Motivation and Emotion*, Vol. 10, pp. 295-314.

Schwartz, E. I.(2004). *Juice: The Creative Fuel that Drives World-Class Inventors*, Harvard Business School Press (桃井緑美子訳『発明家たちの思考回路―奇抜なアイデアを生み出す技術―』ランダムハウス講談社，2006年).

Scott, S. G., & Bruce, R. A.(1994). "Determinants of Innovative Behavior: A Path Model of Individual Innovation in the Workplace." *Academy of Management Journal*, No. 37, pp. 580-607.

Seligman, M. E. P., & Csikszentmihalyi, M.(2000). "Positive Psychology: An Introduction," *American Psychologist*, Vol. 55, pp. 5-14.

Shallcross, D. A., & Sisk, D. A.(1989). *Intuition: An Inner Way of Knowing*, Bearly Limited (斎藤勇監訳，坂本仁訳『直観―ひらめきの心理学―』日本教文社，1997年).

Shalley, C. E.(1991). "Effects of Productivity Goals, Creativity Goals, and Personal Direction on Individual Creativity," *Journal of Applied Psychology*, Vol. 76, pp. 179-185.

Shalley, C. E.(1995). "Effects of Coaction, Expected Education, and Goal Setting on Creativity and Productivity," *Academy of Management Journal*, Vol. 38, pp. 483-503.

Shalley, C. E., & Gilson, L. L.(2004). "What Leaders Need to Know: A Review of Social and Contextual Factors that Foster or Hinder Creativity," *The Leadership Quarterly*, Vol. 15, pp. 33-53.

Shalley, C. E., Gilson, L. L., & Blum, T. C.(2000). "Matching Creativity Requirements and the Work Environment: Effects on Satisfaction and Intentions to Leave," *Academy of Management Journal*, Vol. 43, pp. 215-224.

Shalley, C. E., & Oldham, G. R.(1997). "Competition and Creative Performance: Effect of Competitor Presence and Visibility," *Creativity Research Journal*, Vol. 10, No. 4, pp. 337-345.

Shalley, C. E., & Perry-Smith, J. E.(2001). "Effects of Social-psychological Factors on Creative Performance: The Role of Informational and Controlling Expected Evaluation and Modeling Experience," *Organizational Behavior and Human Decision Process*, Vol. 84, pp. 1-22.

Shalley, C. E., Zhou, J., & Oldham, G. R.(2004). "Effects of Personal and Contextual Characteristics on Creativity: Where Should Go from Here?" *Journal of Management*, Vol. 30, pp. 933-958.

Sharif, R.(2017). "A Model of Creativity in Organizations: John Holland's Theory of Vocational Choice (1973) at Multiple Levels of Analysis," *The Journal of Creative Behavior*, Vol. 51, No. 2, pp. 140-152.

Sheashore, S. E., Lawler, E. E., Mirvis, P., & Cammann, C.(Eds.)(1982). *Observing and Measuring Organizational Change: A Guide to Field Practice*, Wiley.

Shin, S. J., Kim, T. Y., Lee, J. Y., & Bian, L.(2012). "Cognitive Team Diversity and Individual Team Member Creativity: A Cross-level Interaction," *Academy of Management Journal*, Vol. 55, No. 1, pp. 197-212.

Shin, S. J., & Zhou, J.(2003). "Transformational Leadership, Conservation, and Creativity: Evidence from Korea," *Academy of Management Journal*, Vol. 46, pp. 703-714.

Shin, Y., & Eom, C.(2014). "Team Proactivity as a Linking Mechanism Between Team Creative Efficacy, Transformational Leadership, and Risk-taking Norms and Team Creative Performance," *The Journal of Creative Behavior*, Vol. 48, No. 2, pp. 89-114.

Siegel, S. M., & Kaemmerer, W. F.(1978). "Measuring the Perceived Support for Innovation in Organizations," *Journal of Applied Psychology*, No. 63, pp. 553-562.

参考文献

Simmons, A. L.(2011). "The Influence of Openness to Experience and Organizational Justice on Creativity," *Creativity Research Journal*, Vol. 23, No. 1, pp. 9-23.

Simmons, A. L., & Ren, R.(2009). "The Influence of Goal Orientation and Risk on Creativity," *Creativity Research Journal*, Vol. 21, No. 4, pp. 400-408.

Simon, H.(1978). "Information-processing Theory of Human Problem Solving," in Estes, W. K. (Ed.), *Handbook of Learning and Cognitive Processes, Vol. 5: Human Information*, Lawlence Erlbaum, pp. 271-295.

Simonton, D. K.(1975). "Sociocultural Context of Individual Creativity: A Trans Historical Timeseries Analysis," *Journal of Personality and Social Psychology*, Vol. 32, No. 6, pp. 1119-1133.

Simonton, D. K.(1984). *Genius, Creativity, and Leadership: Historiometric Inquiries*, Harvard University Press.

Simonton, D. K.(1990). "Creativuty and Wisdom in Aging," in Birren, J. E. & Schaie, K. W.(Eds.), *Handbook of the Psychology of Aging 3rd ed.*, Academic Press, pp. 320-329.

Simonton, D. K.(1992). "Creativity and Leadership: Causal Convergence and Divergence," in Gryskiewicz, S. S. & Hills, D. A., *Readings in Innovation*, CCL, pp. 29-43.

Skilton, P. F., & Dooley, K. J.(2010), "The Effect of Repeat Collaboration on Creative Abrasion," *Academy of Management Review*, Vol. 35, No. 1, pp. 118-134.

Smith, M., & Smith, P (2005). *Testing People at Work: Competencies in Psychometric Testing*, Blackwell.

Snyder, C. R., Sympson, S. C., Ybasco, F. C., Border, T. F., Babyak, M. A., & Higgins, R. L.(1996). "Development and Validation of the State Hope Scale," *Journal of Personality and Social Psychology*, Vol. 70, pp. 321-335.

Spearman, C. E.(1973). *The Nature of Intelligence and The Principles of Cognition*, Arno Press.

Speller, K. G., & Schumacher, G. M.(1975). "Age and Set in Creative Test Performance," *Psychological Reports*, Vol. 36, pp. 447-450.

Spencer, L. M., & Spencer, S. M.(1993). *Competence at Work: Models for Superior Performance*, Wiley.

Spreitzer, G. M.(1995). "Individual Empowerment in the Workplace: Dimesions, Measurement, Validation," *Academy of Management Journal*, Vol. 38, pp. 1442-1465.

Staw, B. M.(1995). "Why No One Really Wants Creativity," in Ford, C. M. & Gioia, D. A.(Eds.), *Creative Action in Organizations*, Sage, pp. 161-166.

Stein, M. I., & Heinze, S. J.(1960). *Creativity and the Individual: Summaries of Selected Literature in Psychology and Psychiatry*, Free Press pp. 142-159.

Sternberg, R. J.(1990). "Wisdom and its Relations to Intelligence and Creativity," in Sternberg, R. J. (Eds.), *Wisdom: Its Nature, Origins, and Development*, Cambridge University Press, pp. 142-159.

Sternberg, R. J.(1997). *Thinking Styles*, Cambridge University Press（松村暢隆・比留間太白訳『思考スタイル―能力を生かすもの―』新曜社，2000年）.

Sternberg, R. J.(1999). *Handbook of Creativity*, Cambridge University Press.

Sternberg, R. J.(2003). *Wisdom, Intelligence, and Creativity Synthesized*, Cambridge University

Press.

Sternberg, R. J., & Jordan, J.(Eds.) (2005). *A Handbook of Wisdom: Psychological Perspectives,* Cambridge University Press.

Sternberg, R. J., & Karami, S.(2022). "An 8P Theoretical Framework for Understanding Creativity and Theories of Creativity," *The Journal of Creative Behavior,* Vol. 56, No. 1, pp. 55-78.

Sternberg, R. J., & Lubart, T. I.(1991). "An Investment Theory of Creativity and its Development," *Human Development,* No. 34, pp. 1-31.

Sternberg, R. J., O'Hara, L. A., & Lubart, T. I.(1997). "Creativity as Investment," *California Management Review,* Vol. 40, No. 1, pp. 8-21.

Streicher, B., Jonas, E., Maier, G. W., Frey, D., & Spießberger, A.(2012). "Procedural Fairness and Creativity: Does Voice Maintain People's Creative Vein Over Time?" *Creativity Research Journal,* Vol. 24, No. 4, pp. 358-363.

Sung, S. Y., & Choi, J. N.(2009). "Do Big Five Personality Factors Affect Individual Creativity? The Moderating Role of Extrinsic Motivation," *Social Behavior and Personality: An International Journal,* Vol. 37, No. 7, pp. 941-956.

Sutton, R. I.(2002). *Weird Ideas That Work,* Carlisle Company L. L. C.(米倉誠一郎訳『なぜこの人は次々と「いいアイデア」が出せるのか—「儲け」を生み出す12の「アイデア工場」！—』三笠書房，2002年).

Taggar, S.(2002). "Individual Creativity and Group Ability to Utilize Individual Creative Resources: A Multilevel Model, " *Academy of Management Journal,* Vol. 45, No. 2, pp. 315-330.

Taylor, C. W.(1964a). *Creativity,* McGraw-Hill（佐藤矩方訳『創造的人間の育成』ラテイス，1970年).

Taylor, C. W.(1964b). *Widening Horizons in Creativity: The Proceedings of the Fifth Utah Creativity Research Conference,* Wiley（佐藤矩方・佐藤光祥訳『創造的過程と教育』ラテイス，1970年).

Taylor, C. W.(1964c). *Widening Horizons in Creativity: The Proceedings of the Fifth Utah Creativity Research Conference,* Wiley（佐藤矩方・佐藤光祥訳『創造性の実験と予測』ラテイス，1970年).

Taylor, C. W., & Barron, F.(1963). *Scientific Creativity,* John Wiley & Sons（佐藤矩方訳『創造性の能力と規準—その識別と開発—』ラテイス，1969年).

Taylor, C. W., & Williams, F. E.(1966). *Instructional Media and Creativity: The Pines Inn, La Jolla, California,* Wiley.

Terman, L. M.(1926). *Mental and Physical Traits of a Thousand Gifted Chidren 2nd ed.,* Stanford University Press.

The American Psychological Association (2001). *Publication Manual of the American Psychological Association,* American Psychological Association（江藤裕之・前田樹海・田中建彦訳『APA論文作成マニュアル』医学書院，2004年).

Tierney, P., Farmer, S., & Graen, G. B.(1999). "An Examination of Leadership and Employee Creativity: The Relevance of Traits and Relashionships," *Personnel Psychology,* Vol. 52, pp. 591-620.

Tierney, P., & Farmer, S. M.(2002). "Creative Self-efficacy: Potential Antecedents and Relationship to Creative Performance," *Academy of Management Journal*, No. 45, pp. 1137-1148.

Torrance, E. P.(1962). *Guiding Creative Talent*, Prentice Hall（佐藤三郎訳『創造性の教育』誠信書房, 1966年）.

Torrance, E. P.(1970). *Encouraging Creativity in the Classroom*, William Brown Publishing（扇田博元監訳『創造性と学習』明治図書出版, 1972年）.

Torrance, E. P.(1972). "Can We Teach Children to Think Creatively?," *The Journal of Creative Behavior*, Vol. 6, No. 2, pp. 114-143.

Torrance, E. P.(1974). *Torrance Test of Creative Thinking : Directions Guide and Scoring Manual*, Personal Press.

Torrance, E. P.(1979). *The Search for Satori and Creativity*, Creative Education Foundation（佐藤三郎・中島保訳『創造性修業学―ゆさぶり起こせねむっている創造性―』東京心理, 1981年）.

Torrance, E. P.(2002). *The Manifestro: A Guide to Developing a Creative Career*, Ablex.

Torrance, E. P., & Dauw, D. C.(1965). "Aspirations and Dreams of Three Groups of Creativity Gifted High School Seniors and a Comparable Unselected Group," *Gifted Child Quarterly*, No. 9, pp. 177-182.

Torrance, E. P., & Hansen, E.(1965). "The Question-asking Behavior of Highly Creative and Less Creative Basic Business Teachers Identified by a Paper and Pencil Test," *Psychological Reports*, Vol. 17, pp. 815-818.

Tuna, D. T., & Reif, F.(1980). *Problem Solving and Education: Issues in Teaching and Research*, John Wiley & Sons.

Tushman, M. L., & Nelson, R. R.(1990). "Introduction: Technology, Organizations and Innovation," *Administrative Science Quarterly*, Vol. 35, pp. 1-8.

Unsworth, K. L.(2001). "Unpacking Creativity," *Academy of Management Review*, Vol. 26, pp. 289-297.

Unsworth, K. L., Wall, T. D., & Carter, A.(2005). "Creative Requirement: A Neglected Construct in the Study of Employee Creativity?," *Group and Organization Management*, Vol. 30, pp. 541-560.

Uzzi, B., & Spiro, J (2005). "Collaboration and Creativity: The Small World Problem," *The American Journal of Sociology*, Vol. 111, pp. 447-504.

Van de Ven, A. H., & Ferry, D. L.(1980). *Measuring and Assessing Organization*, Willey.

Vandewalle, D.(1997). "Development and Validation of a Work Domain Goal Orientation Instrument," *Educational and Psychology Measurement*, Vol. 8, pp. 995-1015.

VanGundy, A. G.(1984a). "How to Establish a Creative Climate in the Work Group," *Management Review*, Vol. 73, No. 8, pp. 24-38.

VanGundy, A. G.(1984b). *Managing Group Creativity: A Modular Approach to Problem Solving*, Amacom.

Wallace, H. R.(1961). "Creative Thinking: A Factor in Sales Productivity," *Vocational Guidance Quarterly*, No. 10, pp. 223-226.

Wallach, M. A., & Kogan, N.(1965). *Modes of Thinking in Young Children: A Study of the Creativity-intelligence Distinction*, Holt, Rinehart and Winston.

Wallas, G.(1926). *The Art of Thought*, J. Cape.

Wang, L., Xu, H., Yang, D., Tian, H., Xi, R., Du, K., ... & Luo, Z.(2021). "Achievement Goals and Creativity: Self-construal as an Antecedent," *The Journal of Creative Behavior*, Vol. 55, No. 4, pp. 1047-1058.

Weisberg, R. W.(1986). *Creativity: Genius and Other Myths*, W. H. Freeman and Company（大浜幾久子訳『創造性の研究―つくられた天才神話―』メディアファクトリー，1991年）.

Weisberg, R. W.(2015). "On the Usefulness of "Value" in the Definition of Creativity," *Creativity Research Journal*, Vol. 27, No. 2, pp. 111-124.

Werner, C. H., Tang, M., Kruse, J., Kaufman, J. C., & Spörrle, M.(2014). "The Chinese Version of the Revised Creativity Domain Questionnaire (CDQ-R): First Evidence for its Factorial Validity and Systematic Association with the Big Five," *The Journal of Creative Behavior*, Vol. 48, No. 4, pp. 254-275.

Wertheimer, M.(1959). *Productive Thinking*, Tavistock Publications（矢田部達郎訳『生産的思考』岩波書店，1952年）.

West, M. A., & Anderson, N. R.(1996). "Innovation in Top Management Teams," *Journal of Applied Psychology*, No. 81, pp. 680-693.

West, M. A., Smith, H., Feng, W. L., & Lawthom, R.(1998). "Research Excellence and Departmental Climate in British Universities," *Journal of Occupational and Organizational Psychology*, Vol. 71, pp. 261-281.

Westman, H.(1961). *The Springs of Creativity*, Routledge.

Whiteside, S. P., & Lynam, D. R.(2001). "The Five Factor Model and Impulsivity: Using a Structural Model of Personality to Understand Impulsivity," *Personality and Individual Differences*, Vol. 30, No. 4, pp. 669-689.

Windels, K.(2011). "What's in a Number? Minority Status and Implications for Creative Professionals," *Creativity Research Journal*, Vol. 23, No. 4, pp. 321-329.

Wolman. B. B.(1985). *Handbook of Intelligence: Part Three*, John Wiley & Sons（杉原一昭監訳『知能心理学ハンドブック第三編』田研出版，1995年）.

Wood, R., & Payne, T.(1998) *Competence Based Recruitment and Selection: A Practical Guide*, Wiley.

Woodman, R. W., Sawyer, J. E., & Griffin, R. W.(1993). "Toward a Theory of Organizational Creativity," *Academy of Management Review*, No. 18, pp. 293-321.

Wright, T. A., & Walton, A. P.(2003). "Affect, Psychological Well-being and Creativity: Result of a Field Study," *Journal of Business and Management*, Vol. 9, pp. 21-32.

Wycoff, J.(1991). *Mindmapping: Your Personal Guide to Exploring Creativity and Problem-Solving*, The Berkley Publishing Group（吉田八重訳『マインドマッピング―創造性を全開する脳力活用法―』日本教文社，1994年）.

Yao, X., Wang, S., Dang, J., & Wang, L.(2012). "The Role of Individualism-collectivism in the Individual Creative Process," *Creativity Research Journal*, Vol. 24, No. 4, pp. 296-303.

Yoon, H. J., Sung, S. Y., Choi, J. N., Lee, K., & Kim, S.(2015). "Tangible and Intangible Rewards and Employee Creativity: The Mediating Role of Situational Extrinsic Motivation," *Creativity Research Journal*, Vol. 27, No. 4, pp. 383-393.

Young, L. D.(2012). "How to Promote Innovative Behavior at Work? The Role of Justice and Support Within Organizations," *The Journal of Creative Behavior*, Vol. 46, No. 3, pp. 220-243.

Yuan, F., & Woodman, R. W.(2010) "Innovative Behaviour in the Workplace: The Role of Performance and Image Outcome Expectations," *Academy of Management Journal*, Vol. 53, No. 2, pp. 323-342.

Zacher, H., Robinson, A. J., & Rosing, K.(2016). "Ambidextrous Leadership and Employees' Self-reported Innovative Performance: The Role of Exploration and Exploitation Behaviors," *The Journal of Creative Behavior*, Vol. 50, No. 1, pp. 24-46.

Zampetakis, L. A.(2010). "Unfolding the Measurement of the Creative Personality," *The Journal of Creative Behavior*, Vol. 44, No. 2, pp. 105-123.

Zeng, L., Proctor, R. W., & Salvendy, G.(2011). "Can Traditional Divergent Thinking Tests be Trusted in Measuring and Predicting Real-world Creativity?" *Creativity Research Journal*, Vol. 23, No. 1, pp. 24-37.

Zhang, X., & Bartol, K. M.(2010). "Linking Empowering Leadership and Employee Creativity: The Influence of Psychological Empowerment, Intringic Motivation, and Creative Process Engagement," *Academy of Management Journal*, Vol. 53, No. 1, pp. 107-128.

Zhou, J.(1998). "Feedback Valence, Feedback Style, Task Autonomy, and Achievement Orientation: Interactive Effects of Creative Performance," *Journal of Applied Psychology*, No. 83, pp. 261-276.

Zhou, J.(2003). "When the Presence of Creative Coworkers is Related to Creativity: Role of Supervisor Close Monitoring, Developmental Feedback, and Creative Personality," *Journal of Applied Psychology*, Vol. 88, pp. 413-422.

Zhou, J., & George, J. M.(2001). "When Job Dissatisfaction Leads to Creativity: Encouraging the Expression of Voice," *Academy of Management Journal*, Vol. 44, pp. 682-696.

Zhou, J., & Oldham, G. R.(2001). Enhancing Creative Performance: Effects of Expected Developmental Assessment Strategies and Creative Personality," *The Journal of Creative Behavior*, Vol. 35, No. 3, pp. 151-167.

Zhou, J., & Shalley, C. E.(2003). "Research on Employee Creativity: A Critical Review and Directions for Future Research," in Martocchio, J. J. & Ferris, G. R.(Eds.), *Research in Personnel and Human Resource Management*, Vol. 22, pp. 165-217.

和文献

穐山貞登（1962）『創造の心理』誠信書房。

穐山貞登（1975）『創造性』培風館。

穐山貞登・堀洋通・古賀俊恵（1968）『創造性研究ハンドブック』誠信書房。

石岡裕邦（2007）『見る技術：「見方」を変えるだけで記憶力・創造力が劇的に上がる！　ベティ・エドワーズに学ぶ』PHP研究所。

板倉善高（1941）『発明する心理とその方法（上・下）』日本発明研究所。

市川亀久彌（1960）『独創的研究の方法論—自然科学と工学技術学の問題を中心として—』三和書房。

市川亀久彌（1970）『創造性の科学—図解・等価変換理論入門—』日本放送出版協会。

市川伸一（1991）『心理測定法への招待―測定からみた心理学入門―』サイエンス社。

市川伸一編（1996）『認知心理学4―思考―』東京大学出版会。

伊藤進（1994）『はじめての認知心理学』川島書店。

上野陽一（1969）『独創性の開発とその技法―独創的な考え方をする必要とその教育および開発の技法―改訂7版』技報堂。

氏原寛・岡堂哲雄・亀口憲治・西村州衛男・馬場禮子・松島恭子（2006）『心理査定実践ハンドブック』創元社。

梅本堯夫・苧阪良二・住田幸次郎・城戸幡太郎（1964）「生産性と創造性の研究―知能と創造性の関係についての分析―」『教育心理学年報』第4巻第12号，12頁。

浦上昌則・神谷俊次・中村和彦編著（2005）『心理学』ナカニシヤ出版。

江口夏郎・山川隆史（2007）『仮説思考』ファーストプレス。

大薗恵美・児玉充・谷地弘安・野中郁次郎（2006）『イノベーションの実践理論』白桃書房。

大村政夫（1997）『ズバリ診断！EQテスト―「こころの知能指数」が見えてくる―』現代書林。

大山正・岩脇三良・宮埜壽夫（2005）『心理学研究法―データ収集・分析から論文作成まで―』サイエンス社。

奥正廣（2020）「創造性キーワード集」日本創造学会編。https://keyword.japancreativity.jp/

小口忠彦（1966）『創造力の心理―学習心理学の立場―』牧書店。

小口忠彦（1970）『創造心理学』明治図書出版。

小口忠彦（1971）『創造性の探求』産業能率短期大学出版部。

小塩真司（2005）『研究事例で学ぶSPSSとAmosによる心理・調査データ解析』東京図書。

恩田彰編（1967a）『創造性の基礎理論』明治図書出版。

恩田彰編（1967b）『創造性の開発と評価』明治図書出版。

恩田彰（1971）『創造性の研究』恒星社厚生閣。

恩田彰（1980）『創造性開発の研究』恒星社厚生閣。

恩田彰（1994）『創造性教育の展開』恒星社厚生閣。

恩田彰・佐藤三郎（1978）『創造的能力―開発と評価―』東京心理。

恩田彰・野村健二（1964）『創造性の開発―あなたのかくれた能力を引き出す法―』講談社。

海保博之（1999）『連想活用術―心の癒しから創造支援まで―』中央公論新社。

加護野忠男（1988）『組織認識論―企業における創造と革新の研究―』千倉書房。

梶田叡一編（1994）『自己意識心理学への招待―人とその理論―』有斐閣。

粕谷茂（2006）『図解これで使えるTRIZ/USIT』日本能率協会マネジメントセンター。

勝俣暎史（2005）『コンピタンス心理学―教育・福祉・ビジネスに活かす―』培風館。

加藤八千代（1965）「研究環境に関する創造性研究の最近の動向」『日本の科学と技術』No. 59, 15-19頁。

金井壽宏（1994）『企業者ネットワーキングの世界―MITとボストン近辺の企業者コミュニティの探求―』白桃書房。

金井壽宏・米倉誠一郎・沼上幹編（1994）『創造するミドル―生き方とキャリアを考えつづけるために―』有斐閣。

鎌原雅彦・宮下一博・大野木裕明・中澤潤（1998）『心理学マニュアル―質問紙法―』北大路書房。

軽部征夫（1996）『独創力をつける―知のノウハウ―』日本経済新聞社。

参考文献

川喜田二郎（1967）『発想法―創造性開発のために―』中央公論新社。

研究開発研究会編（1972）『創造性開発』開発社。

河野豊弘（2009）『研究開発における創造性』白桃書房。

児玉光雄（2006）『直観力―「上手に決断できる人」になる脳力トレーニング―』フォレスト出版。

小山薫堂（2006）『考えないヒント―アイデアはこうして生まれる―』幻冬舎。

戈木クレイグヒル滋子（2006）『グラウンデッド・セオリー・アプローチ―理論を生み出すまで―』新曜社。

齋藤孝（2006a）『発想力』文藝春秋。

齋藤孝（2006b）『アイデアを10倍生む考える力』大和書房。

佐藤郁哉（2006）『定性データ分析入門―QDA ソフトウェア・マニュアル―』新曜社。

佐藤純（2003）『コンピテンシー・ディクショナリー―各社事例にみる評価と活用―』社会経済生産性本部生産性労働情報センター。

澤田丞司（2004）『心理検査の実際』新興医学出版社。

七田眞（1994）『知能と創造のサイエンス―間悩を目覚めさせよ！眠れる脳を呼びさます能力開発の方法―』日本実業出版社。

七田眞（2006）『天才脳のつくり方―七田式右脳開発術―』ぶんか社。

品川嘉也（1985）『脳と創造性の謎』大和書房。

品川嘉也（1994a）『考える技術―知的飛躍を生む思考のメカニズム―』PHP 研究所。

品川嘉也（1994b）『脳は創造性をどう引き出すのか―140億個の小宇宙を探る―』大和書房。

渋谷憲一（2003）『教育評価の基礎』教育出版。

島田彌（2005）『学生・技術者育成の研修システム―自主性・創造性喚起の具体的手法―』大阪大学出版会。

しんどうこうすけ（2007）『クリエイティブ脳―"企画脳"養成試験問題集 現役東大生がクリエイティブに挑んだ！―』インフォレスト。

住田幸次郎（1966）「創造性検査尺度の構成と吟味」『京都大学教育学部紀要』1966年3月号，29-45頁。

住田幸次郎（1968）「知能と創造性」『児童心理』第22巻第6号，39-44頁。

住田幸次郎（1969）「女子大学生の成績と創造性検査―英語専攻学生への適用―」『ノートルダム女子大学研究紀要』第1巻，35-44頁。

住田幸次郎（1970）「大学卒業時の評価と創造性検査」『ノートルダム女子大学研究紀要』第2巻，39-46頁。

住田幸次郎（1980）『心理学資料（改訂版）』晃学出版。

住田幸次郎（1982）「創造性と基礎学力」『児童心理』第36巻第8号，1193-1197頁。

住田幸次郎（1985）『創造力を育てる―21世紀の育児学―』有斐閣。

田尾雅夫・若林直樹（2001）『組織調査ガイドブック―調査党宣言―』有斐閣。

高階利德・開本浩矢（2022）「対人援助業務人員の感情労働と心理的資本が組織定着と職務成果に及ぼす影響」『商工金融』第72巻第10号，11-24頁。

高杉尚孝（2006）『問題解決のセオリー―論理的思考・分析からシナリオプランニングまで―』日本経済新聞社。

高橋誠（2002）『新編創造力事典―日本人の創造力を開発する創造技法 主要88技法を全網羅！―』

日科技連出版社。

竹野輝之（2004）『できる社員は，すぐそばにいる―「人材成功モデル」で，個と組織力を高める方法―』ゴマブックス。

多鹿秀継・池上和子・竹内謙彰・斎藤真（1997）『人間行動の心理学』福村出版。

丹野義彦（2003）『性格の心理―ビッグファイブと臨床からみたパーソナリティ―』サイエンス社。

塚本真也（2003）『創造力育成の方法―JABEE 対応の創成型教育―』森北出版。

豊田秀樹（2002a）『項目反応理論（入門編）―テストと測定の科学―』朝倉書店。

豊田秀樹（2002b）『項目反応理論（事例編）―新しい心理テストの構成法―』朝倉書店。

中戸義禮（2001）『創造性を育てる学習法』大学教育出版。

日本創造学会編（1983）『創造の理論と方法』共立出版。

日本創造学会編（1988）『創造性研究と測定』共立出版。

二村英幸（1992）『人事のテストロジー―適性テストの理論と実際―』朝日出版社。

二村英幸（1998）『人事アセスメントの科学―適性テスト，多面観察ツール，アセスメントセンターの理論と実際―』産能大学出版部。

二村英幸（2001）『人事アセスメント入門』日本経済新聞社。

二村英幸（2005）『人事アセスメント論―個と組織を生かす心理学の知恵―』ミネルヴァ書房。

野中郁次郎・加護野忠男・小松陽一・奥村昭博・坂下昭宣（1978）『組織現象の理論と測定』千倉書房。

野村健二（1967）「創造性テストの原理とその測定法」恩田彰編『創造性の開発と評価』明治図書出版，308-344頁。

畑村洋太郎（2003）『創造学のすすめ』講談社。

濱嶋朗・竹内郁郎・石川晃弘編（1997）『社会学小事典（新版）』有斐閣。

浜田尚夫（2005）『創造する人になる―加藤与五郎の事跡に学ぶ―』世界書院。

伏見康治編著（1989）『創造性の文化と科学』共立出版。

二村敏子編（2004）『現代ミクロ組織論―その発展と課題―』有斐閣。

平野光俊（1999）『キャリア・ドメイン―ミドル・キャリアの分化と統合―』千倉書房。

平野光俊（2006）『日本型人事管理―進化型の発生プロセスと機能性―』中央経済社。

保坂亨・中澤潤・大野木裕明編著（2000）『心理学マニュアル面接法』北大路出版。

堀洋道監修・松井豊編（2001）『心理測定尺度集Ⅲ―心の健康をはかる〈適応・臨床〉―』サイエンス社。

堀洋道・山本真理子・松井豊編（1994）『心理尺度ファイル―人間と社会を測る―』垣内出版。

堀洋道監修・山本真理子編（2001）『心理測定尺度集Ⅰ―人間の内面を探る〈自己・個人内過程〉―』サイエンス社。

堀洋道監修・吉田富二雄編（2001）『心理測定尺度集Ⅱ―人間と社会のつながりをとらえる〈対人関係・価値観〉―』サイエンス社。

米谷淳・米澤好史編著（2001）『行動科学への招待―現代心理学のアプローチ―』福村出版。

前野拓道（2006）『イノベーションの軸』経済産業調査会。

松林博文（2003）『クリテイティブ・シンキング―創造的発想力を鍛える20のツールとヒント―』ダイヤモンド社。

宮城音弥編（1979）『岩波心理学小事典』岩波書店。

参考文献

三谷宏治（2006）『突破するアイデア力―脱常識の発想トレーニング―』宝島社。

宗方比佐子・渡辺直登編著，久村恵子・坂爪洋美・高橋弘司・藤本哲史著（2002）『キャリア発達の心理学―仕事・組織・生涯発達―』川島書店。

村上宣寛（2006）『心理尺度のつくり方』北大路書房。

村上宣寛（2007）『IQってホントは何なんだ？―知能をめぐる神話と真実―』日経BP社。

村上宣寛・村上千恵子（2004）『臨床心理アセスメントハンドブック』北大路書房。

村山博（2006）『情報創造型企業―情報創造連鎖の法則と創造型人材の活用―』ふくろう出版。

茂木健一郎（2005）『脳と創造性―「この私」というクオリアへ―』PHP研究所。

八木冕編（1967）『心理学Ⅰ』培風館。

八木冕編（1968）『心理学Ⅱ』培風館。

矢田部達郎（1983）『思考心理学史―思考研究史―（改訂版）』培風館。

山崎勝之（2006）「ポジティブ感情の役割―その現象と機序―」『パーソナリティ研究』第14巻第3号，305-321頁。

弓野憲一編著（2005）『世界の創造性教育』ナカニシヤ出版。

米倉誠一郎（2006）『創造するアントレプレナー』ゴマブックス。

和多田理恵（2007）「ビジネスにおける創造性発揮を促進する要因に関する研究」神戸大学大学院経営学研究科博士後期課程第2論文。

和多田理恵（2010）「ビジネスに資する創造性研究―創造性の測定と規定要因の探究―」神戸大学大学院経営学研究科博士後期課程博士論文。

渡辺直登・野口裕之編著（1999）『組織心理測定論―項目反応理論のフロンティア―』白桃書房。

索　引

事項索引

欧　文

1 On 1	131
8 P 理論	173
ACL 法	28
APS	57
Big-C	25, 199
CAQ	32
CBI	59
CCQ	150
CEP	154
CPS（Creative Personality Scale）	28, 34, 45
CPS（Creative Problem Solving）	22
C scale	59
ECCI-i	97
Four C モデル	25
KAI	28, 46
KAIAS	49
KEYS	140, 141, 143
littel-c	25, 199
MBO	131
MBTI	43, 50
mini-C	25
P-E fit モデル	48
Pro-C	25
RAT テスト	119
SCAMPER	209
SIPS モデル	79
SSSI	153
TCI	151
TTCT	28, 85
WEI	148
WKOPAY	50
WPI	105, 140

あ　行

アダプター	46, 47
暗黙理論	11
異遠連想	44
一致評価	31
一般的創造性	24
イノベーション	202
イノベーター	46, 47
インキュベーション	7, 23, 83
インクルーシブ・リーダーシップ	208
インスピレーション	7, 83
ウェルビーイング	iii, 38, 206
エフィカシー	128
オプティミズム	128

か　行

外向性	201
開放性	201
拡散的思考	14, 51, 73
学習性無力感	177
学習目標志向	125
革新の創造性	93
拡張形成理論	112
技術的創造性	93
希望	177
虐待的リーダーシップ	208
クリエイティビティ・マネジメント	177
継続的コミットメント	123, 124
形態解析	83
向社会的モチベーション	108
公正感	172
構成要素モデル	125, 134, 141

さ　行

思考スタイル	13
自己効力感	110, 112

索　引

自己実現の創造性 …………………… 24
実用的アプローチ …………………… 10
社会環境アプローチ ……………… 133
社会的パーソナリティアプローチ ………… 11
収束の思考 ……………………… 14, 51, 74
儒教の価値感 ……………………… 198
出現的創造性 ………………………… 93
情報のコンテンツ …………………… 66
情報の操作 …………………………… 69
情報の所産 …………………………… 68
進化的アプローチ …………………… 11
進化論 ……………………………… 6, 11
シンギュラリティ …………………… iii
神秘的アプローチ …………………… 10
心理測定アプローチ ………………… 11
心理的エンパワーメント ………… 110
心理的資本 ……………… 128, 177, 205
心理動学アプローチ ………………… 10
スキーマバイオレーション ……… 209
ストックオプション ……………… 208
積極的拡散態度 ……………………… 54
前意識 ………………………………… 10
早期収束回避態度 …………………… 54
相互作用モデル …………………… 167
創造性コンピテンシー ………… 97, 99
創造性態度尺度 ……………………… 51
創造性発揮意志 …………………… 114
創造の自己効力感 ……… 111, 131, 201
創造の人物 ………………………… 7, 8
創造的問題解決 ……………………… 22
創造的役割意識 …………………… 116

た　行

知恵 ………………………………… 5, 9
知性 ………………………………… 5, 9
知能構造モデル ………………… 66, 77
手続き的公正 ……………………… 173
天才 ……………………………… 6, 7, 8
投資理論 ………………… 162, 167, 173
トーランステスト→ TTCT

特別才能の創造性 …………………… 24

な　行

内発的モチベーション仮説 ……… 136
日常的な創造性 …………………… 166
認知アプローチ ……………………… 11

は　行

パーソナリティアプローチ ………… 39
発明的創造性 ………………………… 93
パフォーマンス目標志向 ………… 125
ビッグ・ファイブ ……………… 34, 61
表現的創造性 ………………………… 93
複合的アプローチ …………… 11, 161
ブレイン・ストーミング ……… 51, 83
フロー ……………………………… 130
変革型リーダーシップ …………… 200
ホープ ……………………………… 128
ポジティブ心理学 ………… 177, 206
ポジティブ組織行動 ……… 103, 130, 177, 206

ま　行

マインドフルネス ………………… 130
無意識 ………………………………… 7
明示理論 ……………………………… 11
目標志向 …………………………… 200

ら　行

ランダムコネクション …………… 209
利益配分制度 ……………………… 208
立案型スタイル …………… 162, 163
両価感情 …………………………… 119
レジリエンス ……………………… 128

人名索引

Amabile, T. M. ………… 10, 11, 134, 137
Avey, J. B. ………………………… 128

Bandura, A. ……………………… 112
Barron, F. ………………………… 39, 116

Basadur, M. S. 52, 54
Beghetto, R. A. 25
Binet, A. 7

Csikszentmihalyi, M. 18, 57
Cummings, L. L. 10, 46

Darwin, C. 6
Deci, E. L. 103

Epstein, R. 97

Farmer, S. M. 111
Fredrickson, B. L. 118

Galton, F. 7
Getzels, J. W. 14
Glynn, M. A. 57
Gough, H. G. 28, 45, 92
Guilford, J. P. 11, 65

Hocevar, D. 87

Jackson, P. W. 14

Kaufman, J. C. 25, 61
Kirton, M. 28, 46

Luthans, F. 128, 129, 130

MacKinnon, D. W. 8, 42, 92
Maslow, A. H. 23

Oldham, G. R. 10, 46
Osborn, A. F. 51

Runco, M. A. 36, 54
Ryan, R. M. 103

Shalley, C. E. 10, 170
Simonton, D. K. 8
Snyder, C. R. 122
Spreitzer, G. M. 110
Sternberg, R. J. 9, 11, 162

Taylor, C. W. 93
Tierney, P. 111
Torrance, E. P. 11, 15, 85

Wallas, G. 20
Webster, J. 57

Youssef-Morgan, C. M. 130

Zhou, J. 10, 29

恩田彰 26
野村健二 35
ホフステッド，G. 198

■著者紹介

開本浩矢 [ひらきもと　ひろや]
大阪大学大学院経済学研究科教授，博士（経営学）
1993年，神戸大学大学院経営学研究科博士課程博士前期課程修了。
1995年，神戸商科大学（現兵庫県立大学）助手。その後，講師，准
教授を経て，2007年，兵庫県立大学教授。2016年より現職。

《主要著書》
『研究開発の組織行動』中央経済社，2006年
『組織行動論（ベーシック＋）』中央経済社，2019年（編著）
『心理的資本をマネジメントに活かす：人と組織の成長を加速する
　「HERO」を手に入れる』中央経済社，2023年（共著）

和多田理恵 [わただ　りえ]
人材開発研究所ＬＬＰ代表，博士（経営学）
2010年，神戸大学大学院経営学研究科博士課程博士後期課程修了。
伊藤忠商事㈱，リクルートグループ，外資系コンサルティング会社
を経て2010年，人材開発研究所を創業し，現職に至る。

《主要論文》
「ベンチャー系プロフェッショナル組織におけるコア人材のコミットメン
　トに関する研究」『Business Insight』第15巻第3号，pp. 82-94，2007年
Hirakimoto, H., & Watada, R.（2012）. "Analysis of the Personality,
　Motivation, Ability, and Environment Affecting Creativity in
　Japanese Business," *Psychology Research*, Vol. 2, No. 7, pp. 396-407.

▨クリエイティビティ・マネジメント〈改訂版〉
　創造性とは何か：定義・測定・機能とビジネスへの架橋

▨発行日──2012年 2 月26日　初 版 発 行　　　　〈検印省略〉
　　　　　2024年11月26日　改訂版発行

▨著　者──開本浩矢・和多田理恵
　　　　　　ひらきもとひろや　わただりえ

▨発行者──大矢栄一郎

▨発行所──株式会社　白桃書房
　　　　　　　　　　　　はくとうしょぼう
　　　　　〒101-0021　東京都千代田区外神田5-1-15
　　　　　☎03-3836-4781　🖷03-3836-9370　振替00100-4-20192
　　　　　https://www.hakutou.co.jp/

▨印刷・製本──藤原印刷
© HIRAKIMOTO, Hiroya & WATADA, Rie 2024 Printed in Japan
ISBN 978-4-561-26795-9 C3034
本書のコピー，スキャン，デジタル化等の無断複製は著作権法上での例外を除き禁じられてい
ます。本書を代行業者等の第三者に依頼してスキャンやデジタル化することは，たとえ個人や
家庭内の利用であっても著作権法上認められておりません。

[JCOPY]〈出版者著作権管理機構　委託出版物〉
本書の無断複製は著作権法上での例外を除き禁じられています。複製される場合は，
そのつど事前に，出版者著作権管理機構（電話 03-5244-5088，FAX 03-5244-5089，
e-mail: info@jcopy.or.jp）の許諾を得てください。

落丁本・乱丁本はおとりかえいたします。

好 評 書

大薗恵美・児玉充・谷地弘安・野中郁次郎【著】

イノベーションの実践理論

本体価格 3500 円

榊原清則・辻本将晴・松本陽一【著】

イノベーションの相互浸透モデル

本体価格 2800 円

—企業は科学といかに関係するか

竹田陽子【著】

共観創造

本体価格 2273 円

—多元的視点取得が組織にもたらすダイナミズム

椙山泰生・長内厚・亀岡京子・舟津昌平【編著】

越境協働の経営学

本体価格 5091 円

—組織と国の境界を越えた事業プロセス

河島伸子・生稲史彦【編著】

クリエイティブ・ジャパン戦略

本体価格 3091 円

—文化産業の活性化を通して豊かな日本を創出する

野口裕之・渡辺直登【編著】

組織・心理テスティングの科学

本体価格 7400 円

—項目反応理論による組織行動の探究

金井壽宏【著】

（オンデマンド版）

企業者ネットワーキングの世界

本体価格 9500 円

—MIT とボストン近辺の企業者コミュニティの探求—

E.H. シャイン【著】金井壽宏【訳】

キャリア・アンカー

本体価格 1600 円

—自分のほんとうの価値を発見しよう

―――――― 東京 白桃書房 神田 ――――――

本広告の価格は本体価格です。別途消費税が加算されます。